授業という営み

子どもとともに「主体的に学ぶ場」を創る

鹿毛雅治 著

教育出版

まえがき

「授業」は学校における最も重要な教育活動です。もちろん、学校での教育的な営みは授業だけではありません。ただ、教師にとっても、子どもたちにとっても、学校生活のうちの多くの時間を授業という場で過ごしているのは事実ですし、学校の主要な目的が授業を通して人を育むことだという点を否定する人は稀でしょう。

今、その授業が問われています。実はこれまでも授業のあり方は常に問われてきました。しかし、社会の変化やテクノロジーの進展に伴い、「教師が話し、子どもたちが聞く」という光景に代表される「一斉授業」に懐疑的なまなざしが向けられると同時に、授業のあり方を根底から考え直し、授業変革を進めていくことが、教育界の重要課題の一つとして位置づけられているのが現状です。しかし、その検討の前提として、子どもの学びや成長がどうあるべきかという点について、あらためて確認する必要があるのではないでしょうか。なぜなら、子どもたちがよりよく学び、ひいてはよりよい成長を促すものでなければ、よい授業とはいえないからです。

学習者自らの主体的な学習活動がよい学びの特徴であることが、心理学を中心とした学問的知見によって明らかになり、授業変革が求められる根拠の一つになっています。学びに向かう主体性が重要だという主張は、決して目新しいものではありません。「よい授業」の特質として、かねてから教師たちの実践を通して直観的に確認されてきたことであり、多くの授業論で異口同音に強調されてきました。ただ、いよいよ「質の高い学びは学習者の主体性なしに成立しない」という事実を認識した上で授業改善の方向性を定め、実践を着実に積み重ねていくことが教師たちに求められる時代が到来したのです。

今こそ、「教える教師・教わる子どもたち」という旧来の単純すぎる「授業観」を転換して、子どもたちが主体的に学ぶ場こそが「授業」であり、そのような場を教師が子どもたちとともに創り出していくことが「授業づくり」であると理解すること、そしてそれを実践として具現化することがわれわれに求められているのではないでしょうか。

もちろん、子どもたちが主体的に学ぶ授業を実現することは容易ではありません。すべての授業で子どもたち全員が常に主体的に学ぶなど、厳密にいえば実現不可能とさえいえます。ただ、歴史的に教師の先達たちがその高みを目指し、今でも多くの心ある教師たちがそれを実現しようと奮闘努力していることも事実です。よりよい授業を希求し、その実現に向けて誠実に努力することこそが教師の仕事の本質なのではないでしょうか。

授業の背後には教育的意図が存在します。学校教育が人間による実践である以上、いくらテクノロジーが発達しようとも、人が人を教えるという授業の本質は変わりません。とりわけ、実際の授業の場で、教育的な思いやねがいを抱きながら、子どもたちと直接向きあって実践を展開する専門家が教師です。その意味において、「授業という営み」の主語は個々の教師であり、その点は学校が「人が人を育む場」であり続ける限り、変わらないでしょう。教師と子どもたちによって展開されるユニークで一回きりの個別具体的な場が授業なのです。一人ひとりの個性がかかわりあうことによって価値ある学びが創り出される場として、授業をどのようにデザインし、具現化していくかがわれわれに問われています。

「教育改革」は、授業にこのような複雑で微妙な性質があるという認識を基盤としつつ、子どもたち一人ひとりの多様性と彼らの成長に思いを馳せながら、個々の教師による授業実践の日常についてあらためて理解を深めていくところからスタートすべきなのではないかと思います。

＊＊＊

本書では、「そもそも主体的な学びとは何か」という原理を確認するとともに、「授業という営み」について「子どもたちが主体的に学ぶ場づくり」という観点から多面的に論じています。具体的には、「授業とは何か」を概説する序章に続き、教師が専門性を発揮する三つのフェーズ

（局面）、すなわち、授業の構想、展開、省察に対応した内容の三部構成になっています。

また、本書は『子どもの姿に学ぶ教師――「学ぶ意欲」と「教育的瞬間」』（二〇〇七年、教育出版）の姉妹書として企画され、この前著以降、筆者が授業に関連するテーマについて主に教師向けに執筆した論考を一つの本にまとめたものです。そのため各章の内容は比較的独立していますので、どこからでも好みの順番で読むことができます。読者の関心に応じて自由にお読み下さい。なお、編集する過程で加除、修正はしておりますが、各章間で内容が重複している箇所が残っています。そのため、通読するとやや冗長に感じるかもしれませんが、章ごとの独立性と文脈を検討した結果ですので、ご諒解いただければ幸いです。そのつど、他章を参照できるようにするなどの配慮をしましたので、相互に関連づけながら読み進めていただければ幸いです。

本書の読者としては主に学校の先生方を想定していますが、「授業という営み」に関心のある多くの方に読んでいただける内容になっているかと思います。読者諸氏の「主体的な学び」の刺激になり、さらには各地で実践される「授業という営み」のよりよい実現に対して何らかの寄与ができるのであれば、筆者としてこれほどの喜びはありません。

このようなかたちで本書を刊行できたのは、何よりも私がこれまで授業参観させていただいた全国の学校の先生方と子どもたちのおかげです。授業者の先生方、授業でのユニークな子どもたちとの出あいがなければ、私自身の探究と思索が深まらなかったことは明らかです。あらためてこの場を借りて心よりお礼申し上げます。

また、教育出版の阪口建吾さんには、姉妹書である前著の企画をご提案いただいたことを契機として、本書の刊行に至るまで長らく大変お世話になりました。阪口さんのお声かけなしには、このようなスタイルの本を出版する発想も浮かばず、姉妹書二冊が世に出ることもなかったと思います。これまでのご支援とご尽力に心より感謝申し上げます。

二〇一九年初夏

鹿毛雅治

目次

序章　「授業ができる」とはどのようなことなのか

「教師が授業をする」ということ

そもそも「授業」とはどのような営みなのであろうか。

「授業をする」という教師の営みは、三つの仕事、すなわち「構想する」（授業を具体的に計画する）、「展開する」（その構想を基盤としつつ、目の前の子どもたちと一緒にその場で授業を創り出す）、「省察する」（実現した授業の実際とその背景を振り返り、その後の実践を見通す）という三種類の仕事によって構成され、しかもこれらは一連の時間的連鎖（授業実践サイクル）を成していると考えることができる（図序‐1）[1]。「授業をする」とは、これら三つの仕事を統合的な営みとして実現する教師の姿を意味する。教師には、よりよい授業を創造するために、それぞ

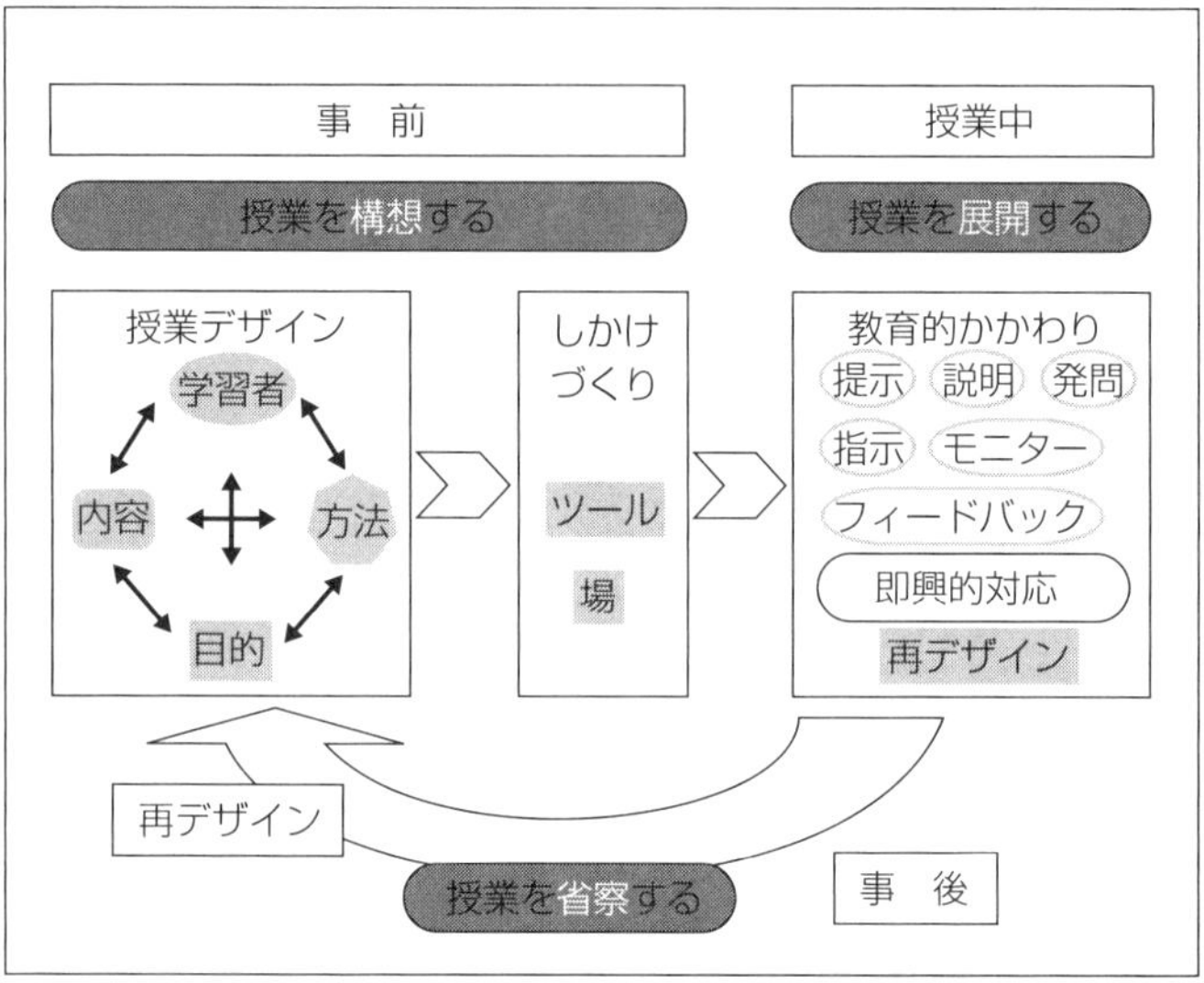

図序－1　「教師が授業をする」ということ：授業実践サイクル

れの仕事に対して丁寧に取り組むと同時に、それらを相互に積極的に関連づけていくことが求められているのだといえるだろう。

■授業を構想する

教師が授業できるのは、何らかのプランが教師の頭の中にあるからである。もちろん、プランといっても、どのような内容をどのような順序や方法で扱っていくかといったラフな計画である場合がほとんどで、常に「学習指導案」のような綿密な計画が立てられているわけではない。ただ、程度の差はあれ、教師が何らかの意図を持ち、自覚的な思考を通して計画や見通しを事前に持っていることが授業の大前提であろう。しかも、そのプランの質が授業の良し悪しを規定することになるのである。すなわち、「授業を構想する」とは、教師が自ら思考すること、例えば、想像力を働かせたり、創造力を発揮したりすることを通して、これから実践する授業を明確化し、具体化するという営みだといえる。より具体的には、「授業デザイン」と「しかけづくり」に大別できるだろう。「授業デザイン」とは、授業の構成要因である「学習者」「目的」「内容」「方法」の四つ（表序−1）について、相互に関連させつつ、それぞれを明らかにすることによって、意図のはっきりした統合体として授業を描き出すことである。[2]その結果、単元計画や本時展開などがより詳しくイメージできることになる。

「しかけづくり」とは、授業を現実化し自らが実践するために必要となる「しかけ」（子どもの学びを成立させるための手立て[3]）を教師が具体的に準備することを指す。例えば、プリントやカードを作成するなど、子どもたちの学びを促していくための「ツール」（物理的／非物理的道具）を開発したり、グループ学習のためのメンバー構成や机の配置を考えるなど、授業の「場」（物的／人的環境））を具体的に計画したりすることなどが挙げられる。

表序－1　授業の構成要因

□**学習者：学習者について解釈したこと**

既有の知識や技能、関心や意欲のあり方、思考や表現の特性、既有経験、社会的・性格的特徴、発達過程・段階という観点からの特徴などに関する解釈。一般的特性のみならず、当該授業内容を念頭においた分析も含まれる。また、一人ひとりを対象とするものだけではなく、学級集団の特徴や学習者同士のかかわり方などを含む。

□**目的：授業を通して目指そうとすること**

一人ひとりの教師が独自に抱くより抽象的な側面（ねがい）と、具体的な授業や単元を想定したより具体的な側面（目標）がある*。

◇ねがい　授業を暗黙のうちに方向づけていく教師側の要因。藤岡完治によれば「学習を通して学習者に期待される成長、学習者との関わり方や自分自身の変革への期待など」であり、教師の「教育観、学習観、文化観を反映し、授業にいのちを与え、方向づけをするもの」であるという**。教師が抱くねがいは、多くの場合、自覚的ではないが、授業の構想、展開、省察のすべてに影響を与えると同時に、教師が授業をするという体験がこのねがいを方向づけたり、精緻化したり、変容させたりする。その意味で、教師のねがいは、授業を実践する上で中核的な位置を占める要素であると同時に、その質によって教育専門職としての教育的な妥当性（「教育的であるとはいかなることであるか」の認識の確かさ）が問われることになる。ねがいには、以下の諸相が存在する。

・子ども一人ひとりに対して／ある特定の学習者集団（例えば、学級、学年など）に対して
・より長期的なスパン（中学校入学から卒業までの３年間など）／短期的なスパン（ある単元やある１単位時間の授業など）
・学級担任として／教科担任として

◇目標　授業を通して学習者に対して実現が目指される具体的な事柄。授業を通して到達すべき事柄（到達目標）、授業を通して期待される学びや成長の方向性を明示したもの（方向目標）、学習者の学びや成長を直接的に目指すのではなく、ある体験をすることそれ自体（体験目標）などを含む。ねがいに比べ、具体的な授業における子どもの姿などを通して、その実現を確認することが相対的に容易である。

□**内容：教える事柄・学ぶ事柄**

教師にとっては何を教えるか、子どもたちにとっては何を学ぶかという要因である。教師にとって「内容」を検討する仕事は、子どもたちが何を学ぶか、学ぶべきかということを想定しながら、自分が何を教えるかということを具体化する営みになる。

授業で扱う内容は一般に教材と呼ばれるが、はじめから教材として存在しているわけではない。「素材」を選びそれを「教材」として仕立てていくプロセスが教材研究と呼ばれる教師の営みである。教材研究は、①授業で扱う素材を選び、教師自らがよく理解し、特定の学習者を対象とした授業を前提として教育の目的に照らしあわせながらそれを分析し、「教材」として仕立てていく教材解釈のプロセス（素材の教材化）と、②教材の構造を分析し、具体的な時間数を想定しながら、内容を分節化して単元として成立させる教材構成のプロセス（教材の単元化）に区別できるが、両者には必ずしも時間的な順序があるわけではなく、不可分な関係にある。

□方法：教え方・学び方

教師にとってはどのように教えるか、子どもたちにとってはどのように学ぶかという要因である。教師にとって「方法」を検討する仕事は、子どもたちがどのように学ぶか、学ぶべきかということを想定しながら、自分がどのように教えるかということを具体化する営みになる。他の３つの要因と有機的に結びついた「方法」の吟味は、「アプローチ」（単元や本時の暫定的なシナリオ：時間の流れに沿って、いつ誰が何をどのようにするか）の明確化、具体化及び「しかけ」（ツール・場）の明確化、具体化として結実する。

---

* 両者を厳密に区別することは不可能である。ただし、「目的」を「ねがい」か「目標」のいずれかに換言してしまうことは、授業理解を浅薄なものにしてしまう危険があるので留意したい。

**藤岡完治『看護教員のための授業設計ワークブック』医学書院、1994 年、16 頁

■授業を展開する

教師は、事前に行った「授業デザイン」を踏まえつつ、「しかけ」を駆使しながら実際の授業を展開することになる。例えば、教師は情報を提示する、内容を説明する、発問する、指示する、フィードバックする、状況をモニターするといった多様な行為を行うが、これらを通じて子どもたちの学びを成立させようと奮闘努力するわけである。

授業の展開における教師の仕事の本質を一言で表現するならば「教育的かかわり」であり、それは「即興性」を特徴としている。

教育的かかわりとは、授業における子ども（たち）の様子（例えば、教材やしかけとどのように向かいあっているかなど）をモニターしながら、彼らによりよい学びが成立することを目的として、状況に応じつつ、適宜、働きかけたり、彼らの行為に対応したりすることを指す。これらの教育的かかわりは、事前の授業構想に基づく計画的な行為も含まれるが、むしろ、実際には、状況のモニターから生じる即興的な対応によるものの方が多い。

このように即興的な教育的かかわりが求められる授業の展開を、より優れたものとして実現するための条件として、「子どもたちと協同的に授業を創造しようとする教師の意志」を挙げることができよう。なぜなら、子どもたちを主体的な学び手とするためには、授業を展開する中で立ち現われてくる子どもたちの感じ方や考え方、疑問や意見など、彼らの体験や思考、表現を授業プロセスに積極的に反映させることが実践上不可欠になるからである。その意味において、教師は子どもたちのために、子どもたちの力を借りながら授業を展開しなければならないのである。

以上のように、即興的な教育的かかわりを本質とし、子どもたちと協同的に授業を創造しようとするのが授業の展開であるとすると、授業中に生起する出来事のすべてを事前に予測するのは原理的に不可能であり、脚本通りに授業が進行することなど、まずありえないということになる。むしろ、教師は事前に構想した授業デザインやしかけの運用計画を修正したり転換したりする必要に迫られる。

教師が授業を展開するという営みとは、授業を運営する一連の行為であると同時に、そこには授業の「再デザイン」という仕事が埋め込まれているのである。

■授業を省察する

一般に、教師が授業をするという営みは、授業を展開しておしまいになると理解されているかもしれない。しかし、「今日の授業はうまくいかなかった」など、教師は自分が実践した授業について自ずと振り返るものである。むしろ、このような自己評価を自覚的に行うことが授業の省察（授業リフレクション）であり、これを図序-1に示したような一連のプロセスに位置づけることで、「教師が授業をする」という営みを統合的に理解することが可能になるのである。

つまり、授業を省察するとは、「自らが実践した授業について丁寧に振り返って考えをめぐらすこと」だといえるだろう。教師は授業の省察を通して、何らかの意味ある「気づき」を得て、それをその後の実践に活かしていくのである。

省察の結果得られる気づきは多様であろうが、主に二種類ある。一つは、実施した授業についての気づき（例えば、「○○を説明しているとき、理解できていなそうな子どもたちの顔が気になった」）で、もう一つは、今後の授業の再デザインに向けての気づき（「次時は○○を丁寧に解説することから始めよう」）である。しかも、前者の気づきによって後者の気づきが生じるというように、二種類の気づきは分かちがたく結びついている。

「授業改善」とか「教師の力量形成」などといわれていることは、授業の省察を含めたサイクルの中で実現することなのだといってよい。教え方のマニュアルを熟読したり、授業の「名人」の真似をしたりしても、授業を構想したり、展開したりする技能がにわかに体得されるわけではない。むしろ、丁寧で誠実な省察によって得られた意味ある気づきによって授業実践サイクルの質が高まるという体験、そしてそのような体験の積み重ねによってこそ、教育専門職として安定した力が発揮できる教師へと成長していくのである。学び続ける姿こそが優れた教師の本質であるとしばしば指摘されるのも、以上の理由によって理解することができるのではないだろうか。

「授業ができる」とは

では、「授業ができる」とはどのようなことを指しているのだろうか。

上述したことを踏まえるなら、授業が構想でき、展開でき、省察できるということなのだろうが、単にそれらを「作業」のようにこなせるという意味ではない。なぜなら、授業とは「あらかじめ仕組んでおいたプログラムの実行とその成果」といった単純な枠組みによっては到底捉えきれない複雑な現象だからである。すなわち、授業には、一人ひとりの学習者の体験は授業空間を共有していたとしてもそれぞれ異なっているという「個別性」や、その場その時に応じて多様な活動が創発されるという「即興性」といった特徴がある。授業とは、授業者としての教師、ユニークな一人ひとりの学習者、教育目的、教育内容、教育方法といった構成要素のあり方によってまったく異なる様相を呈するダイナミックな営為であり、教師にとっても、個々の学習者にとっても一生に一度きりの、二度と繰り返せない個別具体的な体験なのである。以上のことから授業の良し悪しについて単純に評価することなどできないということが理解できよう。授業とは百点満点が存在しない「実践」なのである。そこではその「質」こそが問われることになり、だからこそ教師には実践者として常によりよいものを追究するという構えが求められることになるのである(4)。

まず、その前提としてまず確認しておきたい二つの原理がある。

いうまでもなく授業とは、子どもたちの学びや成長のために行われる営みである。したがって授業の成否は、教師自身のパフォーマンスそれ自体というよりも、一人ひとりの子どもが学ぼうとしているか否かという点によってむしろ判断されるべきだといえるだろう。課題に向きあう子どもたちの真摯な姿勢こそが、彼らの学びや成長の出発点であり、そもそもの大前提だからである。授業の良し悪しは子どもの姿に否応なく表れてしまうものであり、子どもが主体的に学ぼうとする姿が見られなければ、いくら教師の立居振舞が立派に見えたとしても教師の独善という誹りを免れない。教師自身が「今日の授業はうまくいった」と思っていても子どもが実際に学んでいなければ、真の意味で「教えた」とはいえないからである。したがって、教えるとは「説明する」「発問する」「指示する」など、教師自身が主語となる行為を指す用語なのではない。むしろ、一人ひとりの子どもが主語となる学習活動（例えば、語る、聴く、書く、考える、試すなど）が生じる場（「学びの場」）を創り出すことなのである。これが第一点（「学習実現の原理」）である。

第二に、授業とは「教師としての私」が主体となる独創的な営みである。たとえ同じ内容を扱ったとしても、子どもたちや教師が異なれば授業は当然違ったものになる。その意味で、どんな子どもたちにも、どんな教師にも通用する唯一絶対の有効な「指導案」や「やり方」などというものは存在しない。もちろん、授業をする上で他者の実践や教育に関する一般的な理論・方法が参考になることは多いだろう。しかし授業とは、それらを鵜呑みにしたり真似したりするだけでは決して成立しない複雑な営みである。あくまでも自分自身がオリジナルな授業を実践する主体であると自覚し、この世に一度きりしかない授業を子どもたちと一緒に創り出すことが教師に求められているのである（「教師主体の原理」）。

以下では、以上に記した「学習実現の原理」と「教師主体の原理」を踏まえ、「授業ができる」とはどのような教師の姿を意味しているのかについて、より具体的に考えていきたい。

授業が構想できる

■学びを想像し、思考をめぐらす

上述の通り、「授業の構想」とは、誰に対して（学習者）、何のために（教育目的）、何を（教育内容）、どのように（教育方法）教えるかについて事前に具体的な計画を立てる仕事を指す。「学習実現の原理」を踏まえるなら、授業をする前にあらかじめ教師が授業を学習者にとっての「学びの場」として明確にイメージすることだといえるだろう。

古島そのえ先生[5]の実践事例（5章、8章参照）で考えてみよう。古島先生は、担任をしている小学六年生の子どもたち（学習者）について、「当初は算数が得意な子と苦手意識を持っている子とが二極化し、塾などで先に進んでいる子が先回りして発言することで、『なぜそうなるのか』などをみんなでじっくりと考える場面がうまくいかなかったが、実践を積み重ねるうちに少しずつよい方向に変化しつつある」と感じていた。

そこで古島先生は次のような授業を構想した。すなわち、立体（複合図形）の体積の求め方（教育内容）を教えるにあたって、解法の説明や討論をさせること（教育方法）を通じて「自分なりに筋道を立てて考えていく力」を育むこと（教育目的）を意図した授業を具体的にイメージしたのである[6]。例えば、教師自作の実物大の立体模型とワークシートを一人ひとりに配付するとともに、アイデアが浮かばない子にはヒントカードを用意して個別に活用できるようにした。また、できるだけ多くの体積の求め方を自力で考えさせるために、クラス全体に対して「(解法が)一つ考えられたら、他にも求め方はないかな？　いろいろな求め方があると思うよ」と呼びかけたり、数種類の解法が見つかって満足している子どもに対しては「先生は七個考えたよ」と個別に伝えることで刺激を与えたりするなど、教師からの言葉がけも具体的に想定した。授業の流れとしては、課題への個別の取り組みに引き続き、子どもが各自の考えをクラスに対して見取り図を使いながら次々に説明していくという発表の場を設定し、そこから「この考えはあの考えに似ている」「あれよりもこっちのやり方のほうが計算しやすい」といった議論へと発展し、結果的に多様な解法に気づいていくような「学びあう子どもたちの姿」をイメージした。

このように授業の構想とは、目の前の一人ひとりの子どもたちを前提として、何のために、何を、どのように教えるのかというテーマについて、「教師である私」が彼らの具体的な学びを想像することを通して思考をめぐらすプロセスやその結果(授業のプラニング)を意味する。

ただ、教師に自分なりの「ねがい」がなければ、授業の構想は頓挫するに違いない。上述の通り、「ねがい」とは「教師が期待する子どもの学びや成長」を意味し、授業を暗黙のうちに方向づける教師側の要因である(表序-1)。古島先生の例からは、「算数を通して子どもたちが筋道を立てて考え、理解を深めていくプロセスをクラスメイトと一緒に味わったり楽しんだりしてほしい」という教師の「ねがい」が一連の授業実践に通底していることを読み取ることができる。それは、「論理的思考を身に付けることの価値」「自分なりの考えを説明する体験の大切さ」「他者の意見に耳を傾ける態度の尊さ」「わかることの喜び」といった教育を考える上での重要な認識を反映している。さらにそれは、子どもの学びや成長とはどういうことであり、教育はどうあるべきかという「教師としての私」の信念（教育観）を基盤としている。このように「ねがい」やその背後にある「教育的見識」が授業の構想という教師の仕事を暗黙に支えているのである。教師には、教師人生を通じてこのような信念を鍛え、それを教育専門職が持つべき妥当な「教育的見識」へと高めることが求められているのである。

■教材を研究する

子どもの学びがより質の高いものになるように、ひいては彼らの豊かな成長が保障されるために、子どもたちがどのような教材とどう向かいあうかという点について思索を深めていくことが「授業をする」という教師の営みには欠かせない。いわゆる「教材研究」とは、授業を構想する際に教師に求められるこのような思考を指している。端的に述べるならば、教材研究とは、教師が教育の目的や内容を考えながら、教材を選び、意味づけ、整える営みを指し、その成果は一般に「単元」というかたちで表現される。

教材研究は「おいしく栄養のあるオリジナルな料理づくり」にたとえることができるだろう。まず教材自体の「栄養分析」が欠かせない。子どもの学びや成長の糧になることが大前提だから、教師はその食材（教材）にどのような栄養（教育的価値）が含まれているかを見定めなければならない。その際には当然、誰がその料理を食べるのか、つまり、学び手を意識せざるをえない。目の前にいる個々の子どもの実態を踏まえ、どのような栄養が必要かを丁寧に吟味しつつ食材を選ぶ必要があるのである（8章参照）。

■「学びの場」を具体化する

いくら栄養価が高いからといって、料理として魅力的であるとは限らない。子どもたちの目の前に差し出されたときに、まず美味しそうに見えるか（知りたい、やってみたいなどと思うか）、食べてみたいか（学びたいか）という点が問われるだろう。そしていざ食べはじめたとき、子どもたちが「確かに美味しい」（学びがいがある）と感じ、「もっと食べたい」（さらに学びたい）と思うような料理（教材・単元）にしなければならない。

したがって、優れた食材を美味しく食べることができるような調理法を工夫する必要がある。つまり、栄養が豊富な食材（学ぶ意義や価値がある教材）を美味しく食べられるようにする（意欲的に学べるようにする）にはどうすればよいかという点を考えなければならないのである。このような「調理法の工夫」は、教育内容に即して教育方法を検討することを通して、「学びの場」を具体化する営みだといえる。

　例えば、中学校美術の「紙粘土でピーマンをつくろう」という単元で、教師が授業の導入時に「本物そっくりに作ったピーマンを冷蔵庫に入れてお母さんをビックリさせよう」と子どもたちに投げかけたとしよう。(7) 単に「本物そっくりにつくりましょう」という教示と比較すれば明らかなように、この「投げかけ」を聞いた子どもたちは、家の人が驚く様子を即座に想像してワクワクし、「つくってみたい！」という気持ちが高まるに違いない。このように子どもの意欲（食欲）を刺激するような投げかけ（調理法）一つによって「学びの場」の様相はガラッと変化するのである。

　教師は子どもたちの学びを刺激したり促進したりするために、「ワークシート」を作成したり、「グループ」を組織したりするなど、多種多様な「しかけ」をあらかじめ準備することになる。上述の通り、「しかけ」とは「学び手（子どもたち）の学びをサポートするために用いられるツールや場」を意味する用語であり、それには子どもが主語になる学びの諸活動（話す、書く、聞く、考える、想像するなど）を生起させたり、彼らの学習自体を方向づけたり深化させたりする働きがある。「しかけ」は物理的な道具や環境ばかりではない。ピーマンの例に見られるような「投げかけ」や「発問」など、言語的な（非物理的な）「しかけ」もある。具体的な「しかけ」の開発、工夫、準備は、教師が授業に臨む前までに取り組むべき重要なポイントになる（7章参照）。

■「学びの流れ」をシミュレーションする

料理でいえば「レシピ」のように、授業を具体化する上では、どの学習活動をどのような順序で行うかというプラン、すなわち、「豊かな栄養価で、しかも美味しい学び」が学習者の体験を通して成立するような段取りをプロセスとして描き出すこと（活動の順番や時間配分を具体化して「学びの流れ」を想定すること）が不可欠になる。例えば、「学習活動を指示する際に、プリントをいつ配るか」といった一見些細に見えることさえ子どもたちの学びを規定する。先にプリントを配れば、子どもたちの視線は手元にいってしまい教師の説明が徹底しない可能性がある。それに対して教師が指示した後にプリントを配れば、子どもたちの注意は教師の話の内容に向けられて伝達が効率的かもしれない。もちろん、プリントを見ながら説明を聞かなければ理解できないような学習活動であれば、先に配った方がよいだろう。このようにプリントを先に配るか、後に配るかという順序でさえも「学びの流れ」の良し悪しを規定するのである。

授業が展開できる

■「学びの場」を実現させる

実際に授業を行う（授業を展開する）ということは、授業の構想をそのまま実行に移すこと（「料理のレシピ」の忠実な実行）ではない[8]。

授業の展開とは、授業の構想（「学びの場」を具体化するという事前の営み）を前提として、教室というライブの場において、教師が目の前にいる子どもたちと一緒になって唯一無二の授業を創り上げる（「学びの場」を実現させる：より正確にいうなら、「学びの場」を実現しようと努力する）仕事を指す。上述の通り、そこで教師に求められるのは「教育的かかわり」である。

例えば、教師は授業中に新しい学習内容について説明したり、子どもに考えさせるために発問したり、特定の活動を促すために指示したりする。また、子どもの学習状況をモニターしたり、子どもの反応に対してフィードバックしたりする。このように教師は授業中、主体的に活動するアクター（行為者）である。それと同時に、発言を引き出す、気持ちを支える、答えを受け止める、意見をつなぐなど、子どもが主語になる行為を促すファシリテーター（促進者）の役割も担っている。教師は、子どもが学びの主体となるような「学びの場」を子どもたちと共に現在進行形で創り出すために努力し続けるわけである。

■教師の「居方」

このような仕事が極めて困難であることをまず自覚すべきだろう。授業では想定外のことが起こるのが常であり、教師には臨機応変の即興的な対応が求められるからである。とりわけ「教育的かかわり」として大切なポイントは、授業中のコミュニケーションが進行している最中における教師の「出」であろう。例えば、「〇〇さんはどう思う?」と指名して子どもの思いや考えを可視化したり、「みんなに考えが伝わってないみたいだから、〇〇さん、もう一度説明して」というように情報をクラス全体で共有化したりする。また、特定の内容について考えを深めさせるために「この〇〇さんの意見だけど、他の人はどう思う?」というようにトピックを焦点化したりする。このような臨機応変の教師の「出」によって、子どものたちの学びは広がったり深まったりするのである。

　教師の「待ち」も重要である。授業中には情報がたくさん飛び交うほどよいというわけではない。子どもたちが思考を深めていくためには「間」が必要不可欠である。例えば、発問の直後に指名しないで十分な時間を取ったり、発言につまってしまって次の言葉が出てこない子どもに対してしばらく見守ったりするというように、子どもの心や頭がきちんと働くような時間的余裕を柔軟につくりだすのも教師の仕事である。このような「間」を確保するための教師の「出」が「待ち」なのである。

以上のような臨機応変な教育的かかわりの前提として、授業中における教師の「居方」（その場における当人の姿勢や態度）が問われている。一人ひとりの子どもに教育的な関心を寄せ、彼らのユニークな表現に着目するとともに、子ども同士がどのようにかかわりあっているか、またかかわりあおうとしているかといった点に敏感になることが教師に求められる。「学びの場」でダイナミックに生起する一瞬一瞬の出来事や子どもの姿に感応し、子どもの発言やつぶやきを「聴く耳」や、視線、表情、しぐさといった身体表現を「見取る目」を通して教師としての気づきが瞬時に得られるかどうかが問われているのである。

先述した教師の「教育的見識」に加えて、以上のような「居方」を基盤として、予断を許さない「学びの場」において、即興的でしなやかな対応（教育的かかわり）が教師の姿として顕れるのである。

授業を省察できる：「授業ができる」ようになるために

「授業ができる」とは、まずは以上に述べた授業を構想し展開する教師の姿を指すのだと思う。ただし、授業という営みの質を高めていくためには、さらに「教育的見識」を磨き、「居方」を確かなものとするとともに、授業の構想と展開の自覚的な修練を積み重ねていく必要がある。そのためにも授業後に時間を確保して、授業で生起した諸事実について対象化し、それらを丁寧に検討することを通して、教師としての新鮮な気づきを得ること（授業の省察）が大切である。それは「教師としての私」が一人ひとりの子どもに出あい直すことであると同時に、教科、教材に出あい直すことである。そして、それは何よりも自分自身の思い込みに気づくプロセスであり、それ自体が「教師としての私」に出あい直す体験なのである。このような授業の省察によって、その後のよりよい授業実践が模索されていく。省察の積み重ねを通してこそ、授業をする主体としての「教師としての私」が成長していくのだといえるだろう（第Ⅲ部各章参照）。

　授業の力量に関連して「あの先生はセンスがいい」などと評されることがある。キャリアの年数にかかわらず、若手教師に対してもその種の「センス」を感じることもしばしばある。単なる技能の蓄積ではないし、知性の反映でもない。教師の姿の総体から感じ取れる一種の感性がセンスなのであろう。ただ、「センス」とはあまりにも漠然とした表現であるし、そもそも「センス」がある人とない人が峻別できるのかという問題もある。少なくとも確かだと思われるのは、その「センス」とは上述した構想、展開、省察という一連の営みにそれぞれ丁寧に取り組むことの積み重ねによって磨かれるものだということである。一朝一夕に身に付けられるものではないのである。

　日々の実践に誠実に向きあうことで教師が持つ心のアンテナの感度が高められる。センスとは、そのような「感度」のようなものなのではなかろうか。

もう一度、上述した「学習実現の原理」と「教師主体の原理」を踏まえて確認しておこう。「授業ができる」とは、「教師である私」が目の前にいる子どもたちの学びを実現させるために、子どもたちとともに独創的な授業を主体的に創り出していく姿を意味している。そして、「授業ができる」ようになるためには、授業の省察を中核としつつ授業の構想と展開を繰り返す営み、つまり、「授業研究」を積み重ねていく必要があるのである。

[注]

(1) 詳しくは以下の文献を参照されたい。鹿毛雅治「授業研究を創るために」鹿毛雅治・藤本和久(編著)『「授業研究」を創る——教師が学びあう学校を実現するために』教育出版、二〇一七年

(2) 授業の構成要因は、藤岡完治が開発した授業デザインツール「授業デザインの6つの構成要素」(藤岡完治『看護教員のための授業設計ワークブック』医学書院、一九九四年)にほぼ対応した概念である。六つの構成要素のうち、「ねがい」と「目標」、「教授方略」と「学習環境・条件」については、それぞれ独自の概念として区別して示すことの重要性は、とりわけ実践的な見地から大いに認められるものの、教師の授業構想プロセスにおいては相互に密接に関連しあっていると考えられることから、ここでは、前者二要素を「目的」、後者二要素を「方法」としてまとめて示し、「内容」「学習者」という授業を構成する他の二要因と並置することにした。

(3) 「しかけ」については、以下の文献を参照されたい。鹿毛雅治「授業づくりにおける「しかけ」」秋田喜代美・キャサリン・ルイス(編著)『授業の研究　教師の学習——レッスンスタディへのいざない』明石書店、二〇〇八年

(4) 「作業」と「実践」の違いについては、以下の文献を参照されたい。鹿毛雅治「授業研究再考」田中克佳(編著)『「教育」を問う教育学——教育への視角とアプローチ』慶應義塾大学出版会、二〇〇六年

（5）藤沢市立辻堂小学校教諭（当時：二〇〇七年度）
（6）古島そのえ「見えることからの授業の再構築――小学校6年算数科」『教育実践臨床研究・授業研究と教師の成長を結ぶ』藤沢市教育文化センター、二〇〇九年、六一―九八頁
（7）詳しくは以下の文献を参照されたい。今村透「子どもの思いを形にする――中学校1年美術科」『教育実践臨床研究・授業の中で起きていることを確かめる』藤沢市教育文化センター、二〇〇三年、六五―六六頁
（8）料理（教材）はすでにそこにあって、授業とはそれをせいぜい温めて給仕する仕事だと思われている風潮さえもある。その種の発想は授業という営みの奥深さを知らない素人考えだといわざるをえない。そもそも、授業の展開を理解するには料理のメタファ自体が不適切である。

I

授業を構想する
——デザイン論

1 学習意欲の心理学──「質の高い学び」を支える主体性──

学校教育の目的の一つとして「主体的な学び」が掲げられるようになって久しい。近年、この「主体的な学び」に関して「アクティブ・ラーニング」という語が席巻したが、それが意味する本質は教育界において決して新しいものではない。いやむしろ「主体的な学び」とは、よりよい授業の実現を目指す教師たちの長年来の夢なのだというべきだろう。日本には「勉強させる─させられる」という授業における「教師─子ども関係」を転換して、子どもが主体的に活き活きと学ぶ姿を目指す地道な実践が積み重ねられてきた歴史がある。もちろん、その実現は容易ではない。教師たちにとってそれは永遠の課題なのだといえるだろう。

気乗りがしなかったり、受動的であったりすると活動ははかどらないし、その成果も貧しいものになる。それに対して、何事に対しても主体的に取り組むと、成果がレベルアップするだけでなく、当人の達成感や充実感が格段に違ってくる。このような心理現象は子どもであっても、大人であっても同じである。「主体的な学び」を重要視すべきだという根拠は、以上のシンプルなわれわれの体験に求めることができるのではないかと私は考えている。

「主体的な学び」と学びの質

これまで学習は主に「量的」な概念として理解されてきた。その「学習成果＝量」という通念をわれわれは根底から問い直す必要があるのではないだろうか。たとえ量をこなしたとしても質が必ずしも保証されるわけではないことは、われわれの日常生活を振り返ってみれば自明であろう。大学教員としての筆者の経験を例にするなら、学生にレポートの枚数を指定すると、字数を稼ぐこと自体が目的となり、「コピー・アンド・ペースト」が増え、レポートの質が低下するという現象がみられる。レポートの質を高めるのは「字数の指定」ではなく、むしろ課題と向きあおうとする前向きの姿勢、すなわち、興味・関心や問題意識を背景とした学生本人の「主体性」である。一見迂遠なようにみえるが、学習者の主体性を重視することこそが、卓越した学習成果を実現するための近道なのである。したがって、われわれが子どもたちの学びに「質」を求めるのであれば、学習者の「主体的な学び」を促すような教育の場を創り出すことがその条件になるのである。

「質の高い学び」とは

よい授業では、子どもの姿に「質の高い学び」(high-quality learning) が顕れる。子どもたちが学びの対象(テーマ)に真摯に向きあい、知的活動のみならず情意的な心の働きをも総動員しながら、思いや考えを自ら表現し、相互コミュニケーションを通して学びあおうとする姿がみられるのである。「質の高い学び」とは、このような一人ひとりの子どもの知情意が活性化した自律的な問題解決プロセスを基盤として成立する。しかも、それは、他者とかかわる中でこそ発展するという性質を持った社会的かつ協働的な営みでもある。

図1-1をご覧いただきたい。学習テーマと出あうことによって、興味や疑問、こだわりなどが生じ、もっと調べてみたい、試してみたい、繰り返しやってみたいという気持ちから、具体的な目標が生まれ、活動の計画を立てて実際にやってみる。そして、わかったことや反省点などを振り返り、新たな課題を発見して目標を再設定するとともに活動を計画し、実行し、振り返る。このようなスパイラルな問題解決プロセスが図1-1には描かれている。そのプロセスには、「なぜ?」「どうすれば?」「なるほど」「納得!」「身にしみてわかった」といった知的な体験だ

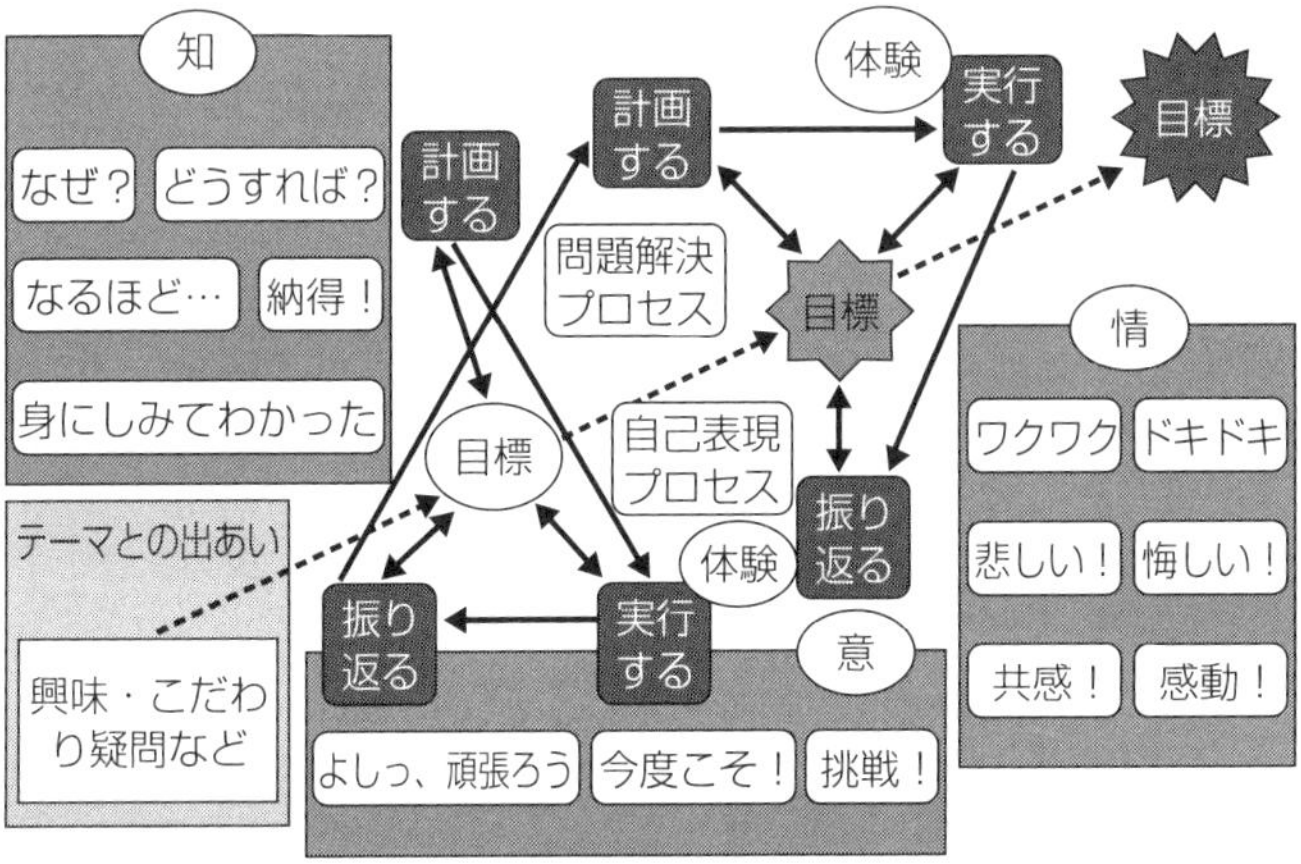

図１－１　質の高い学び

けではなく、「ワクワク」「ドキドキ」「悲しい！」「悔しい！」「共感！」「感動！」といった情動体験や、「よしっ、頑張ろう」「今度こそ！」「挑戦！」といった意欲的な体験も含まれている。しかも、知情意が活性化し、頭と心と身体がフル動員されることによって、人としての知性や感性が磨かれ、見識が養われていくのである。

　学校教育の本質的な特徴は、複数の子どもたちによって構成される社会的な集団によって授業が展開されているという点にある。以上に描いた「質の高い学び」は、子どもたち同士が高めあい、支えあうようなコミュニケーションを通して相乗的に発展していく。クラスの仲間の意見に触発されて表現してみようという気持ちが生まれたり、ともに試行錯誤する中で理解が深まったり、技能が高められていったりするのである。しかも、学びの充実感を共有するからこそ、互いを尊重し、信頼しあえるような「人」として成長していく。まさに授業には人を育む働きがあるのだ。

「主体的な学び」を支える意欲

子どもの内側に学ぼうという気持ちがなければ、主体性とは対極の「受け身」の姿勢に陥り、授業は「やらせ」に堕してしまう。「主体的な学び」の心理的な基盤が「学習意欲」にあることに異論はなかろう。そもそも「学習意欲」は、教育界における重要用語の代表格といっても過言ではないだろう。意欲的に学ぶ子どもの姿は常に教育の目的像として位置づけられてきたのである。

ところが、残念ながら日本の子どもたちの学習意欲は決して高いとはいえないのが実情である。近年、学習意欲の低下が問題視されているようだが、実は「点数は高いのに学習意欲が世界最低水準」という状況は今に始まったことではなく、この「点数がよければ意欲も高いはずなのに日本は違う」という珍現象は「日本型高学力」と呼ばれ、世界の専門家から不思議がられてきた。日本の子どもたちの学習意欲の低水準は、まずこのような歴史的な傾向として理解すべきであろう。

学習意欲とは何か

■意欲とは何か

そもそも「意欲」とはどういう意味なのだろうか。[1] その一つの解釈として、心理学では「やり遂げよう」とする意志と「〜したい」と感じる欲求の複合語だとされている。やりたいという気持ちを背景としてその行為を完遂しようとする姿をわれわれは「意欲的」と表現するわけである。

欲求についてはわかりやすいだろう。例えば、食欲（食べたい）や睡眠欲（寝たい）のように、身体の内側からわき上がり否応なく行動にかり立てる働きを持つ心理的な要因として、欲求は体験的に理解しやすい。

その一方、意志については説明を補足する必要があるかもしれない。「意志」とは「やり遂げよう」とする心理現象だと上述したが、それには二種類ある。一つは、活動を「始める意志」である。やらねばならないとわかっていても、なかなかやり始めることができずグズグズと引き延ばしてしまうといった体験は誰にでもあるだろう。また、どうしようか迷ってなかなか前に踏み出せない場合もあるかもしれない。このような心理状態に欠けているのが「始める意志」である。活動を始めるには、内なる掛け声（さあ、やるぞ！）のようないわば「心の弾み」によって自分で自分の背中を押すことが必要である。「始める意志」とはこのような心の働きを指し、やって

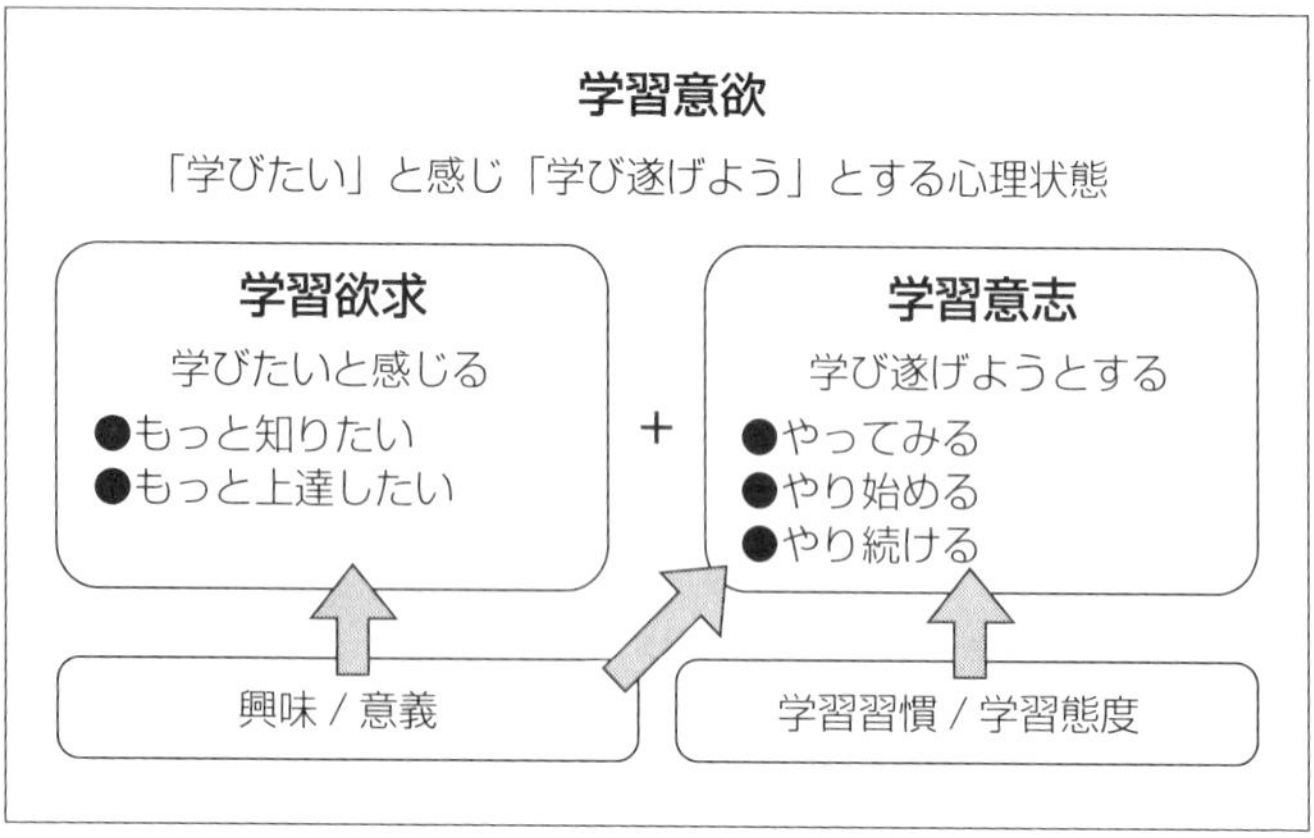

図1－2　学習意欲＝学習欲求＋学習意志

みる、やり始めるといった前向きの行為をひき起こす。もう一つは活動を「続ける意志」である。最後までやりきらずに途中でやめてしまったという体験にも身に覚えがあるはずだ。そこに欠けているのが「続ける意志」である。途中で嫌になって投げ出すのではなく、他のことよりも当該活動を優先し、常にその目的を意識しつつ粘り強く取り組む姿勢にそれは顕れる。

■学習欲求と学習意志

以上のように「欲求」と「意志」を理解するならば、学習意欲とは「もっと知りたい」「もっと上達したい」といった「学びたい」という思いに基づいて「学び遂げよう」とする心理現象、すなわち、学習欲求と学習意志という二つの心理状態が統合した現象（学びたいと感じ、その学習をやり遂げようとする心理現象）だということになる（図1－2参照）。

とりわけ、意志と欲求の両方の要素がそろってはじめて意欲だといえるという点がポイントである。例えば、「英会話」を習いたいと思っていても具体的な行動を実際に起こさなかったり、英会話学校に通い続けてはいるが、英会話を学びたいという気持ち自体が希薄だったりする場合、いずれも学習意欲があるとはいえない。英会話を習いたいと感じる「学習欲求」と、学校に通い続けるという「学習意志」の両面がそろっている場合に限って英会話に対する学習意欲があるといえるのである。

さらに掘り下げて考えてみよう。まず、「学習欲求」についてである。子どもたちが「学びたい」と感じるのはどういう時だろうか。まず思いつくのが、子どもの内側に「興味」がわき起こった場合であろう。面白そうなのでやってみたいと思ったり、不思議なことを目の当たりにして「なぜだろう」と感じたりすると自ずと学びたいという気持ちになる。また、学習対象や学習活動に「意義」があると感じた場合にも意欲的になる。日常生活に活かせるとか、人や社会のために役立つとか、将来の自分のためになるなどと感じた時には、もっと学びたいと思うに違いない。

「学習意志」についてはどうだろうか。単元の導入に注力した結果、学習の出発点では子どもたちの興味を喚起することに成功しても、それをその後の継続的な意欲へとつなげることができずに学習活動が停滞してしまったという体験談を先生方から聞くことがある。この場合、子どもたちに強い学習欲求（学びたい！）が持続しなかったことも一因であるが、彼らに学習意志（学び遂げるぞ！）が欠如しているという点も見逃せない。学習欲求が一過性の気持ちで終わらないように学習意志を育むことも課題なのである。

学習意志が適切に機能するには質の高い「学習習慣」や「学習態度」が育まれている必要がある。学習が習慣化されていたり、学習態度がきちんと形成されていたりすれば、半ば自動的に意志が機能して、学習活動が開始され継続すると考えられるからだ。

習慣、態度という用語は教育界でよく使われているわりには、正確に理解されているとはいえないのではなかろうか。これらの用語の意味を確認しておこう。

■学習態度とその形成

態度とは「ある人が、ある対象（人、モノ、コト）に対して、どのように感じ、考え、かつ振る舞うかという反応準備状態」を意味する心理学の用語である。態度には、一定の動作や行動を実現し、それらを方向づけたり、調整したりする働きがある。特に学習意欲という観点から着目すべきなのは「学習態度」であろう。一般には「真面目」あるいは「怠惰」といった意味として受け取られがちだが、ここでいう学習態度とは学習一般、さらには学習の諸側面や構成要素に対する態度を指す。例えば、「英語」に対してポジティブな態度を持つ人は、積極的に英語を話したり読んだりする機会を求めるのに対し、ネガティブな態度を持つ人は、なるべく英語にふれる機会を避けようとするだろう。このように学習態度は学習活動の基盤となり、その場、その時の学習意志に影響を及ぼす。しかも、学習態度は学習に関連する対象にまつわる個人的な理解や価値観の反映であり、その対象とのこれまでのかかわり（例えば、これまで受けてきた英語の授業での体験など）を通して形成（学習）される。そして、その対象（英語）に対するその後の意欲を規定するのである。

ポイントは、このような学習態度はそれまでの学習体験の積み重ねによって培われるという点だろう。楽しく充実感が感じられるような英語の授業を繰り返し受けていればポジティブな、逆に不快な体験ばかりしていればネガティブな態度が形成されるというわけである。

■学習習慣とその形成

一方、習慣とは、刺激と反応の結びつきとしての学習、すなわち「自動的に生起する学習された振る舞い」のことを指す。「習慣」というと、「チャイム着席」のような「行動的習慣」を思い浮かべるかもしれないが、ここで注目したいのは、頭と心を使う習慣、例えば、考える習慣、表現する習慣、判断する習慣、努力する習慣といった「心理的習慣」である。例えば、課題に直面した時に「あきらめずに試行錯誤する」「とりあえず自分の考えを言葉にしてみる」「本当にそうかなと吟味しようとする」「別の視点から考えてみようとする」といった心理的習慣は、学習活動をひき起こし、それを持続させるだけでなく、学習成果の質を高める働きを持つ質の高い学習習慣だといえる。

習慣が学習されるプロセスは「習慣化」と呼ばれる。それは特定の刺激に対して特定の反応パターンが繰り返されることによって、自動化し、定着し、努力することなしに遂行できるようになるプロセスを意味する。「習慣化」というと訓練を何回も繰り返すといった苦しいトレーニングを思い浮かべるかもしれないが、その本質は特定の状況や行動がむしろポジティブ感情（うれしい、楽しい、やってよかったなど）と結びつく点にある。

■エンゲージメント

教師が授業を評する常套句の一つとして「子どもの目が輝いていた」というのがある。それに対して、授業の評価は、あくまでも「学習成果」を根拠とすべきであり、子どもの活き活きした表情などは論じるに値しないといった批判も根強い。

確かに、「子どもの目の輝き」などというのは「文学的」な表現であるし、客観性に欠けるとみなされるのも無理はない。ただ、そこに含意されている意欲的な子どもの姿が学習成果と無関係かというとむしろそうではない。最近の心理学研究によれば、学習対象に注意を向け、意識を集中し、さらには熱中し夢中になるような体験の繰り返しによって、学習習慣や学習態度が形成

表1－1　エンゲージメントと非エンゲージメント

	エンゲージメント：意欲的な姿	非エンゲージメント：意欲的でない姿
行動的側面	行為を始める 努力する、尽力する 一生懸命に取り組む 試行する 持続的に取り組む 熱心に取り組む 専念する 熱中する 没頭する	受動的で先延ばしにしようとする あきらめる、身を引く 落ち着きがない 気乗りがしない 課題に焦点が向いておらず不注意 注意散漫 燃え尽き状態 準備不足 不参加
感情的側面	情熱的である 興味を示している 楽しんでいる 満ち足りている 誇りを感じている 活き活きしている 興奮している	退屈している 無関心である 不満げである／怒っている 悲しんでいる 気にしている／不安を感じている 恥じている 自己非難している
認知的側面	目的を自覚している アプローチする 目標実現のために努力する 方略を吟味する 積極的に参加する 集中する、注意を向ける チャレンジを求める 熟達を目指す 注意を払って最後までやり抜く 細部にまで丁寧で几帳面である	無目的である 無力な状態である あきらめている 気の進まない様子である 反抗的である 頭が動いていない 回避的である 無関心である 絶望している 精神的圧迫を感じている

されると考えられている。「子どもの目が輝いている」という事実を軽視してはならないのである。

そこで紹介したいのが、近年のモティベーション心理学で重視されている「エンゲージメント」という概念である。エンゲージメントとはいわゆる「没頭する」という心理現象を指す。表1－1には「エンゲージメント状態」、「非エンゲージメント状態」の特徴がそれぞれ行動的、感情的、認知的という三つの側面から記されているので比較してみよう。

「エンゲージメント」とは、目標実現のためにチャレンジを求め、熱心に取り組んでいるような「意欲的な心理状態」であるのに対し、「非エンゲージメント」

とは目的を持たずに、無関心で退屈していたり、不安を感じていたり、注意散漫で落ち着きがなかったりする「意欲的でない心理状態」を指す。言い換えるなら、エンゲージメントとは「知情意が一体化して活性化している心理状態」だといえるだろう。つまり、「主体的な学び」とはまさに学習に対する「エンゲージメント」を意味し、現在進行形の学習活動における学習意欲は、このような「エンゲージメント状態」として子どもの姿に顕れるのである。

とりわけ、ここで注目したいのは、没頭（エンゲージメント状態）の効用である。第一に、上述した通り、「エンゲージメント状態」の体験が繰り返されることで、その学習活動とポジティブ感情とが結びつけられ、質の高い学習態度・習慣が当人に形成されていく。例えば、エンゲージメント状態で小説を読む活動することを通して、楽しかった、感動したといったポジティブ感情が体験できる。そのような没頭体験を繰り返すことによって、自ずと小説の本を手に取って読み始めるといった習慣や、小説を読むことが好き、あるいは読書それ自体に価値を感じるといった態度が身に付いていくのである。

第二に、パフォーマンスの質を高める働きがあるという点である。知情意の一体化がパフォーマンスの向上をもたらすことは自明であろう。われわれの体験を振り返ればすぐに気づくように、活動に没頭している時こそ成果が上がるものである。なぜなら、意識が集中し頭がフル回転していると同時に、その活動に対して心身のエネルギーが注がれるなど情意面のリソースも総動員されているからにほかならない。「主体的な学び」が学びの質を高める理由は、「エンゲージメント」という考え方によって説明することができるのである。

第三に、没頭（エンゲージメント状態）は、「社会的伝染」をひき起こす。例えば、数人の子どもが学習活動に熱中する姿に刺激されて周囲の子どもたちが学びに惹き込まれることがある。教室という社会的な場において、没頭は学習意欲の相乗効果をもたらすのである。

没頭は一過性の姿かもしれない。しかし、このような充実した学習活動の体験を積み重ねることで子どもたちは学ぶことが好きになる。このように考えてみると、むしろ学習意欲は、一瞬一瞬の子どもの姿にまず顕れると考えた方がよさそうだ。学習意欲を現在進行形の心理現象として理解することこそが重要だと私は考えている。

●「学びの場」を豊かにする：質の高い授業へ

■没頭と学びがいを体験する場

以上のことから、子どもに質の高い学びを実現するために、学習意欲を喚起することや質の高い学習習慣や態度を形成することの重要性がみえてきた。ではこのような学習意欲を土台にして「主体的な学び」を実現するために、教師は何に心を砕くべきであろうか。少なくとも以下の三つのポイントを意識しつつ「学びの場」をより豊かにする実践を子どもたちとともに積み重ねることにその方向性を見いだせるのではなかろうか。

第一のポイントは、学習欲求と学習意志が相乗的に働く「没頭状態」（エンゲージメント）を子どもたちが体験できるような「学びの場」を地道に模索しつつ創り出すことである。一瞬一瞬の学習意欲は、目の前の課題に注意を向け、意識を集中させ、学習活動に熱中するという心理状態、すなわち「没頭」という子どもの姿に顕れる。したがって、教師には「どのような場を創れば子どもたちが学びに没頭するか」ということを想像し、具現化しようと努力することがまず求められる。

教師が心を砕くべき第二のポイントは、「試行錯誤してよかった」「別の視点から考えてよかった」「工夫してみてよかった」といった学びがい（充実感、達成感など）を子どもたちが体験できるような「学びの場」を日常化することである。そこでは、気づきや問いを素朴に表現しあい、認めあえるような関係を基盤として「語る―聴く」「尋ねる―応える」といった自然なコミュニケーションが当たり前のように成立しており、「友だちにわかってもらえてうれしい」「みんなに伝えてよかった」といった表現活動の喜びに満ちている。また、そこでは試行錯誤のゆとりが保証され、問題の解決に向けた有意義な情報が交流している。そのような教室だからこそ、子どもたちは学びあい、高めあっていることを実感でき、学びがいを体験するのである。このような場は、教師一人の奮闘では到底実現しえない。教師にとってそれは「場の教育力」を利用することにほかならない。しかもそれは場に教育力を持たせる地道な実践を子どもたちとともに積み重ねることによってようやく実現する日常なのである。

第三のポイントは教師の「居方」である（序章参照）。この点に関連して、近年、臨床心理学を中心にマインドフルネス（mindfulness）が注目を集めている。マインドフルネスとは、その場で起きている出来事や体験に対するわれわれの「注意の向け方のモード」の一つであり、新鮮な気づきに対して開かれた柔軟な心理状態を指す。いわば「あるがまま」を感じ取る「居方」だといえるだろう。それと対照的なのが、マインドレスネス（mindlessness）である。それは固定観念にとらわれて、ルールやルーティンに支配された心理状態を意味する。

「学びの場」を豊かにするためには、授業における教師の「居方」がまず問われているように思われてならない。例えば、授業のねらいやその実現を意識するというように、教師であるからにはマインドレスであることから逃れえないが、たとえそうであるにしても、常に教師の居方がマインドレスであると、知らず知らずのうちに授業の空気が硬直化し、創発的な学びが生じる余地が失われる。むしろ、教師が子どもの創発的な気づきに気づき、それをともに楽しんだり一緒に味わったりするような受容的で即興的な対応が可能になるためには、教師のマインドフルネスこそが不可欠であり、それこそが「主体的な学び」が生じるための「学びの場」の条件なのではないだろうか。それは教師が目の前の子どもたちを信じ、学びの展開を委ねるような心のゆとりをもとに、子どもと一緒になって心から学びを楽しみ、味わうプロセスにほかならない。そのためにも、教師自身が心のアンテナの感度を高め、子どもの表現とその背後にある思い、こだわりやねがいに気づくような「豊かな学び手」であることが求められているように思われるのである。

●場の空気・場の教育力

教育界ではよく「学習意欲の高め方」といったトピックに関心が集まるが、以上のことから「学習意欲を高める」ための処方箋を見いだすことの困難さも浮き彫りになったのではないだろうか。ただ、教育実践が学習意欲に対して無力だということではない。その問題解決の糸口は「場の空気」のあり方に見いだすことができるだろう。

意欲（エンゲージメント）に満ちた授業は肌で感じ取れるものである。

授業を参観しているうちに、思わず子どもたちの学びに惹き込まれてしまうことがある。そのような授業には、必ず子どもたちの意欲的な表情があって、魅力的な学びが目の前で展開されている。ワイワイと活気のある授業ばかりではない。皆が課題に対して真摯に向きあっている様子がひしひしと伝わってくるような静かな授業もある。それらの授業では、子どもたちの意欲があたかも「空気」を通じて響きあっているかのように感じられる。そこに流れる「授業の空気」によって、その場にいる者は学びの世界へと惹き込まれていくのである。

楽しそうな人を見て周りの人たちもワクワクと心を弾ませる。他者の真摯な姿に出あうと、こちらも真剣な面持ちになる。このようにわれわれの振る舞いは、「場の空気」によって影響されている。人々の言葉遣い、表情や声のトーン、体の動きなどの多様な要素によって「空気」はダイナミックに生み出され、それが人々の振る舞いに影響を与えている。教室や学校は、まさにそのような場である。

人の意欲はその場の「空気」を媒介として他者の意欲に影響を及ぼす。これが上述したエンゲージメントの効用の一つである「意欲の社会的伝染」と呼ばれる現象である。

「授業の空気」が常にポジティブな効果をもたらすとは限らない。みんなが退屈そうな顔をしていて気だるいムードだったり、不安な表情で体がこわばっていたりする場合、「授業の空気」は各人の意欲を削ぐことになり、ひいては学習を阻害する。

当然、「授業の空気」は教師によっても大きく規定される。活き活きした教師の振る舞いは授業を活気づけるだろうし、常に目がつりあがってこわばった教師の表情やとげとげしい言葉は「授業の空気」を不安や緊張に満ちたものにする。

「授業の空気」は、子どもたちや教師の表情や視線、身体の向きやしぐさ、発言やつぶやきの声音やトーンといった一瞬一瞬の微妙な要素によって、ダイナミックにしかも相互作用的に生成され変容していく。「授業の空気」には無意識のうちに、しかも瞬時にメンバーの感情や意図を伝えあうことを通じて彼らの意欲を規定する働きがある。そのような「授業の空気」にこそ「場の教育力」があることをわれわれは深く自覚すべきであろう。

したがって、教育実践にかかわる者の課題は、活き活きした学びを促すような「空気」に対して自ら敏感になり、教室や学校がそのような「空気」で満たされるように、丁寧な努力を自覚的に積み重ねていくことであろう。

学習意欲を高める処方箋は存在しない。しかし、教師と子どもたちが一緒に学びを楽しみ、味わい、喜びあうような「空気」で教室が満たされることを通じて、学習意欲を培う風土や文化を創り出していくことは可能なのである。

[注]

(1) 意欲、学習意欲については以下の文献に詳しい。鹿毛雅治『学習意欲の理論——動機づけの教育心理学』金子書房、二〇一三年

2 「学習者中心」の教育環境をデザインする—学習意欲を育むために—

「北風型教育」と「太陽型教育」

「北風と太陽」というイソップ童話がある。北風と太陽がそれぞれ異なるタイプの教師、旅人が「子ども」、上着を脱ぐ行為が「学習」のそれぞれの比喩だと考えると意味深長である。教育界では「北風型教育」への根強い信仰がみられる。北風が無理やり旅人の上着を吹き飛ばそうとするように、子どもたちに勉強を強制することがまずは必要だという教育観は未だに(暗黙の本音としては)主流なのではなかろうか。それに対する「太陽型教育」とは、旅人が自ら上着を脱ぐことを促すために太陽が空気を暖めるように、子どもが自発的に学ぶような場を教師が創り出すような教育を意味することになろうか。

教育のあり方をめぐっては、これまで「教師―子ども」「指導―支援」「意欲―知識」といった二項対立図式に基づいて、ともすると不毛な議論が繰り返されてきた。筆者はその種の議論を蒸し返すつもりはない。本章では従来の二項対立を乗り越えるために、「北風と太陽」の対比を手がかりとして、学習意欲の働き、教育という場の特質、教師の役割について統合的に理解し、「学習者中心」という理念について再考してみたい。

■「北風型教育」の限界

「馬に水を飲ませることはできるか?」というたとえ話がある。いくら飼い主が、脅かしたり、なだめすかしたりして水飲み場まで連れて行き、無理やり水を飲ませようとしても、その馬が自ら飲みたいと思わない限り、水が飲まれることはないだろう。それと同様に、子どもに学習を強制することはできない。教師が無理に学ばせようとすると、反発したり、心を閉ざしてしまったりしかねない。たとえ表面的には学習するふりをみせたとしても、子どもの心の内に「学びたい」という気持ち(学習意欲)が存在しない限り、それは偽りである可能性がある。

このことより「北風型教育」の限界は明らかであろう。また、「意欲」よりも、まず基礎的な「知識」や「技能」を優先すべきだという授業観も再考すべきことがわかる。

そもそも学校教育の最終目的は「知識」「技能」の習得なのだろうか。木下竹次は『学習原論』

で以下のように指摘している。

学習の目的というと知識技能の修得と考えられやすい。学習すればもちろん知識技能は取得できる。また修得せねばならぬが、知識技能の修得は学習の終局目的でない。既に学習の目的は経験的自己を向上させることだというたが、更に他の言葉でいうと学習の目的は生の要求をまっとうするがために創造の力を創造的に使用する作用を修得することである。

もし、木下が主張するように学習の目的が「生の要求をまっとうするがために創造の力を創造的に使用する作用を修得すること」であるなら、そもそも「意欲」と「知識」「技能」は統合的であるはずで、それらを対立的に論じること自体がナンセンスであろう。

心理学的に考えても、「意欲」とは意志（〜をやり遂げる）と欲求（〜したい）との複合語であり、学習意欲とは「学びたい」と感じて、その学習を「やり遂げよう」とする心理状態を意味する（1章参照）。知識や技能と学習意欲が対立的であるはずはなく、むしろ、これらは相乗効果的に機能すると考えるべきであろう。

また、構成主義[1]の考え方に立てば、そもそも知識や技能は外部から一方的に詰め込まれるものではない。試行錯誤をしたり、思考をめぐらせたりするような主体的な学習活動による当人の認識が深まるプロセスを通して確かな知識や技能が定着するのである。認識を形成する主体はあくまでも学習者当人であり、学習意欲がその原動力になるのである。

■「学習者中心」をめぐる誤解

一方で「北風型教育」を避けようとするあまり、「教師が指導するよりも子どもに任せるべきだ」という発想に陥りがちだが、そこにも落とし穴がある。教育における「子ども中心」の概念は、例えば「指導―支援」といった対比、さらには「強制（教え込む）か、放任（任せる）か」という極端な対立として論じられてきたきらいがあり、極めて観念的であった。そこには学習の成立やそれを通した成長の保障といった観点がともすると抜け落ちていた。

例えば、米国心理学会によれば、「学習者」と「学習」の両方を同時に重視する点に「学習者中心の教育（Learner-Centered Education）」の本質があるという[2]。子どもに「丸投げ」するだけでは学習は成立しない。教育の責務は個人としての学習者の存在を最大限に尊重しつつ、彼らの学習と成長を保障することにあるはずだ。つまり、「学習者中心の教育」とは一人ひとりの「学習者」と彼らがユニークに展開する「学習」の双方に対して常に配慮し、着目し続けるような教育実践のあり方を意味している。ややもすると「活動あって学びなし」などと揶揄されがちな学習者中心もどきの安易な実践を克服するポイントはここにある。

「太陽型教育」を実現するために

「学習者中心の教育」を実現するためには、「知識・技能の獲得」「思考・表現の活動」と「学習意欲」とが統合的かつ相乗効果的に機能するような学習とはいかなるものかという点をまず理解すべきだろう。そのような質の高い学び（1章参照）こそが主体的な学習の実相であり、このような学びに取り組む子どもの姿をわれわれがイメージできなければ、この種の理念は「画に描いた餅」になりかねない。

近年、動機づけ研究で「エンゲージメント」という用語が注目されている（1章参照）。それは端的にいうと、頭と心と体がフル活動している「没頭状態」を指し、その際、われわれのパフォーマンスは最大化されるという。われわれの生活を振り返れば容易に理解できるだろう。仕事や趣味に没頭しているときに作業は効率的になり、その質も高まる。その際、知的な活動（「推測する」「やり方を工夫する」など）と情意的な活動（「興味が高まる」「夢中になる」など）とが統合して機能し、知情意が一体化した心理状態になる。目下の学習課題に正対する現在進行形の意欲的な姿はエンゲージメントという心理状態に支えられている。その主体的で質の高い学習活動こそが、われわれが教育実践で目指すべき子どもの姿なのである。

■間接指導——教師の教育的意図と「磁場」

「太陽型教育」とは、一人ひとりの子どもの内側にエンゲージメント状態をひき起こすような環境を創り出す実践を指しているのであり、自ずと学びに集中し、熱中し、夢中になるような場を教師が子どもたちとともに創り出していくことこそがわれわれに問われている。

木下竹次は、この点に関しても『学習原論』で以下のように述べている。

児童中心主義の学習法においては教師は直接に学習者を動かすことをなるべく避けて、できるならば間接に指導し、児童生徒に自ら進んで学習を遂げさせることを重要視する。それで教師は心と心との感応作用をもって学習者に人格的感化を及ぼし、あるいは環境を利用して学習者の活動を指導する。これが間接指導である。

誤解を恐れずにあえて指摘するなら「太陽型教育」とはまさに木下の指摘する「間接指導」にほかならない。

「太陽型教育」における教師の主な役割は、学習者に対する指示や説明といった「直接指導」にあるのではなく、むしろ教育環境を整え、「場の教育力」を活用して学習者の主体的な学びを促すような「間接指導」にある。

一般に、「環境」という言葉からはスタティック（静的）な物理的特徴がイメージされるかもしれないが、教育環境はむしろダイナミック（動的）な性質を持っていると考えるべきだろう。授業では、黒板や机の配置、プリントやノートといった多様な物的要素だけではなく、教師と子どもたちが相互にかかわりあうことによって、一人ひとりの行為（動作など）や表現（発言、表情など）が刻一刻と生み出され、それらを新たな環境の要素として含み込みながら現在進行形で創出されていくのが教育環境だからである。

　しかもダイナミックに変動するこのような教育環境のあり方を規定する主要因（の一つ）は「どのような外界のあり方が、どのような学習活動を刺激し促進するだろうか」と考える教師の教育的意図である。それは一種の磁場をその場に創り出し、一人ひとりの学習者はそこに巻き込まれながら固有の学習活動を展開することになる。[3] この教育的意図こそが「太陽型教育」の本質であり、だからこそ教師は、自らが抱く教育的意図の教育的妥当性を常に検証しなければならないのである。

　以上のことから「教師主体―子ども主体」という二項対立的な枠組みによって「太陽型教育」を理解することがいかに不適切であるかがわかった。そこでは一人ひとりの学習者のみならず教師を含む全員が「場の教育力」を創り出す実践の主体なのである。「子どもたちと教師が一緒に創り出す授業」とはまさにこのことを指す。

■「場の教育力」を創出する教師

「太陽型教育」で教師に求められるのは、「場の教育力」を学習者と一緒に創り出すための二つの役割、すなわち「ファシリテイター」（コミュニケーションを通じて一人ひとりの学びを促す）と「コーディネイター」（有形無形の多様なリソースを活用して、より教育的な場を臨機応変に具体化する）である。授業の展開は予測不可能であり、これらの即興的な対応が極めて困難であることは言うまでもない。ここにこそ教師の専門性の真髄があるのだ。

その専門性を発揮する上で問われているのが、その場における教師の「居方」であろう（序章参照）。「子どもを信じて委ね、見守る姿勢」がその根底になければならないことはもちろんのことであるが、その上で教師に求められるのは、教室の空気に鋭敏な心のアンテナではなかろうか。

その「アンテナ」に関連して、近年、臨床心理学を中心に「マインドフルネス（mindfulness）」という概念が注目を集めている（1章参照）。それは「現時点で起きている出来事や体験に注意が向けられ、文脈や展望に敏感で、外的事象を価値判断しようとするのではなく、新鮮な気づきに対して開かれた柔軟な心理状態」を指す。「かたよらない」「とらわれない」ことの大切さを唱える仏教思想を基盤とした「あるがまま」を尊重する「居方」（注意のモード）を意味し、既成のルールや基準などの固定観念にとらわれた「マインドレス」と対置される。

学習の促進と評価という仕事を担う教師には、本質的に「マインドレス」的なまなざしが求められがちである。「マインドレス」な教師は子どもの姿を一方的に裁断してしまう。しかし、「太陽型教育」を実践するためには、その場で創り出される学びに寄り添い、一緒に楽しみ、味わう「マインドフル」な感性が不可欠であるように思われてならない。「学習者中心」の教育を具現化するために問われているのは、その場における教師の「居方」なのである。

「学習者中心」の教育環境をデザインする

学習意欲とは学びの場のあり方に依存した不安定な現象であると同時に、決して一朝一夕に育まれるようなものではなく、ロングスパンでじわじわと醸成される個人の特性でもある（1章参照）。学習と向きあう体験を積み重ねていくことで、学習に向かっていく姿勢のようなものが次第に内面化していく。「学習に取り組む態度」は、学習の楽しさや意義、そして価値を実感するような意欲的な体験の積み重ねによって培われていくのである。

そのためにも、主体的な学びが生起するような学びの場を創造する教師の役割は重要であり、学習者中心の「太陽型教育」の環境をデザインすることが教師に求められることになる。

言葉かけによって達成を認めたり励ましたりというような直接的な働きかけももちろん重要であるが、むしろ間接的な働きかけとして、教育環境を柔軟にデザインすることを通して、一人ひとりの子どもたちに意欲的な体験が起こる確率を高めていくことが教師に求められているように思う。例えば、教材とどう出あわせるか、どのような発問をするか、子ども同士のコミュニケーションをどのように組織するか、机の配置や掲示などの教室環境をどう整備するかなど、これらすべてが子どもたちにとっての教育環境である。そのようなオリジナリティあふれるユニークな場における子どもたちの体験を教師が想像できるかが、「太陽型教育」を実践上での重要なポイントになろう。

以下では、教師がこのような教育環境をデザインしていくにあたって、特に留意すべき点を挙げていきたい。

■探究する文化を体験する場

「探究」こそが最高次元の学習意欲に基づく学習体験である。その探究は「より広く、さらに深くわかりたい」「より高い水準で達成したい」と学習者が自ら感じ続けることによってこそ発展的に持続していく。

ただ、教師がいくら探究させようとがんばってみても、本人が探究したいと思わない限り、探究活動は起こらない。むしろ、教師の仕事は、おのずと探究が起こっていくような場を丁寧に創っていくことであり、そのことを通して「探究する文化」を学級や学校に根づかせていくことだといえるだろう。

探究する文化においては、ものごとをより広く、より深く理解していこうとする学習意欲に支えられて、問いを共有しつつ、根拠や論理を了解しあいながら、響きあう学びが展開されていく。そして、学習成果としての知識だけではなく、学習のプロセスで体験される納得や実感が大切にされる。

例えば、すばやい答えを要求して即座に正誤のフィードバックを与えるような「クイズ番組」のようなやり取りではなく、じっくりと自分なりの考えを持てるように「問いと答えの間」を十分に保証すること、そして一人ひとりの疑問やこだわりを大切にして、互いの発言を聴きあう関係を学級に創り出すことなど、意味を大切にする教師と子どもたちの営為が誠実に繰り返されていくことによって探究する文化は醸成されていく。

このような探究する文化を創り出す教師は、まず自らが探究のプロセスを体得した探究者であり、子どもたちとともに探究を楽しもうとするような心構えを持った人であるに違いない。

■オーセンティックな課題と出あう場

「学校で取り組む課題」と「社会で出あう課題」のギャップが問題点として指摘されることがある。もちろん、「学校課題」のすべてが無意味であるとはいえないにせよ、日常生活や社会生活で出あうオーセンティックな（本物の）課題を学校課題としてアレンジしていこうという発想は、教材や単元を構想する際の重要なポイントであることは間違いない。

例えば、考えたり、表現したり、判断したりという活動は、われわれが生きていく上で不可欠なものである。学校課題を自明なものとしてそれをこなしていこうとするのではなく、現実社会での営みという視座から教育の内容や方法を再吟味しながら教育環境をデザインしていくことを通じて、学習に対する「心理的な必然性」（なぜこのことを学ぶべきなのかという認識）が子どもたちに芽生え、課題に対する意義や価値を感じるようになる。教師がオーセンティックな課題という視点を持つことが、子どもたちの学習意欲へと結びついていくのである。

■コミュニケーションを通じてかかわりあう場

いうまでもないことであるが、学校は共に学びあう場である。言語的、そして非言語的なコミュニケーションを通じて、わかりあったり、一緒にできるようになったりしながら、人として成長していく。クラスメイトや教師とのコミュニケーションだけではない。オーセンティックな課題ということを考えるならば、学校外の人たちとのコミュニケーションも重要である。教師には、子どもたちがこのように他者とコミュニケーションするプロセスを通じて、子どもたちが主体的に学ぶ充実感や達成感を体験できるような「かかわりの場」をデザインすることが求められているのである。

コミュニケーションについて考える際、子どもによる言語表現、すなわち「語り」の質に着目することには意味があろう。

授業中の談話には、「発表型語り」と「即興型語り」という二種類があるといわれている。「発表型語り」とは、あらかじめ発表を前提とした「原稿」があり、それをもとに発表するような語りである。まずはワークシートに記入させた後でその内容を全体に対して発表させるといった授業展開はかなり一般的であるが、そこでの子どもの発言は「発表型語り」になりがちである。あらかじめ発表用の原稿が用意されているわけだから発表はスムーズだが、ともすると読み上げ口調になるなど、その発表場面は真の意味でのコミュニケーションとは言いがたい光景となって展開されていく。

それに対して「即興型語り」とは、時に言い淀んだり、言葉が出てこなかったりすることをも含めた、その場その時に言葉をつくり出していくタイプの語りを指す。われわれの日常生活でのコミュニケーションの基本はこの「即興型語り」であるわけだが、なぜか学校の授業中の語りの主流ではない。「即興型語り」より「発表型語り」の方が圧倒的に多く、むしろそれが求められてさえいるのである。

「発表型語り」をここで全否定するつもりは毛頭ない。しかし、「エンゲージメント状態」に基づく主体的な学びを重視するのであれば、必然的に「即興型語り」を大切にする教室でなければならない。言いたいときに言いたいことを自ら表現すべき切実なタイミングというものがある。即興的に語りあい、それを聴きあうという「授業の空気」こそが意欲を伝染させ、互いの「エンゲージメント状態」を刺激しあうのである。そのような真のコミュニケーションが展開するような授業の場をコーディネートすることも教師の役割なのではないだろうか。

教育環境をデザインする教師

授業は子どもたちにとって学習環境である。ただし、それは自然発生的なものではなく、教師の教育的意図を背景としている。つまり、「このことを学んでほしい」「このように育ってほしい」といった教師（たち）の教育的な「ねがい」がいわば「磁場」として機能して、その場の子どもたちの学びや成長を規定するような学習環境（＝教育環境）が授業なのである。

どのような「磁場」を教室に創り出すのか。そこに教師のプロとしての役割がある。ある教育環境がすべての子どもに一律に機能するということはありえない。一人ひとりの子どもは本質的にユニークな存在だからだ。また、教育環境は現在進行形でダイナミックに変化する。環境を構成する「ひと・もの・こと」が相互に影響を及ぼしながらユニークな空間が創出され、われわれは「世界で一回きりの授業」を体験するのである。授業デザインとは、このようなダイナミックな場（＝教育環境）を子どもたちと一緒になって創り出す教師の仕事なのである。

[注]

（1）構成主義とはおよそ以下のことを含意する考え方である（久保田賢一『構成主義パラダイムと学習環境デザイン』関西大学出版部、二〇〇〇年）。すなわち、①学習とは、学習者自身が能動的に活動することによって知識を構築していく過程である。②知識やスキルは文脈から切り離されるのではなく、状況の中で、状況に依存して学ばれていく。③学習は共同体の中での社会的な相互作用を通じて行われる。

（2）APA Task Force on Psychology in Education. *Learner-centered psychological principles: Guidelines for school redesign and reform*. Washington, DC: American Psychological Association and Mid-Continent Regional Educational Laboratory. 1993.

（3）鹿毛雅治「学習環境と授業」高垣マユミ（編著）『授業デザインの最前線Ⅱ・理論と実践を創造する知のプロセス』北大路書房、二〇一〇年

3 「感性」を大切にした教育

「感性」の再認識

そもそも感性とは何だろうか。わかっているようで、実のところ正確に説明できないこの種の言葉は厄介である。

とりあえずの常套手段として複数の辞典を調べてみると、およそ「五感を通した感覚の働き」を意味していることがわかる。例えば、『広辞苑（第六版）』（以下「広辞苑」）には「外界の刺激に応じて感覚・知覚を生ずる感覚器官の感受性」「感覚によってよび起こされ、それに支配される体験内容」と説明されている。

こういうことであろう。仔犬（名前は「コタロウ」）を抱くと、つやつやした毛並みの手触り、あたたかな体温、動物独特のにおいを感じ取るだろう。彼の身動きに応じて抱く姿勢を変えざるをえなくなる体験を通して生き物が持つ独特の活力を感じたり、コタロウが「クークー」と鳴き声を発するとにわかに愛おしさを覚えたりするかもしれない。視覚、触覚、嗅覚、聴覚を通して統合的に感知されるこのような体験は、まさに感性の働きによるものである。

これらは人間が持つ五感を通じてすぐさまに得られる直感である。あれこれ考えた末に思いつくものではない。第三者ではなく、まぎれもない自分自身の内部に根ざした感覚であることから、まさに主観だともいえる。しかも、それらのほとんどは「言葉」ではない。例えば、他者から「コタロウを抱いてみてどう感じた?」と問われてはじめて「とってもあたたかい」「つやつやして気持ちいい」というように感性は言語表現される。あるいは、他者にその体験を話したいという気持ちになって「コタロウがモゾモゾと動くから、抱くのが難しかった」といった言葉になるのである。

つまり、感性とは、五感を通じて生じる主観的で言葉になりづらい直感なのである。しかも、このような心理的働きが本来人間に備わっていることや、感性に基づく体験は特別なものではなく、日常に埋め込まれたごく自然な現象だということが理解できる。

このように感性は人間にとって身近な存在であるはずだが、実のところ、われわれの感性は日頃から十分に発揮されているだろうか。例えば、通勤時に季節の変化にどれだけ気づいているだろうか。木々の芽吹く様子や紅葉や落葉といった風景に気づいたり、昨日まで咲いていなかった路傍の草花を感じたりしながら職場に向かっているだろうか。むしろ、今日すべき仕事について考えたり、生活上の問題について悩んだりしつつ通勤しているとしたら、五感を十分に働かせているとはいえない。特に現代人は感性と無縁な生活を送りがちなのではなかろうか。

メディアテクノロジーの進歩がもたらした影響も大きいだろう。インターネットの普及は文字、画像、動画といった特定の視聴覚情報に対する集中的な依存を促し、今ここの場における五感（視覚、聴覚のみならず嗅覚、触覚などをも含めた諸感覚）に基づく直接体験から人々を遠ざけている。他者とのコミュニケーションでさえも、「電話」から「メール」への決定的な転換によって、声のトーンや響き、語り方や間合いといった聴覚に基づく感性をフル稼働させることなく情報交流をすることが普通になった。オフィスで隣同士であるにもかかわらずメールでやり取りしているといった笑い話はよく聞くところである。また、筆者の体験談だが、カフェで高校生男子二名が向かいあって座っているにもかかわらず一言も会話がなく、それぞれスマホの操作に集中し、しばらく経った末の唯一の発話が「（そろそろ）帰ろうか」（カッコ内は筆者の補足）だったことには驚いた。

さらに近年、調べ学習といえばインターネットで検索することが基本となっている。実物や本物に出あうことなしに、バーチャルな情報にふれることだけで調べた気になってしまう。かつて、近隣のスーパーマーケットの棚の並べ方から売り手の工夫に気づくことをねらいとした小学校社会科の授業をみて驚いたことがある。教師がビデオに録画した情報について子どもたちに考えさせていたのである。近くのスーパーなのだから、子どもたちを連れていくという発想はなかったのだろうか。それこそ感性を働かせる絶好のチャンスではないか。もちろん、時間上の都合や事前の許可を得るなど、手間がかかることはわかる。しかし、録画情報だとそのアングルは教師が決めることになり、子どもたちの自発的な気づきを限定してしまうだけでなく、何より臨場感に欠ける。店の人に話を聞いてみたいという意欲も生まれにくいだろう。

以上の例からわかるように、場における五感の統合的な働きを駆使する体験が以前に比べて減ってきているように思われる。主に効率的であるという理由によって、間接情報の方が直接情報よりも優先され、画面上の視覚情報やコンピュータを通した視聴覚情報のみによってコミュニケーションしたり、学習したりする世の中にいつの間にかなってしまったのである。現代人に感性が鈍ったり、麻痺していったりする傾向がみられるのも当然だろう。いわゆる「コミュニケーション障害」なるものはわれわれ現代人のすべてにとって他人事ではないのである。

「理性」の再考

感性に対置される心理的働きが「理性」である。

こちらも辞書を頼りに探ってみると、およそ次のような意味であることがわかる。すなわち、理性とは道理（物事のそうあるべき筋道）に基づいて考えたり判断したりする能力（『精選版日本国語大辞典』、二〇〇六：以下「精選」）、あるいは意識的思考能力の全体（『ブリタニカ国際大百科事典』、二〇一四：以下「ブリタニカ」）を指し、そのような思考の結果、「真偽や善悪を識別する能力」（「広辞苑」）なのだという。心理学的に説明するなら、理性が働くには知識（特に「○○は○○だ」といった概念的知識）が不可欠で、それらを駆使しながら結論（例えば「○○は○○だから○○だ」）を導き出す能力が理性だということになる。

上記の仔犬（コタロウ）の例で考えてみよう。コタロウを抱いた体験について理性を活用すると、例えば次のようにすっきりと説明することができる。

コタロウは犬である。犬は動物である。動物には体温がある。だから抱くとあたたかい。

理性は感性の対立概念とされる点がポイントであろう。例えば、理性は「感性的欲求に左右されない」（「広辞苑」）とか「感情に走らない能力」（「精選」）とか、「信仰、感覚、経験、無意識と対立する」（「ブリタニカ」）などと記されている。しかも、理性は感性と比べて一段高い価値づけがなされてきたという歴史的経緯がある。確かに、人間ならではの文化を発展させてきた源泉は主に理性にあると思われるから、人間の本質や特長として、感性よりも理性が重要視されるのも無理はない。コタロウの例に見られるように、上記の説明は主観や直感が排されていていかにも

「知的」に響く。

学校教育においても、感性はこれまで必ずしも重視されてこなかった。生活科などの例外を除き、むしろ軽視されてきたとさえいえるかもしれない。元来、感性抜きに学べないはずの音楽科、体育科、図画工作科といった教科の授業でさえも、感性よりも理性に重点が置かれる場合がある。例えば、音楽での鑑賞や図工での作品評価といった場面で、感じたことを言葉にすることが子どもたちに求められるが、しっくりする言語表現をするのにほとんどの子どもは苦労する。また、体育の授業で、チーム対抗の作戦会議や振り返りカードの記入といった場面に立ち会うことがあるが、身体の動きやそのコントロールなどを言葉で説明したり、記述したりすることには困難さがつきまとう。教師は感性を理性によって説明することを子どもに求めているわけだが、そもそものような説明は大人であっても容易ではない。このような困難さに無自覚のまま、問いを指示としてむき出しのまま子どもに求める授業の背後に理性優先の教育観が見え隠れするのである。

論理性と感受性

いったん整理してみよう。理性は、概念的知識をベースとして、主に言語モードによって自覚的、意識的に働く能力であるのに対して、感性は、五感からの情報をベースとして、主に非言語モードによって無意識のうちに直感的に働く。

上記のコタロウの文例に立ち戻って考えてみよう。そこでは「コタロウ＝犬＝動物」というように情報と情報の間がスムーズにつながり、その筋道に従って判断（「だから抱くとあたたかい」）が導かれている。重要なポイントは、そのような理性の働きの中核にあるのが「論理」だという点である。

論理とは「言葉と言葉の意味上の関係、文と文の意味上の関係、または、ある一つの発言内容の意味ともう一つの発言内容の意味との関係など」であり、論理的とは「これらの関係が保たれていることを指す」のだという[1]。上記の例においては「コタロウ＝犬＝動物」であり「動物の特徴の一つが体温」だから「コタロウを抱くとあたたかい」というように複数の情報が関係づけられており、確かに論理的である。しかも、論理的であるとわかりやすいので、「よい説明」だとされる。

このような論理的な思考や表現は概念的知識を言語として意識的に活用することによって達成される。しかも論理の世界には「誰が考えてもそうなるはずだ」という客観性があり、正誤や良し悪しが問われることになる。例えば、コタロウが「ぬいぐるみ」であれば上記のような結論にはならず、「あたたかい」は誤りとなるのである。

このような理性の働きは人間だけが持つ優れた知的能力にほかならない。だからこそ、理性は学校教育で重視されてきたわけである。ただ、ここで考えてみたいことは、コタロウを抱く体験をこのように理性的に説明して腑に落ちるかという点である。そこからは大切な「何か」がこぼれ落ちてしまっていないだろうか。

コタロウを抱いた時のあたたかさを正確に言葉にするのは困難である。一口で「あたたかい」というが、その感じ取り方は多様であろう。はじめて仔犬を抱いた子どもは戸惑いと同時に驚きを伴ったあたたかさを感じ、日頃から動物に慣れ親しんでいる子どもはその「あたたかさ」を安心感として受け止めるかもしれない。さらに言うなら、「あたたかい」とは体温だけの問題ではない。つややかな毛並み、腕の中にすっぽりとおさまる体の大きさ、「クークー」という甘えるような鳴き声、腕に伝わる心臓の鼓動、モゾモゾする動きといった無数の情報が一体化したその仔犬を抱いているという統合的な体験を通してこそ感知できる感覚なのである。しかも、その場その時だけの感知ではない。例えば、もしクラスでコタロウをずっと飼っているといった状況であれば、その「あたたかさ」には子どもたちの親愛の情が込められているに違いない。つまり、それまでの時間的経過にさえも「あたたかい」という感じ方を規定する可能性が存在する。

以上のように考えると、「あたたかさ」を正確に言葉にすることなどほとんど不可能であることに気づく。手や腕を通した触覚のみならず、視覚、嗅覚、聴覚といった身体的な知覚、さらには記憶と結びついた感覚をも総動員した「あたたかい」をどのように言葉で表せばよいのだろうか。

もっとわかりやすい例は「感動」かもしれない。あなたは自分が体験した感動を他者に対して正確に語れるだろうか。「感動して言葉にならない」といったコメントをよく耳にするが、その表現が示す通り「感動は感動としかいえない」というのが正直なところだろう。

　つまり、言葉になる以前の非言語的な直感こそが感性なのである。コタロウを抱いている間、どのようなあたたかさかなど、考えもしないに違いない。感性は非意識的に働いているのである。しかも、感性の世界は人によって、あるいは時と場合によって多様に展開する主観的なものであり、正解がないという点も確認しておくべきであろう。「あなたのあたたかさは間違っている」と指摘することなど誰もできないのである。

　以上、理性と感性について多少の考察を深めてきたが、その結果、われわれが「論理性の世界」と「感受性の世界」という別世界を同時に生きていることがわかってきた。理性が生み出す論理性の世界と、感性が生み出す感受性の世界は、言語と非言語、意識と無意識という観点から対照的である。すなわち、論理性の世界は、言語的で意識的な体験であり、そこではわかりやすい説明やコミュニケーションが求められ、誰もが納得できる正誤や良し悪しの表現や判断が目的とされる。一方、感受性の世界は、非言語的で無意識のうちに働く直感の体験であり、その内容は、「好き・嫌い」「快・不快」「感じがいい・悪い」といった主観的な感知そのものを指す。ゆえに正誤や良し悪しを客観的に判断することは不可能で、各人の感じ方について交流することはできたとしても、一つの結論を導くような議論には適さないのである。

悟性の働き——二項対立を超えて

理性と感性はこのように一見対立しているように思える。しかし、人間の卓越性は、理性と感性が両輪のように働く点にこそ見いだせる。しかも両者は互いに影響しあい、われわれの思考や行為に対して相乗効果をもたらすこともある。例えば、作家は微妙な感性を小説として著す一方、読者は小説の読後感に浸ったりすることができる。これらは論理性と感受性が織りなす心理現象にほかならない。

このように考えると、われわれの文化は理性と感性の相乗効果によって発展してきたといっても過言ではない。未だにロボットが人間を越えられない壁はそこにあるという。特に厄介なのは感性で、アルゴリズムのような論理体系として表現しやすい理性に比べ、感性は定式化できないからである。その感性と理性とを統合することを目指すロボット開発がいかに困難かについて察することができよう。

ここで注目したい点は「悟性」の働きである。カントが感性と理性の間に悟性という能力が存在すると指摘したことはよく知られている。すなわち、悟性（understanding）とは「感覚的内容を結合して概念化し、判断を行う機能」（『精選』）を指す。平たくいえば、感性が捉えた内実を自覚可能な意識や認識としてまとめあげる働きだといえよう。筆者はカント研究の専門家ではないので、本稿をカントの理論として展開するつもりは毛頭ないが、確かに人の認識作用をこの三つの能力によって説明することには合点がいく。

言葉にできない感覚を生み出す感性でも、頭の中だけでの概念操作である理性でもない。悟性とは、例えば「コタロウを抱いたら従弟の赤ちゃんと同じくらいあたたかかった」という発言のように、直感的で主観的な感性によって生じた感覚を言葉にしたり、説明したりする働きなのである。つまり、悟性には感受性の世界（感性）と論理性の世界（理性）とを架橋する働きがある。

他者の感性はそれ自体では理解不可能である。しかし、そこに悟性がかかわることでコミュニケーションの可能性が開かれる。もちろん、上述の通り、感覚をきちんと言語化することは極めて困難である。また、コニュニケーションの結果として伝わったことは、当人の感性が捉えた内容と同一ではありえない。同一人物ではないからだ。しかし、このような条件つきであったとしても、感性を言葉にしようとする悟性の働きによって、少なくとも他者の感性に近づく回路が保証されるのである。人は体験を言葉にできる動物であり、その悟性の働きによる論理性と感受性の相乗効果にこそ人間という生き物のユニークさを見いだすことができるのではなかろうか。

感性と悟性という視座から授業を振り返る

さて、学校教育は感性や悟性を大切にしているだろうか。

私はある授業を思い出す。小学校国語科の定番教材「白いぼうし」（あまんきみこ）の一場面、「白いぼうしをつかんで、ため息をついている松井さんの横を太ったおまわりさんがじろじろみながら通りすぎました」の箇所を読解する局面だった。教師は、おまわりさんがどのような目で松井さんを見ていたのかという点を子どもたちに問うていた。発問の意味がわからなかったためか子どもたちから発言がないので、教師は「どんな人を見る目だった？」ともう一歩踏み込んだ。それでも反応がない。仕方なくそこで教師は自問自答せざるをえなかった。

「不審者。不審者を見るような目よね」

この教師の言葉に呼応して数人の子どもたちが「不審者、不審者」とつぶやきながら笑っていた。

この場面に遭遇して私はいたく驚いた。「不審者」という答えを要求するこの教師の教材解釈や授業展開の強引さばかりではない。「不審者」という言葉を切り札のように用いてわかった気にさせようとする教師の意図があまりにも乱暴に思えたのだ。しかも、それに呼応した子どもの笑い方がこの場面の読解に対してあまりにもふさわしくない姿だったからである。

一言でいうと、教師が言葉の辻褄あわせをしてわかった気になっているだけで、感性や悟性を働かせていないのだ。例えば、自分がおまわりさんだったらどう感じたかということを想像させて子どもたちの感性を刺激したり、その感性によってつかみ取った彼らの感覚をめぐって言語的なコミュニケーションを促したりするような丁寧な働きかけを教師がしていないのである。

ただ、悟性を働かせるような授業といっても、実際は容易でない。そもそも言葉とは窮屈なものであって、微妙なことを表現するには、言葉を尽くすような丁寧で根気強いコミュニケーションが求められるはずだからである。例えば、「コーヒーは好きですか?」という問いに対してAさんが「いいえ」と答えたとしよう。そのとたんに「Aさんはコーヒーは嫌いなのだ」と解釈するに違いない。念を押すために「コーヒーは嫌いですか?」と聞いたところ、Aさんが「いいえ」と答えたので驚いて「どっちなんですか?」と尋ねると「好きではないけど、嫌いでもない」という答えが返ってきたとしよう。確かに、Aさんの答えは矛盾しているように思われる。論理的あるいは言語的には「好き」の反対は「嫌い」のはずで、二つの問いに「いいえ」はありえないからだ。このように言葉には意味をクリアに峻別し、白黒の決着を迫るような乱暴さがあるのである(4章参照)。でも、われわれの感性がすでに気づいている通り、Aさんの答えには大いに共感できる。「好きではないけど、嫌いでもない」という感覚は確かに存在するからである。「好きではない」は「嫌い」を意味するわけではないし、「嫌いではない」が「好き」を意味するわけでもないのである。そこにはその人なりの好みが存在するだけである。ただ、その好みを言語表現する適切な言葉がないのである。このように言語表現とは本来的に窮屈であり、感性を認識にまとめる悟性の役割は万能ではない。

例えば、こちらが訝しげな表情をしていると、Aさんが「酸味が強すぎるのは苦手だけど、クリームを入れたコーヒーは好き」と追加説明をしてくれたとしよう。先ほどの「好きではないけど、嫌いでもない」という答えよりも、Aさんのコーヒーに対する感性が理解できたような気になるはずだ。

つまり、悟性を活かしたコミュニケーションを深めるためには理性、とりわけ付加的な情報のつながり（論理性：上記の例では「コーヒーと酸味」「コーヒーとクリーム」）が不可欠であり、感性と理性を媒介する悟性が活性化し、感受性の世界と論理性の世界が出あうような丁寧な思考プロセスが、相互理解を深めていくには必須であることがわかるのである。悟性はある感覚に対して試行錯誤的に言葉を当てはめて何とかその感覚と言語説明とのズレを埋めようとする姿にあらわれる。それは理性にのみ基づく、短絡的に白黒の決着をつけようとするような「討論」とは正反対のものである。悟性を働かせるコミュニケーションの場では、言葉を尽くして語る、心を傾けて聴くという相互の関係性や各人の態度が問われることになる。

●感性を大切にした教育とは

感性を大切にした学びを成立させるためには、理性のみに頼った頭でっかちの学習活動だけでは不十分なことは容易に理解できよう。感性、悟性、理性のそれぞれを十分に活性化し、それらの相乗効果をひき起こすような教育が求められているように思う。

まとめとして、実践上のポイントと思われる点を指摘して本章を終えたい。

まずは、子どもたちが彼らの五感をフルに活用できるような場をつくるということを教師が常に念頭に置いて授業を構想することであろう。実物や本物を用意して手で触れられるようにするとか、自然の中で授業をしてみるとか、町に出て人と出あう機会をつくるなど、授業を構成する物理的な環境や人的・社会的環境について五感という観点からデザインしてみることであろう。

次に、子どもたちの感性が捉えたことを表現するような機会を設けるとともに、悟性を活用するようなコミュニケーションを丁寧に促すことであろう。表現というと、話したり、書いたりといった言語活動を思い浮かべがちだが、特に感性の表現は絵や図で示したり、リズムや歌にしてみたり、ダンスなどの身体表現で表したりする方が伝わるという場合も多い。オリジナルな詩と音楽を映像で表すといった複数のメディアを組みあわせた表現方法もあるだろう。

また、「どう思う?」「どんな感じ?」といったオープンな発問によって表現された言葉を丁寧に聴きあうという場も大切だ。きれいな説明を求めてはいけない。「あの…」「なんか…」といった言い淀みをむしろ大切にしたい。なぜならこのような発言の背後にこそ悟性が働いているからである。

そもそも基本的なスタンスとして、子どもが感性を働かせる場に教師がどのように立ち会っているかが問われるだろう。感性に正誤はない。教師も子どもたちと一緒になって感性を働かせる「仲間」になっているだろうか。とかく教師は子どもの感性に対して理性で向きあってしまいがちである。まずは、そのような「鎧」を教師がまずは脱ぎ捨てられるかが試金石なのではなかろうか。

[注]

(1) 福澤一吉『論理的に説明する技術』ソフトバンククリエイティブ、二〇一〇年

4 言葉の学びを通した学び

言葉は万能ではない

インターネットの普及といった全世界規模で展開するメディア環境の変革に伴って、世の中は「言葉」であふれかえっている。多種多様な無数のコミュニケーションが同時多発的に生じている現代において、「言葉の氾濫」が生じているのは必然的な帰結だといってよい。それと同時に、言葉がぞんざいに扱われたり、言葉足らずであったりすることでコミュニケーション不全に陥るなど、言葉をめぐる「トラブル」も増大している。

そこでまず考えてみたいことは、そもそも「言葉」自体がどれだけ信用に足るものかという点である。例えば、「ありがとう」という言葉を取り上げてみよう。字面だけでその意味あいがどれだけ理解できるものだろうか。もちろん、その限界は明らかだ。「ありがとう」を発した人の声の大きさやイントネーション、表情やジェスチャー、それが語られる文脈などを抜きにして、その「ありがとう」の意味理解に迫ることなど不可能である。例えば、相手に視線もあわせずに投げやりな態度で言い捨てられる「ありがとう」と、涙を流しながら絞り出すような声で発せられる「ありがとう」を比較すれば、その違いは明らかだろう。言葉だけを切り取ってそこに焦点化することは一見、効率的に思えるのだが、その言葉自体の理解を深めるためにはむしろそれに付随する多様な情報を重ねあわせることが不可欠なのである。

ある人物の発言を新聞報道で読むのと、テレビのニュースで視聴するのとではガラッと印象が異なることがある。政治家たちの国会でのやり取りなどはその好例だろう。映像を見ていると、発言の意図やそれを発する気持ちが表情や口調、言い淀みや怒気などに顕れて、時には発言内容とは裏腹の本音さえ透けて見える。それらは新聞の文字からは決して伝わらない。答弁の棒読みや突然むきになって失言が飛び出す光景など、直接、見聞きする体験に勝るものはないのである。この例からも、言葉を場面や文脈と不可分なものと捉えて統合的に理解すべきだということがわかる。

一方、われわれは「言葉にならない」としか表現できないような体験をすることがある。肉親や親友を亡くした人へのインタビューがテレビでよく放映されるが、そこにはうつむき加減で無言な姿が映し出される。その場での言葉といえば、せいぜい異口同音に発せられる「悲しい」という声だけだろう。もちろん、そもそも何かを語るような心境にないということもあろうが、それを差し引いたとしてもその時の内面の思いは言葉で表現できるようなものではないはずだ。

元来、われわれの「感性」、すなわち、評価的な判断（好き—嫌いなど）、知覚的な印象、身体や運動の感覚、さらに直観的思考などは、言葉との相性が悪い。仮に言語表現できたとしても何となくしっくりとこないことも多かろう（3章参照）。このように考えると、われわれの体験や内面をすべて言葉に対応させることなど実は不可能だということがわかる。

以上のように、言葉は万能ではなく、時に信用できないことさえある。このような言葉の限界について、われわれはいま一度自覚した方がよい。言葉は万能ではないために、言葉だけに頼ってコミュニケーションするのは窮屈であり、リスクも伴う。例えば、電子メールでのやり取りを繰り返すよりも、直接会って話した方が結局解決は早いのではないかと感じたことはないだろうか。メールは言葉の羅列であるが、その言葉の背後にある心情や意図といった微妙な要素は言語表現するのが困難であり、それらの情報は省略されがちだ。その結果、コミュニケーション不全が生じて相手の気分を害してしまったり、まとまるべき意見がまとまらなくなったりといった不幸なことさえ生じかねないのだ。記号としての言葉には自ずと限界があるのである。

言葉は二者択一的である

なぜ言葉だけだと、あるいは言葉だけに頼りすぎると十全なコミュニケーションができないのだろうか。その理由の一つは、言葉の本質が「二者択一的」であるからではなかろうか。3章でも取り上げた例であるが、以下の会話を手がかりに考えてみよう。

Aさん：コーヒーはお好きですか？
Bさん：いいえ。
（Aさんが念を押す。）
Aさん：じゃあ、コーヒー、嫌いなんですね。
Bさん：いいえ。

AさんはこのBさんの答えを聞いて困惑したに違いない。Bさんの応答が「二律背反」に陥っており「論理的」でないからである。そこでAさんはさらに「好きなんですか、嫌いなんですか」とBさんに二者択一を迫ってBさんの矛盾を追及すべきなのだろうか。もしそうなら、この先のコミュニケーションは「暴力的」な色あいを深めていくに違いない。

なぜ「暴力的」なのか。それは「好きじゃないけど、嫌いじゃない」といったBさんの本心を論理の力によって排除してしまうことになりかねないからである。「好き」の対義語は確かに「嫌い」であろう。しかし、「好きじゃない」という否定形も存在する。問題は「好きじゃない」と「嫌い」が同じ意味とは言い切れないという点にある。同様に「嫌いじゃない」は必ずしも「好き」を意味しない。「好き」か「嫌い」かというように対比がクリアで理解が容易なコミュニケーションの流れが優先される結果、「好きじゃない」「嫌いじゃない」といったあいまいで微妙な意味あいがなおざりにされてしまう。

今日、ややもすると「暴力的」に陥ってしまいがちな言葉の「やり取り」が安易に行われるばかりでなく、むしろ効率的でわかりやすいと称揚される風潮はないだろうか。ましてやあいまいさ自体が回避されるきらいのある学校の授業では「二者択一」が好まれがちである。言葉にはこのような暴力的な側面があり、そのために意思疎通がうまくいかなかったり、多弁な人が寡黙な人を強圧的に扱ったりといった不幸を招いてしまう。このような点に無自覚な「教育」の先に見え隠れする「コミュニケーション力」なるものは真の意味でのコミュニケーションの能力だと、はたしていえるだろうか。

現代人が失いかけているのは「話しあい」などではなくて、むしろ「黙りあい」だ

寺山修司（『歴史の上のサーカス』から）

〈「折々のことば」(鷲田清一)：朝日新聞・朝刊、二〇一八年八月一〇日〉

鷲田氏はこの引用について「相手の思いにあれこれと想像を巡らすより先にもう「返信」している、そんなネットの世界が出現するはるか前の発言である」と紹介する。「話しあい」を「黙りあい」と対比して後者の意味合いに光を当てるこのコラムから、われわれは「コミュニケーション力」といったスローガンが躍る今日の風潮を戒めるメッセージを感じ取ることができるのである。

「行間を読む」という言葉がある。相手の思いに想像をめぐらす思考と相手の気持ちを感知する感性こそがコミュニケーションの土台であり、条件であるという基本をあらためて確認したい。

言葉の学びを通して学ぶ

人がコミュニケーションをする上で言葉が不要だと主張したいわけではもちろんない。むしろ、言葉を学ぶことを通してこそ学ぶことができる言葉の学び以外の大切なことがあるのではないのかというのが筆者の主張である。すでに上で述べてきたこと自体、それに匹敵する事柄だと思う。

以下ではこのような「言葉の学びを通した学び」について、引き続き「折々のことば」などの新聞記事をもとに考えを深めてみたい。

■言葉をつむぎだす体験

パッと言えてしまうようなことは大したことないんです

大澤真幸（作家・堀江敏幸との対談「言葉と社会」『神奈川大学評論』第八七号から）

〈「折々のことば」（鷲田清一）：朝日新聞・朝刊、二〇一八年八月五日〉

「ひとは競って早く知ろうとするが、『どうも腑に落ちない』という感覚の方がはるかに重要だと、社会学者は言う。思考を駆動するのはこの『摑みきれてない感』」だと鷲田氏は解説する。ペラペラと多弁であることが必ずしも真っ当な思考に裏づけられているとは限らない。言葉でうまく説明できない「もどかしさ」こそが思考を起動し活性化させる。つまり、言葉にできない「わからなさ」から言葉がつむぎだされる表現のプロセスは思考と表裏一体であり、それこそが言葉を媒介として思考したり、表現したりする体験そのものなのである。

授業中に指名されて発言しはじめるのだが、そのうち言葉に詰まってしまったり黙り込んでしまったりする子どもがいる。その姿にいたたまれなくなった教師が「あとで思い出したら発言してね」などと言って座らせる場面によく遭遇するのだが、はたしてそれでよいのだろうか。その子どもはまさに言葉にできないもどかしさと格闘しながら思考している最中のはずである。その格闘から解放してあげることは一見親切のようにも見えるが、当人の貴重な学びの機会を奪っているともいえるのだ。また、それは同時に他者が必死に言葉で表現しようとするプロセスをみんなで「待つ」という聞き手としての貴重な学びの機会をも奪っているともいえる。教師がその沈黙に堪えかねて、その子どもを座らせるばかりでなく、「○○さんが言いたかったこと、代わりに言える人いる?」と他の子どもに発言を求める教師さえいる。○○さん自身が言葉にできない内容を、どうして他者である他の子どもが表現できようか。そこに展開されているのは「コミュニケーションを通してわかりあおうとする世界」ではなく、「言葉の巧みな人が優先され、言葉だけでわかった気になる世界」であろう。

われわれ一人ひとりが言葉をつむぎだす表現主体であるか否かが問われている。また、われわれがそのような表現主体に正対して誠実に聞く主体であるか否かも同時に問われているのである。はたして学校の子どもたちはこのような主体として尊重されているだろうか。また、そのような主体を育もうとしているだろうか。

■思いや考えを自由に言葉にする体験

興味が惹かれる署名記事(『波聞風問　多賀谷克彦「対話型鑑賞　いま必要な能力」』二〇一八年八月二一日付の朝日新聞・朝刊)があった。その概要は次の通りである。

会員企業が所蔵する絵画を持ち寄って関西経済同友会が展覧会を開き、小学生を招待するという。記者はオルセー美術館で見た本物の絵を前に小学生が感想を語り合うという二年前の光景を思い出した。美術鑑賞の教育はともするとこの絵はこう見なさい」という一方的な教えになりがちだが、「対話型鑑賞」では、ナビゲーターとともに、絵から何を感じるかを考える。直感力や、それを感じた根拠を説明できる表現力が求められる。他者の感想も聞く。異なる意見をどう受け止めるか。彼らとどう対話するか。それはコミュニケーションの基礎である。対話型鑑賞の普及に努めた福のり子氏（京都造形美術大学教授）によれば「小学生の男の子にモネの「睡蓮」を見せたとき、彼は「カエルが葉の上にいっぱいいた。僕が来たから池に逃げた」と言った。モネはカエルを描いていない。だが、彼は描かれた数多くの波紋からそう思ったらしい。福さんは言う。「学校の授業なら、何を言ってるの、となるでしょう。でも素晴らしい想像力じゃないですか。」

この記事からは、想像という思考が言語表現と表裏一体であることが伝わってくる。元来、学校では「想像力」や「表現力」を培うことを標榜しているはずである。しかし実態はどうだろう。教師自らが意図した答えを求め、そこからはずれた発言は結果的に無視されることも多い。「正解」に笑顔で応える一方、「誤答」に対しては表面的には受け入れつつも「他には？」を連発して「正解」が出るまで発言を求め続けたり、果てには「実は～」と教師自身が「正答」を伝えて決着させたりする場合も多い。このような授業の文脈にあっては子どもたちが発言を躊躇するのも無理はない。
感じたり、思ったり、考えたりしたことをそのまま言葉として自由に表現することが授業で、学校で、子どもたちにどれだけに許容されているのであろうか。「表現力」を育むことを目指すのであれば、まずはこの点こそが問われるべきであろう。

■相手を推し量る体験

ボールを投げたとき指にかかった負荷ではなく、むしろ、投げ返したあとに、まだグラブのなかの掌に残っている感覚のほうが重要

堀江敏幸（社会学者・大澤真幸との対談「言葉と社会」『神奈川大学評論』第八七号から）

〈「折々のことば」（鷲田清一）：朝日新聞・朝刊、二〇一八年八月四日〉

「言葉とは、自分が投げ、また投げ返されてくる球のようなものだと若い頃は思っていた。今は、投げ返した後も左のグラブに残る相手の球の「回転」というか感触のほうが大事だと思うと、作家は言う。思考はその「手応え」を溜めていくなかで紡がれる。」

対話は「言葉のキャッチボール」によく例えられるが、鷲田氏のこのコメントは、言いっ放しではなく、言葉を投げた後であってもなお残る相手から受けた感覚（手応え）の余韻を感じ続け

ていられるだろうかという問いかけであり、その手応えの余韻を溜めることによってこそ思考が深まるということを示唆しているように感じられる。

また、二〇一八年八月一一日付の「折々のことば」には、脚本家・橋本忍氏（故人）の口癖が「正確に書け」だったと紹介されている。「弟子」の中島丈博氏の回想によれば、例えば、「赤ん坊を背負った女が」ではなく「女が赤ん坊を背負って」が正しいと指摘されたという。なぜなら観客の目に入る順がそうだから。単なる語順の問題で意味的には大差ないと一般には考えがちかもしれないが、プロの考えは違う。「観客」の視線からはまず「女」が目に入り、次に「赤ん坊を背負う」姿に気づくわけで、そのような語順でなければならないのである。

「キャッチボール」と「観客」。二つの例を上で挙げたが、それらに共通するのは、言葉を使う際には相手の感覚を受け止め、相手の立場に立ってものごとを捉えること、つまり相手を推し量る思考が不可欠だという点であろう。学校や授業におけるコミュニケーションが、相手を推し量る思考を基盤として展開されているだろうか。それ以前に、相手を推し量る思考やそれに基づく表現がどれだけ尊重され、奨励されているだろうか。

人として成長する――言葉の学びを通して

表現とコミュニケーション

コミュニケーションは「表現」によって成立する。そもそも表現とは、「当人の内面を外化すること」を指す。それを音楽で表す人もいれば、絵画や造形物で表す人もいるだろう。ダンスといった身体表現で伝えようとする人もいるに違いない。だが、現時点で最も一般的な表し方は、話したり、書いたりといった言葉を媒体としたものであろう。

コミュニケーションは「表現する主体」と「その表現を受け取る主体」という二者関係に基づく現象である。このようなコミュニケーションの観点から、言語活動は「話す―聞く」と「書く―読む」の二つに大別できる。以下では、より日常的でなじみ深く、教室談話の基本でもある「話す―聞く」という関係に焦点を当てて述べていきたい（ただ、その内容は「書く―読む」という関係にも当てはまる点が多い）。

「話す―聞く」が成立するとは、次のことを意味している。まず、話し手には、「表したい、相手に伝えたい」という思いがあり、それが言語表現という行為に顕れる。また、その思いが強いほど、「言葉をつむぎだそうとする意志」が強まり、「言葉を吟味する思考」が活性化する。一方、聞き手には、「聞きたい、相手が伝えたいことを理解したい」という思いがあり、それによって聞くという行為が生じる。また、その思いが強いほど、「わかろうとする意志」が強まり、「推し量るという思考」、すなわち、相手の思いを推測したり、想像したりする思考が活性化し、そこに「聴く」という能動的な行為が顕れる。

ここで確認しておきたい重要な点は、そこには言葉のやり取りだけが存在しているわけではなく、思いや意志が声の大きさやイントネーションといった話し方や、表情、ジェスチャーといった身体表現に必然的に顕れ、それらが言葉とともにコミュニケーションの主たる媒体になっているという事実である。また、コミュニケーションのプロセスでは「表現する主体」と「その表現を受け取る主体」という二者関係がダイナミックに交替する。つまり、「聞き手」が「話し手」に、「話し手」が「聞き手」へと転換するわけだが、上述した「キャッチボール」の話を踏まえるなら、それは単なる役割の交替なのではなく、「聞き手」でありつつ「話し手」である、あるいは「話し手」でありつつ「聞き手」であるスタンスの継続こそがポイントだといえるだろう。

さらに、必ずしも最初から話し手、聞き手の両者に確固たる思いや意志が存在している場合ばかりではないという点にも着目すべきである。むしろ、コミュニケーションのプロセスで思いが生じたり、意志の強さが変動したりすることの方が一般的だとさえいえるかもしれない。

異なる人間である以上、話し手と聞き手の間のズレは不可避である。相互理解を深めていくためには、まずは（両者が、あるいは少なくとも一方が）そのズレに気づき、それをそのままにはせずに何らかの形で決着させることが求められる。多くの場合、コミュニケーションを続け、言葉を尽くそうと努力することになろう。ただ、そのプロセスは言葉でわかったつもりに陥る危険性と表裏一体である。また、あえて言葉にしなくてもよい場合や、むしろ言葉が邪魔になる時さえある。その過程はまさに相手を推し量りつつ言葉をつむぎだす体験そのものであり、その積み重ねによってこそコミュニケーションすることの難しさや大切さが学ばれていく。また同時に、コミュニケーションしようとする意志の基盤となる「相互理解を大切にする態度」が培われる。

そもそも人には外界を直観的に察知することができる洞察力が備わっている。コミュニケーションにおける言葉の学びを通してこそ、この生来の全人的能力を鍛えることができるのである。

■感性と悟性

あるドキュメンタリー番組で、コーヒーの仕入れの場面を放映していた。そこで驚いたのは、コーヒーのプロたちがコミュニケーションする姿である。コーヒーの味を「華やか」とか「輪郭がはっきりしている」などと形容してわかりあっていたのである。少なくとも私にはそれらがコーヒーのどんな味なのかさっぱり理解できないのだが、不思議なことに彼らにはコミュニケーションがきちんと成立していた。

コーヒーの味はまさに感性の範疇の話であり、そもそも言葉にすることが困難である。しかし、プロたちは経験に裏づけられた鋭敏な感覚を持ち、コーヒーの味覚体験に基づいて言葉をつむぎだし、言葉を吟味することを通じて、ついに適切な言葉を「発見」する。このような共通の土台があるからこそ、了解しあえるのだろう。

哲学者カント（I. Kant）は感性で知覚したことを概念化する知性を「悟性」と呼んだが、言葉をつむぎだし選び取る過程はまさに悟性の働きに該当する。体験を言葉にすることが本質的に難しいのは、その多くが感性の領域に属しているからである。だからこそ、それを表現しようとして言葉をつむぎだし、言葉を吟味する学習活動は、この悟性を鍛えることにつながるのである（3章参照）。

コーヒーの味を「華やか」「輪郭がはっきりしている」などと形容して相互理解が成立する彼らは、まさに「悟性」を働かせる体験を通して言葉を研ぎ澄ましてきた学習者なのだ。

■真正のコミュニケーションと学校教育

学校での学びが社会における日常的な活動とかけ離れていると批判されてから久しい。学校課題が「真正の（オーセンティックな）課題」と一致していないというのである。例えば、学校で日常的に行われているペーパーテストであるが、社会ではペーパーテストによって評価されることなど稀であろう。コミュニケーションの例でいうなら、学校ではあらかじめ発表を前提とした

「原稿」を用意させ、それを読み上げさせるような「発表型語り」が多いが、社会ではそれも稀で、その場その時に言葉を生み出していくような「即興型語り」がほとんどである（2章参照）。むろん「発表型」はあくまでも教育の手段であって目的ではないのだが、「発表型」を繰り返しても「即興型」ができるようになる保証は全くない。むしろ「台本」に頼ってそれを読み上げることしかできない人を育てるような「潜在的カリキュラム」として機能してしまう危険性も高い。

学校教育を、まずは授業を、「真正のコミュニケーション」という観点から抜本的に見直してみたい。これまで述べてきたように、コミュニケーションの文脈で言葉を学ぶことのメリットは大きい。コミュニケーションとは言葉と心身が一体化したプロセスであり、そのことを通じて言葉の大切さと同時に限界をも体感することができる。また、そのことを通じて思考が活性化し、悟性が培われる。そのような学びの過程はまさに人間形成のプロセスにほかならない。

メディアの急速な発展によって特定のコミュニケーションパターンへの偏向が不可避だともいえる社会情勢である。人の顔を見ながら、人の息づかいを感じながら語りあうよりも、スマートフォンやパソコンの画面を見続ける時間が多い生活がすでに常態化している。体験不足のため電話での話し方さえわからない子どもたちがもはや多数だという。事態は大きく変貌し「真正のコミュニケーション」はむしろ学校でしか学べなくなっているというのが現状ではなかろうか。一方で、メディアの進化による恩恵もあろう。場所や時間、言語や文化を超えたマスコミュニケーションが実現している昨今、そこでの豊かで刺激に満ちたコミュニケーションを体験するためにも、「真正のコミュニケーション」の体験がその土台として実は重要である。

われわれの足もとに目を向けよう。無自覚なうちに授業に「学校型（似非）コミュニケーション」ばかりが横行しているのが実態ではなかろうか。「真正のコミュニケーション」が成立している文脈で言葉の学びが行われているどうか、さらには学校教育全般にわたって「真正のコミュニケーション」が尊重されているかどうかが問われているのである。「思考力」「表現力」が学校教育の目的とされている今日だからこそ、人が成長する上でのそれらの意味の本質を見失わず、まずは授業の中で地道に実践を積み重ねていきたい。

5 「魅力的な授業」を実現するために

「教師は授業で勝負する」という言葉がある。わが国の教育界に伝わるこの至言を、どれだけの教師たちが実感を伴って理解しているだろうか。

授業を「ハウツー」で語ろうとする風潮が未だに根強い。多忙な日常の中で、授業づくりに労力を割けない学校の現状もあろう。残念ながら、学校教育における授業の相対的地位が低下し、授業という「実践」が効率的にこなしていくべき「作業」へと貶められているという現場の実態があるのではなかろうか。

今あらためて、授業こそが学校生活の中核をなす活動であることを確認したい。教師にとっても、子どもたちにとっても、学校で過ごす多くの時間が授業に費やされているのは事実であり、子どもたちの学習と成長を保障するために授業の充実が最優先の課題であることは論をまたない。

しかも、授業を通して一人ひとりの子どもたちが価値ある学びの体験を積み重ねていけるかどうかは、一人ひとりの教師にゆだねられているのである。

「教師は授業で勝負する」という言葉は、授業を教育的に意味のあるライブの場として実現することに対して最大限の労力を注ごうとする「プロの心意気」を伝えようとしているのではなかろうか。よりよい授業を創り出そうと努力する姿こそ、教師という仕事の本質なのだとあらためて思う。

思わず惹き込まれてしまうような「魅力的な授業」に参観者として出あうことがある。現在進行形で展開する学びをめぐるドラマに直面することで、いつの間にか授業の時空間に巻き込まれてしまっている感覚とでもいえようか。本気で学びに熱中している子どもたちとともに、心地よい充実感を「教室の空気」を通して体感することができるのである。

仕事柄、小学校から高校に至るまでさまざまな教科の授業を参観する機会に恵まれているのだが、このような「魅力的な授業」が全国に遍在していることを知り、日本の学校と教師の底力を心強く感じているところである。そこでわかってきたのは、「魅力的な授業」をする教師にはどうやら「共通点」がありそうだということである。少なくとも以下の三点が挙げられよう。

授業に対するユニークな「こだわり」

第一に、「魅力的な授業」を実現する教師は、授業に対するユニークな「こだわり」を持っている。それは単なる個人的な思い込みとか、勝手な考え方に基づいていることではない。妥当な教育観、子ども観、学習観、教科観に裏打ちされたその教師ならでは授業に対するビジョンを持っているのだ。(1)

その意味で、森学先生(2)の英語科の授業実践研究(3)は極めて鮮烈な印象を残した。「教師としての自分のこだわりにこだわる」という姿勢を貫いた個性的な実践例だといえるだろう。

これまでの英語の授業のあり方に疑問を抱いていた森先生は、「英語とは関係ないかもしれないけれど、誰かと話したり、本を読んだり、人とかかわったりすることを通して、今までの自分と変わっていくこと。…中略…『楽しい』『もっと知りたい』と思うだけでも一つの成長だと思う」と述べ、「授業の中でそんな場面をつくってみたい」と考えていた。

「A Vulture and a Child（ハゲワシとある子ども）」(4)でピュリッツァー賞を受賞した写真家（ケビン・カーター）を題材とした授業研究セミナー(5)での単元では、「英語の情報から、教科書だけでは知りえないカーターの苦悩や事実を知ったり、それをもとに友だちと話しあうことで、英語という教科を通して自分の考えを深め、自分の世界をひろげていく彼らの姿を見たい」という気持ちが原動力になって、「教科書以外の英文記事を読んで考えが変わること」や「知らないことを英語を通して知ったという経験」をねらいとした教材（リライトされた英文記事）が開発される。また、その英文記事に子どもたちが向きあう際の「気になったところや興味深かったところに線を引きながら読みましょう」という指示は、読みへと誘う教授方略として効果的に機能した。(6)このように森先生がこだわった「見たい子どもの姿」のイメージは単元のねらいと一体化することによって、教材研究を深め、教授方略を具体化したのである。その結果、教師が願っていた子どもたちの姿、すなわち、英文に真剣に向かいあい、英文を読むことを通して一人ひとりが考えを深めていくような学びが授業で実現する。

自分のこだわりにこだわった単元開発全体について、あらためて振り返った際の教師の充実感は、苦い反省とともに以下のように表現されている。(7)

自分は、こういう内容の授業をやりたいとずっと考えていた。そして、子どもたちが自然と討論する様子や、英文記事に向かって一生懸命読んでいる姿、自分の感じたことをたくさん感想に書いてくれていることにとても満足していた。しかし、反面、英語が苦手な子のことを考えながら授業をしていなかったことや、苦手な子が読むことをメインにしたこの教材に出会ったときにどうなるのだろうかということにしっかり触れられていなかった。研究部会（藤沢市教育文化センター教育実践臨床研究部会）(8)でも、できない子への手立ては？　と聞かれていたのに自分のやりたいことが先行していたと、自分の中で引っかかっていたことを話した。

すると、あまりに反省ばかり口にしていたからか、「ねらっていた子どもの姿は見られた?」と中村(浩)先生[9]に聞かれた。まだまだな部分はあったが、子どもたちの授業中の姿や、授業後の感想を読んだとき、素直にうれしかったことを思い出し、「はい」と答えた。

考え抜く姿勢

第二に、「魅力的な授業」を実現する教師には、「よく考えようとする姿勢」がある。

事前によりよく考えて授業に臨み、よりよく考えながら授業を展開し、授業終了後にもその授業を省察することでよりよく考えようとする。だから決して安易な授業にならないのである。

ここでいう「考える」には、少なくとも二つの意味がある。一つは「見通す」という思考であり、それによって今後の実践に関する具体的なイメージが練り上げられていく。もう一つは「振り返る」という思考であり、授業で起こっていること、あるいは起こったことに対する敏感さが多様な気づきを生み出し、次の実践に展望を与える。そして「見通す」と「振り返る」は相互に連環しながら、授業という一連の営みに深みと豊かさを加えていくのである。

教師の「考え抜く姿勢」[10]が反映された実践例として、小学校六年生理科「土地のつくりと変化」を扱った谷合弘州先生による単元開発について紹介したい(7章参照)。[11]

前年度の実践を通して「同じことをやるにも、しかけ次第で子どもたちの取り組み方が変わる」ということを実感した谷合先生は、子どもたちとの教育的なかかわりを大切にしながら、多様な「しかけ」を創り出し、それらを活用した授業の展開から見えてきたことに基づいて授業を再デザインしていくような授業づくり（単元名「大地を見つめろ！」）に挑戦した。地層や火山灰などの実物を教材としてフル活用したり、「もっとよく見てみたい、調べてみたい」という子どもたちの気持ちをひき起こすような「しかけ」を創り出したりするとともに、授業リフレクションを何度も繰り返し、単元を柔軟に再デザインしつつ実践を展開していったのである。

上述の「見通す」という教師の思考に関しては、次のエピソードが印象深い。教師主導ではなく、子どもたち自身が目にしたことを中心に実験や観察をしていきたいと考えていた谷合先生は、研究部会で見たビデオ教材から「火山灰に含まれている鉱物の洗い出し」の活動がまるで「地質学者」のようなので、谷合先生自身「調べたい！　やってみたい！」という気持ちになり、子どもたちにも是非やらせたいと思ったという。そしてクラスを「大地なんでも研究所」にしてしまおうという発想が思い浮かぶ。谷合先生が「所長」、子どもたちが「所員」の「研究所」では実際に複数の研究プロジェクトが立ち上がり、探究活動が深められていくことになる。

また、谷合先生は適宜「マンダラ」（図5-1）[12]を利用して単元の展開を見通し、実践を具体化していった（図5-2）。単元計画をつくる時点だけではなく、粘り強く何度も「マンダラ」

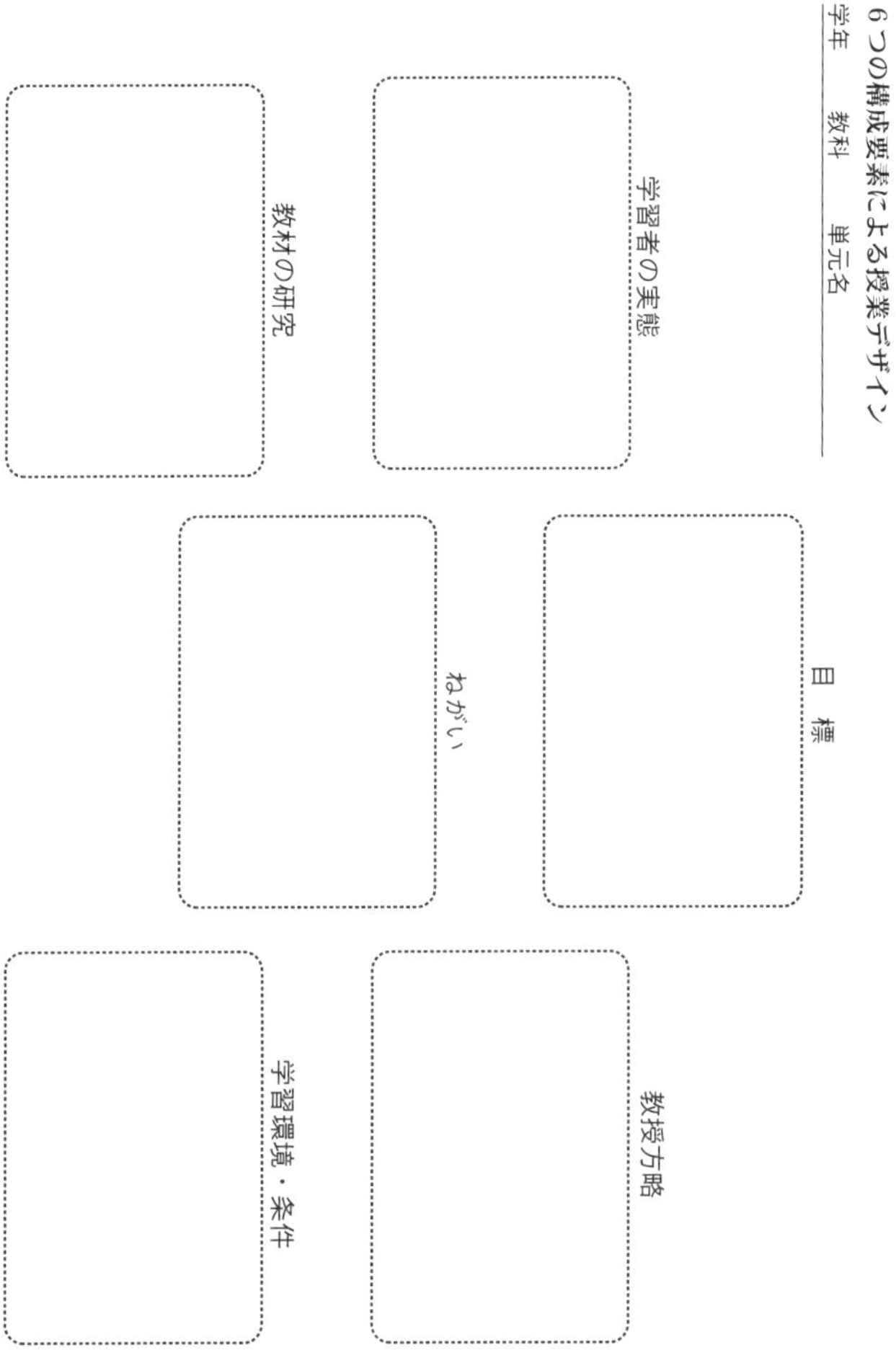

図5-1 「マンダラ」のフォーマット（授業デザインのためのワークシート[13]）

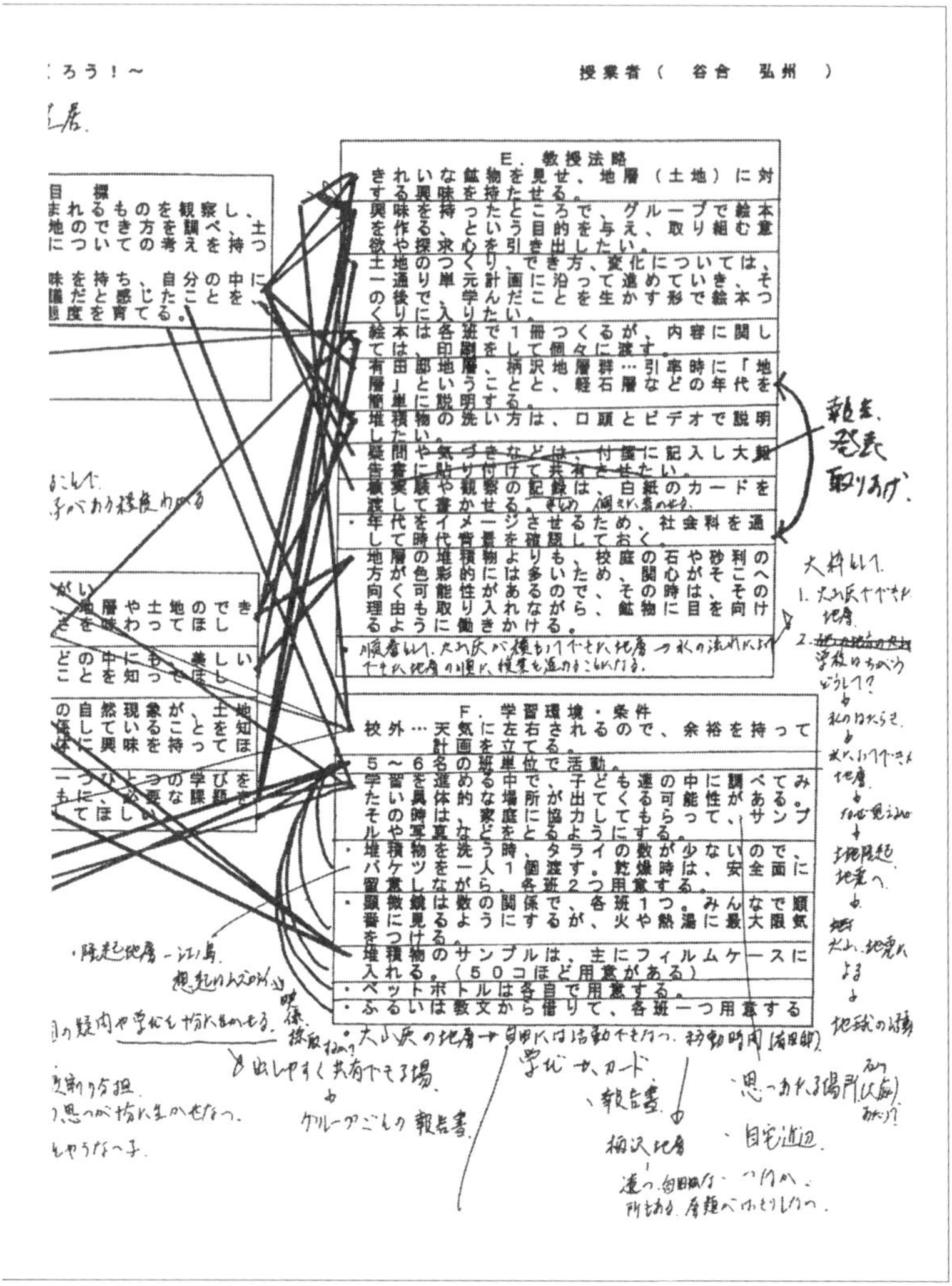

ころう！～　　　　授業者（　谷合　弘州　）

目　標
まれるものを観察し、
地のでき方を調べ、土
についての考えを持つ
味を持ち、自分の中に
識だと感じたことを、
態度を育てる。

がい
地層や土地のでき
さを味わってほし
どの中にも、美しい
ことを知ってほし
の自然現象が、土地
係していることを知
体に興味を持ってほ
一つひとつの学びを
もに、必要な課題を
してほしい

E．教授法略
きれいな鉱物を見せ、地層（土地）に対する興味を持たせる。

興味を持ったところで、グループで絵本を作る、という目的を与え、取り組む意欲や探求心を引き出したい。

土地のつくり、でき方、変化については、一通りで単元計画に沿って進めていき、その後で、学んだことを生かす形で絵本つくりに入りたい。

絵本は各班で１冊つくるが、内容に関しては、印刷をして個々に渡す。

有田部地層、柄沢地層群…引率時に「地層」ということと、軽石層などの年代を簡単に説明する。

堆積物の洗い方は、口頭とビデオで説明したい。

疑問や気づきなどは、付箋に記入し大報告書に貼り付けて共有させたい。

実験や観察の記録は、白紙のカードを渡して書かせる。
・年代をイメージさせるため、社会科を通して時代背景を確認しておく。
地層の堆積物よりも、校庭の石や砂利の方が色彩的には多いため、関心がそこへ向く可能性があるので、その時は、その理由も取り入れながら、鉱物に目を向けるように働きかける。

F．学習環境・条件
校外…天気に左右されるので、余裕を持って計画を立てる。

５～６名の班単位で活動。

学習を進める中で、子ども達の中に調べてみたい具体的な場所が出てくる可能性がある。その時は、家庭に協力してもらって、サンプルや写真などをとるようにする。
・堆積物を洗う時、タライの数が少ないので、バケツを一人１個渡す。乾燥時は、安全面に留意しながら、各班２つ用意する。
・顕微鏡は数の関係で、各班１つ。みんなで順番に見るようにするが、火や熱湯に最大限気をつける。
・堆積物のサンプルは、主にフィルムケースに入れる。（５０コほど用意がある）
・ペットボトルは各自で用意する。
・ふるいは数文から借りて、各班一つ用意する

による「マンダラ」

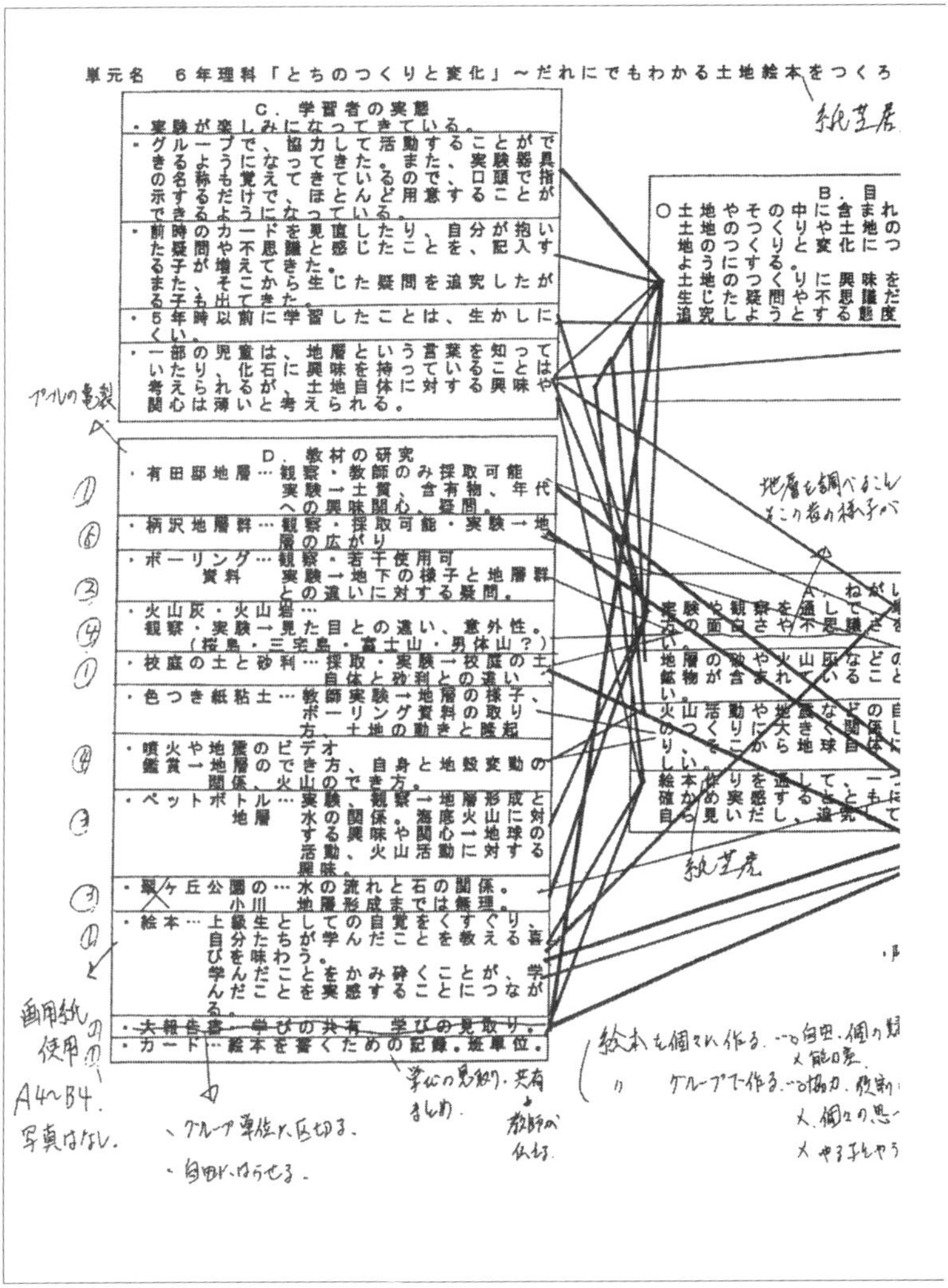
単元名　６年理科「とちのつくりと変化」〜だれにでもわかる土地絵本をつくろ

C．学習者の実態
・実験が楽しみになってきている。
・グループで、協力して活動することができるようになってきた。また、実験器具の名称も覚えてきているので、実験前に指示するだけで、ほとんど用意することができるようになっている。
・前時のカードを見直したり、自分が抱いた疑問や不思議と感じたことを、記入する子が増えてきた。そこから生じた疑問を追究したがる子も出てきた。
・５年時以前に学習したことは、生かしにくい。
・一部の児童は、地層という言葉を知っていたり、化石に興味を持っていることは考えられるが、土地自体に対する興味や関心は薄いと考えられる。

D．教材の研究
・有田郡地層…観察・教師のみ採取可能
　実験→土質、含有物、年代への興味関心、疑問。
・柄沢地層群…観察・採取可能・実験→地層の広がり
・ボーリング資料…観察・若干使用可
　実験→地下の様子と地層群との違いに対する疑問。
・火山灰・火山岩…
　観察・実験→見た目との違い、意外性。
　（桜島・三宅島・富士山・男体山？）
・校庭の土と砂利…採取・実験→校庭の土自体と砂利との違い
・色つき紙粘土…教師実験→地層の様子、ボーリング資料の取り方、土地の動きと隆起
・噴火や地震のビデオ鑑賞→地層のでき方、自身と地殻変動の関係、火山のでき方。
・ペットボトル地層…実験、観察→地層形成と水の関係。海底火山や地球の活動、火山活動に対する興味。
・駒ヶ丘公園の小川…水の流れと石の関係。地層形成までは無理。
・絵本…上級生としての自覚をくすぐり、自分たちが学んだことを教える喜びを味わう。学んだことをかみ砕くことが、学んだことを実感することにつながる。
・大報告書…学びの共有、学びの見取り。
・カード…絵本を書くための記録。班単位。

B．目

A．ねがい
実験や観察を通して、…の面白さや不思議さを…

図５－２　谷合先生

を活用して考え直すことによって、学びが可視化できる「大報告書」といった「しかけ」を思いつくとともに、教材研究が不十分な箇所を発見していった。「マンダラ」上に表現された各要素間をつなぐ何本もの線や余白に記入された細かいメモは、教師の「考え抜く姿勢」をまさに映し出している。

では、もう一方の「振り返る」という側面について見てみよう。リフレクションによって得られた気づきを生かしてダイナミックに単元づくりを進めていったプロセスについて克明に綴った谷合先生の実践報告(14)全体が「振り返る」という教師の思考そのものだといえる。

例えば、以下の単元導入時のエピソードが心に残る。部会担当者の目黒悟さん(15)から火山灰のサンプルを捨ててしまった子どもがいたことを伝えられた谷合先生は「奈落の底へ突き落とされたような気持ちになった」という。科学の基本として「大切な資料として残すように」という指示を言い忘れるということが谷合先生にとって痛恨の極みだったのである。実際に地層のサンプルを洗う「本番」での「洗い出し」に自分の気持ちが走ってしまっていたため、この時間を単なる「練習」程度にしか考えていなかったということが大きな間違いだったと気づき、二日間、気分がどん底のまま過ごすことになる。しかし、以下のような考えに至ってストンと落ちたという。子どもの学びを見通す教師の眼が自分自身のこだわりによって、くもってしまっていたことに思い至ったのである。

「教科としてどうなんだと考えているつもりでいたが、結局は自分のやらせたいことにしばられてしまっていた。自分の場合は、単元計画ができて満足するのではなく、それらをもう一度、教科としての視点から子どもたちの活動一つひとつを見直すことが必要だ」ということである。

学びと成長を共に喜ぶメンタリティ

「魅力的な授業」を実現する教師の特徴として第三に挙げられるのは「子どもの学びと成長を一緒に喜ぶメンタリティ」である。

「魅力的な授業」には、子どもたちの学びにつきあい、その果実を共に喜ぶ教師の表情豊かな姿がある。子どもたちが体験する学びの充実感や達成感に、教師が共感的なのである。

例えば、古島そのえ先生[16]による小学校六年生算数科の授業実践研究（8章参照）[17]は、教師のこのようなメンタリティに彩られている。「考えて、納得するという実感がある学習ができれば、子どもたちも私も算数の授業が楽しくなるかな……」という思いを起点とし、「子どもたちが自分の考えを、筋道を立てて説明する場を繰り返しつくっていくことで論理的思考を育てたい」という教師の「ねがい」を核とした一連の実践プロセスでは、喜びと感動に満ちた多くのドラマが生まれた。

印象的なのは、一人ひとりの子どもや彼らの学びに対する古島先生の優れた、しかもあたたかい「まなざし」である。例えば、上記の「ねがい」に関連して、自分の考えを説明しようとする以下のような子どもたちの姿に古島先生は着目する。

・友だちの考えを受けながら、我も我もと自分の考えを説明し、聞いている子たちも納得している姿
・健の説明を拓也と慎吾が引き継いでなんとか説明ができたとき、聞いていた子どもたちが拍手する姿
・うまく説明できなかった由美子の代わりに慎吾が黒板に出てきて説明しようとしたのだがうまくいかず、すごすごと席に戻るのだが、落ち込んでいる様子ではなく、そのあともみんながわかる説明を考えようとしていたという姿

古島先生は子どもたちの姿をこのように的確に把握するだけではなく、彼らの学ぶ姿に感銘を受け、教師としてのうれしさや喜びを感じているという点に着目したい。以下は、授業での子どもたちの様子に古島先生が感動して、部会担当者の磯上恵さん(18)に興奮しながら報告したというエピソードである。少し長くなるが、古島先生の実践報告から引用したい(19)。

拓也は一生懸命説明していたが、いつも拓也と仲のいい健と雅人が「わかんね〜」とやじるような

口調で口を挟んだ。しかし、拓也はひるまずに、「どこがわかんないの？」とくいさがり、なんとか相手にわかってもらおうと、言葉を言い換えながら説明を続けた。そこに前時で撃沈した慎吾が助けに入り、「だからね…」と説明を始め、拓也も慎吾のそばで「うんうん」とうなずきながら聞いていた。慎吾の説明が終わると子どもたちから「わかった」の声とともに拍手が起こった。確かに慎吾の説明はわかりやすいものであったが、私は、軽い気持ちで拓也をやじった健と雅人の態度がとても気になった。というのも、ある女子の算数のノートに、授業の感想として「自分が説明しているときにハ～？という声が聞こえるから発表したくなくなる」という内容が書いてあったことを思い出したからだ。

そこで、子どもたちに、やり方を考えて説明するという教科書にも載っていないこの学習の意義を話した上で、「二人の態度は一生懸命説明している人に対して失礼。やる気をなくす。結果として人が勉強するチャンスを奪っている！」と少し強い口調で話した。子どもたちはシーンとして聞いていた。すると、それまで気丈に頑張っていた拓也がほっとしたように泣き出した。ノートにこの授業の感想を書いて出すように指示して授業を終えると、子どもたちは自然に拓也の周りに集まり、健と雅人は素直に拓也に謝っていた。

この授業後に子どもたちがノートに書いた「勇気を出して説明できる人はエライ」「四〇人みんなに共感を得られるように説明するのは難しいが、自分にとっては『わからない』という声が聞き手の気持ちを知るために必要であり、それが説明するときに役立つ」といった言葉を、古島先生は授業の様子とともに磯上さんに伝え、授業で起きたことに感動した気持ちを共有したのである。

古島先生は、こうした一連の授業実践研究を以下のように振り返っている。(20)

子どもたち一人ひとりと学級集団の持つ力と教材と私が、一つになってその授業の楽しさをつくり出し、それを丸ごと経験することで算数の楽しさを味わうことができていたということだ。

「魅力的な授業」を創り出す教師

授業は子どもたちにとって学習環境である。ただし、それは自然発生的なものではなく、教師の教育的意図を背景としている。つまり、「このことを学んでほしい」「このように育ってほしい」といった教師(たち)の教育的な「ねがい」がいわば「磁場」として機能して、その場の子どもたちの学びや成長を規定するような学習環境(=教育環境)が授業なのである(2章参照)。「よい授業」の背景には、教師の優れた教育的意図が必ず存在している。まさにそれはその教師の「授業に対する独自のビジョン」「考え抜く姿勢」「子どもの学びと成長を共に喜ぶメンタリティ」の反映だといってもよい。

一方、「よい授業」の答えは一つではない。むしろ「よい授業」とは教師が問い続けるための「問い」であり、その答えは無数に存在しうる。しかも、答えが仮に見いだされたとしても、それはあくまでも暫定的なものにすぎない。それほど授業とは複雑な営みなのである。

以上に描いてきた授業論はあくまでも「理想論」で、現実とあまりにもかけ離れていると思われるかもしれない。確かに理想論かもしれないが、実現可能な理想だと私はここで断言したい。教師が「質の高い学び」を求めて授業づくりに心を砕くほど、子どもたちは活き活きと学ぶ姿を見せてくれる。この事実は明らかだ。「教師は授業で勝負する」。この言葉をあらためて噛みしめたい。

〔注〕

(1) もちろんそれが独善的な思い込みであれば、子どもは離れていく。本来、子どもたちは自分たちの学びの質に敏感であり、彼らは自分たちの糧にならない授業を拒絶する「本能」を持っているからである。

(2) 藤沢市立村岡中学校教諭(当時:二〇一一年度)

(3) 森学「英語で自分の世界をひろげよう!——中学校3年英語科」『教育実践臨床研究・子どもの学びを創り出す』藤沢市教育文化センター、二〇一一年、二五-六一頁

(4) Kevin Carter によってスーダンで撮影された餓死寸前の少女をハゲタカが狙っている写真。「人命か報道か」という論争を巻き起こした。

(5) 藤沢市教育文化センター教育実践臨床研究部会によって企画、運営される公開授業研究の場。藤沢市教育文

化センター教育実践臨床研究部会については、注8参照。

（6）英文記事を読むという授業構想の背景には、「読むこと」と「読解」の違いという優れた考察があったことも見逃せない。森先生は以下のように記している。「英語を『勉強』して『マスター』して、『読解』するという見方をしている人が多いようにすごく感じていた。それでは読み物としてのおもしろさがない」「本来文章を読むということは、読んで内容を理解できたかどうかより、読むことによって得られる感動や発見、驚きを持つことにこそ楽しみがあり、さらにそこから自分の考えを深めていけることに意味がある」（前掲書注3、四四－四五頁）

（7）前掲書注3、五六－五八頁

（8）藤沢市教育文化センター教育実践臨床研究部会は、同センターにある複数の研究部会の一つであり、一九八九年の発足以来一二年の歴史を持つ教育メディア研究部会の後継部会として二〇〇一年に発足した。構成メンバーは、立場の異なる四種類の人々によって構成されている。第一に「現役研究員」であり、藤沢市立の小学校、中学校、特別支援学校から原則として三年任期の研究員が毎年七名（小学校四名・中学校二名・特別支援学校一名）在籍している。第二に「研究員ＯＢ」である。前身のメディア部会から現在の臨床部会に至る歴代の研究員は六〇名以上に上り、歴代のメンバーの中には研究員ＯＢ（ＯＧも含む）として後輩とともに研究を継続する者がいる。第三に「センター担当者」である。部会のマネジメントは、教育メディア研究部会の発足以来、センター専任職員の目黒悟と磯上恵の両氏によって担われてきたが、二〇一六年度末に退職した磯上氏の役割は平川佳子氏に引き継がれている。フォーマルな部会は原則月一回開催されることになっているが、センター担当者の仕事場である「教育実践臨床研究室」には現役研究員やＯＢがインフォーマルに集まり、不定期なミーティングが行われている。また、センター担当者は授業の参観、記録を目的として研究員の勤務校に頻繁に出かけている。第四に「大学研究者」である。継続的にかかわっている（いた）主なメンバーとして、藤岡完治（横浜国立大学・京都大学：一九八九年～二〇〇三年：二〇〇三年逝去）、大島聡（横浜国立大学：一九九一年～二〇〇七年）、井上裕光（千葉県立衛生短期大学・千葉県立保健医療大学：一九九二年～現在）、高橋和子（横浜国立大学：一九九六年〜現在）、鹿毛雅治（慶應義塾大学：一九九六年〜現在）が挙げられる。

（9）藤沢市教育委員会指導主事（当時：二〇一一年度）

（10）藤沢市立大清水小学校教諭（当時：二〇〇七年度）

（11）谷合弘州「大地を見つめろ！——小学校6年理科」『教育実践臨床研究・仲間と共に授業から学ぶ』藤沢市教育文化センター、二〇〇七年、五一-九四頁

（12）藤岡完治氏によって提案された「授業デザインの6つの構成要素」の通称。六つの構成要素とは「ねがい」「目標」「学習者の実態」「教材の研究」「教授方略」「学習環境・条件」を指す。授業者自身が「ねがい」を中核として各要素を有機的に関連させつつ、それぞれを明確化することを通して、全体として統合的で調和のとれた授業をデザインしていくことが意図されたサポートツール。詳しくは以下を参照。目黒悟「6つの構成要素による授業デザインの基本的な考え方」『教育実践臨床研究・授業研究と教師の成長を結ぶ』、藤沢市教育文化センター、二〇〇九年、二五-三三頁。目黒悟・和田武彦・谷合弘州・江原敬「6つの構成要素による授業デザインの進め方」『教育実践臨床研究・子どもの学びを支える知恵と技』、藤沢市教育文化センター、二〇一四年、四五-八四頁

（13）目黒悟・和田武彦・谷合弘州・江原敬「6つの構成要素による授業デザインの進め方」『教育実践臨床研究・子どもの学びを支える知恵と技』、藤沢市教育文化センター、二〇一四年、四九頁

（14）前掲書注11

（15）藤沢市教育文化センター主任研究員・教育実践臨床研究部会担当者

（16）藤沢市立辻堂小学校教諭（当時：二〇〇七年度）

（17）古島そのえ「見えることからの授業の再構築——小学校6年算数科」『教育実践臨床研究・授業研究と教師の成長を結ぶ』藤沢市教育文化センター、二〇〇九年、六一-九八頁

（18）元・藤沢市教育文化センター教育実践臨床研究部会担当者

（19）前掲書注17、七三頁

（20）前掲書注17、九七頁

6 魅力的な指導案

仕事柄、指導案を拝読することが多い。正直に告白すると、私の場合、その指導案の書きぶりによって、その授業参観に向けてワクワクしてくる場合と、気持ちが萎えてしまう場合の二つのパターンに分かれる。また、その指導案が魅力的だと、授業参観ばかりでなく、事後協議会（ときにはその後の「反省会」）をも含めた、その日の校内研究会全体に対する満足度が高くなる気がする。これはあくまでも筆者自身の主観的な話ではあるが、少なくとも指導案の「魅力」というファクターが、授業研究を考える上で重要なカギを握っているように思えるのである。

「魅力的な指導案」とはいかなるものか。本章では、授業研究で当たり前のように利用されている指導案について再考してみたい。

そもそも「指導案」とは

あまりにも自明だと思われるかもしれないが、「そもそも指導案とは何か」という点をまず確認しておきたい(1)。

わが国の指導案の特筆すべき性質の一つとして、書くべき内容を定めた「形式」が必ずしも統一されているわけではないという点を挙げることができよう。指導案には多様な形式が存在する。学校や教師個人に形式の自由度が許容されていて、決して画一的ではないのである。この点を確認することは非常に重要である。「形式」は記入すべき欄として機能するため「内容」を拘束する。例えば、「評価の四観点」といった定められた形式(フォーマット)があるから、授業者はその枠組みに沿って記述を考えざるをえなくなる。形式が教師の思考と授業構想を規定することになるわけである。したがって、わが国の指導案で「形式の自由度」が許容されているという事実は、授業研究の当事者である教師や学校の自律的な権限を象徴すると同時に、教師あるいは教師集団の教育的な見識が問われていることをも意味している。

もう一つ、確認しておきたい点は、指導案の呼称についてである。授業案、教案などといわれることもあるが、今日では「学習指導案」という呼び方が定着したようだ。とりわけ、「学習」と銘打っている点は注目に値する。安彦忠彦氏は、学習指導案の持つべき性格として、①「案」

である以上、実際の授業とズレが出ること、②「学習指導」であるからには「学習活動」が最優先され、「指導活動」がそれに沿って考えられていることの二点を指摘している。[2] 授業研究という営みに指導案を位置づける上で、これらの指摘は重要である。

まず、①については、指導案はあくまでも「案」なのであってそれに固執しすぎてはならないという戒めにつながる。研究授業では、教師が指導案に過度に拘束されてしまうことで本来発揮されるべき柔軟さを失ってしまうという現象（「指導案しばり」と呼ばれる）が頻繁に観察される。指導案通りをよしとする風潮がないわけではないが、研究授業の目的が「指導案をそのまま実現するパフォーマンス」にあるわけではないのは明らかだ。あらためて「案」という文字に込められた意味を噛みしめたい。

②の指摘は、学習活動を前提としない指導活動はありえないという自覚を教師に促すことに通じる。これは当たり前の話のようにも聞こえるが、現実の教室では、「教えれば学ぶはずだ」という教師の強固な信念のもと、その場で起こる多種多様な学びを丁寧に扱おうとしない雑な授業がいかに多いことか。「学習」の二文字がある限り、指導案上で問われるべきなのは「子どもたちが何をどのように学ぶか」ということを前提として、「何をどのように教えるか」について考えることなのだという点をここで再確認しておく必要がある。すべての子どもたちに学習が成立しなければ教えたことにはならない。厳密にいえば、これは限りなく不可能に近い理想ではある

が、そのような授業の実現を目指すところに実践の醍醐味がある。

以上のように考えてみると、「学習指導案」という名称自体が、授業研究で教師が陥りがちな落とし穴に警鐘を鳴らしているように思えてくるのではなかろうか。

「匿名の指導案」を問う

指導案とは授業研究に埋め込まれた「しかけ」（7章参照）であり、その真価は授業研究の当事者である授業者が主体的に綴る文書であるという点に見いだせるのではないかと筆者は考えている。しかも「魅力的な指導案」はこの「教師の主体性」と密接に関連しているように思われる。以下では、この観点から「魅力的な指導案」をめぐる考察を展開してみたい。

まずその出発点として、「魅力的な指導案」の対極としての「読んでも心が躍らない指導案」や「読む気がそもそも萎えてしまうような指導案」の特徴についてふれておきたい。

あくまでも筆者の感覚なのだが、それを一言で表現するなら「匿名の指導案」とでもいえようか。それは指導案を書いた主体（「教師である私」）の意思がまったく感じ取れない指導案を指す。例えば、「生きる力」といった教育行政用語が当然のように並べたてられていたり[3]、他の指導案のコピペ（コピー・アンド・ペイスト）ではないかと疑われるような指導案などがそれに該当する。

「教育行政用語」は所詮、教師にとっては「借り物のことば」[4]である。それらは時の教育界（の一部）に重要だと信じ込まれて（あるいは信じ込まされて）いるキャッチフレーズにすぎず、授業の本質からすれば、ことさら喧伝されなくてもそもそもわかりきったことか、逆に当事者の思考をむしろ混乱させることになりかねない瑣末な要素である場合も多い[5]。したがって、自分なりにそれらの言葉を自覚的に翻案するならまだしも、その種の流行に対して無批判に迎合するばかりでは教育専門職としてあまりにも能がない。「教育行政用語」を単にちりばめた指導案は教師としての主体性が放棄された「匿名の指導案」の典型なのである。

行政用語でなくても、「〇〇方式」といった一般化された手法を引き写したような指導案も同様である。教師が授業パッケージの単なるユーザーに貶められていること、つまり、自らの教師としての主体性を放棄していることに当の教師が無自覚なのだといえよう。まずは目の前の子どもたちの実態を前提に、何をどう教えたらよいかを考え抜いて、授業を具体化することこそが教育専門家としての指導案づくりなのであり、決して時代が要請する言葉を並べたてたり、他者のアイデアをコピペしたりして指導案の見かけを繕ってはならない。指導案の作成にあたっては、教師一人ひとりが自らの専門性を背景として、その授業に対して責任を持つことが大前提であり、そこに綴られる内容はその教師によるオリジナルなものでなければならないのである[6]。

「魅力的な指導案」へ

では、授業参観が楽しみになるような「魅力的な指導案」とはどのようなものなのだろう。少なくとも私にとっては、その特徴は明らかである。授業者の先生が、目の前の子どもたちの姿を前提として、特定の授業について具体的に考え抜き、それを自分の言葉で表現した指導案、すなわち、「教師としての自己表現が綴られた指導案」である。だから、読ませるのである。そして、このような「魅力的な指導案」には、少なくとも「教師としての私」によって明確化された「ねがい」[7]と、教科・教材の確かな自己解釈が綴られている。

■「ねがい」の明確化

かつてある小学校の公開授業研究会で、「この指導案には目標やねらいは書かれてあっても、先生が持つ『ねがい』が見当たらない」とコメントしたことがある。その会が終わった直後に、ある先生が私のところに足を運んでくださり、「これまでの研究授業では『ねらい』はあっても『ねがい』のない指導案ばかりを疑いもなく書いてきたので、今日のご指摘にハッとしました」と、わが身を振り返ってしみじみと語られた。おそらくその先生は、授業の本質、つまり、授業の当事者であるその教師とその子どもたちが固有に創り上げていく現象が授業であるという点に潜在的には気づいていらっしゃったのだろう。しかし、「研究授業」の指導案に教師の「ねがい」を記述するなど、それまで思いもよらなかったのである[8]。

教師の「ねがい」はともすれば「主観的」なものとして切り捨てられてしまいかねない。もちろん、教師個人の勝手な思い込みに基づく非教育的な「ねがい」であれば論外だが、教育的に妥当な「ねがい」は質の高い授業の成立に必要不可欠な要素である。もとより、教師、子ども、教材の三つは授業の構成要素として古くから挙げられている。そこでの「教師」の意味は、子どもと教材のそれぞれに正対するとともに、子どもと教材をかかわらせていこうとする主体であるということにほかならない。したがって、「目の前のこの子どもたちには、このことを通じてこれを学んでほしい、このように成長していってほしい」といった教師個人の「ねがい」は、授業を具現化するための要であり、子どもや教材に対する解釈、さらには子どもが教材とどのように向かいあうかに関する洞察は、その教師の「ねがい」抜きに明確化することはできない[9]。だからこそ、指導案には「教師としての私」の「ねがい」が記されるべきなのである。

では、「ねがい」は、一体どのような指導案の記述として表れるのであろうか。以下、具体的に見ていこう。

藤沢市教育文化センター教育実践臨床研究部会[10]では、リフレクションを中核に据えた授業研究が進められているが、その研究員の先生方が記す指導案には、リフレクションを繰り返すことで明確化した「ねがい」について、自分の言葉で綴った記述が見られる。例えば、平成一九年度授業研究セミナーでの古島そのえ先生(11)による小学六年生算数の指導案（単元名「立体のかさの表し方を考えよう」）には「これまでの授業リフレクションで気づいたこととねがい」という欄があり、そこに次のような記述が見られる(12)。

今年度四年ぶりに担任をもつことになりました。年度当初、子どもたちといろいろな教科の授業をしている中で、算数での子どもたちの反応にどうもしっくりこない感じがありました。それは、私が教科書に沿って公式を教え、ドリルの問題を解かせるといった授業の進め方しかできないことや、塾などで先取りしている子の発言にどう対処していいかわからず、子どもたちに考えさせたい場面をつくろうとしてもできないことにあるのではないかと考えました。そこで、答えが出せることだけでなく、答えを出すまでの過程を大事にしたいと考え、授業に取り組みました。

授業後のリフレクションで確かめられたのは、クラスでいつも過ごしている仲間だからこそ、自分の考えをわかってもらいたいという子どもたちの姿や、友だちの言っていることを聞き、それをヒントにして考えようとする子どもたちの姿でした。その一方で、提示された問題を解決するための話し合いが一部の子どもたちだけになってしまっているという事実も明らかになりました。こうしたことが起きてしまう理由には、子どもたちから出された意見に私自身が対応しきれていないことが考えられました。そのため、自分が考えている枠の中に入らない子どもの意見を取り上げることができなかったり、いろいろな考え方を受け止めることができなかったりしたのだと思います。

　そこで二学期は、その単元で子どもたちに何を学ばせたいかということをあらためて見つめ直し、子どもたちの考えを受け止め活かすことができるように心がけて授業に取り組むことにしました。すると、私自身、子どもたちが何を考え、何を言いたいのかがもっと聞きたくなり、いろいろな考えを受け止めることができるようになって、算数の授業が楽しく感じられるようになってきました。

　このような取り組みから、私は算数の授業を通して、子どもたちが提示された問題を解決していく過程で、既習事項を使っていろいろな考えを出しあい、それをもとに「自分なりに筋道を立てて考えていく力を育てたい」と考えるようになりました。


　ここには古島先生が、学級担任として見てきたそれまでの子どもたちの様子や「教師としての私」のかかわりについて、何回にもわたるリフレクションを通して自覚化し、そこで得られた「気がかりなこと」や「気づき」が文章として表現されている。また、その過程を通して「ねがい」をより鮮明にしていった様子が綴られている。このような丁寧なリフレクションを経て明確化した「ねがい」は、子どもたちの実態の確かな把握を背景としており、決して教師の独り善がりではなく、教育的に妥当であることが伝わってくる。

もできるだろう。

■教科・教材の解釈

「魅力的な指導案」の特徴として、教師の教科や教材に対する解釈のユニークさを挙げることもできるだろう。

茅ヶ崎市立汐見台小学校の指導案には「子ども・わたし・教材」という欄がある。そこには一人ひとりの教師の授業に臨む思いが自身の言葉で表現されている。

長坂美代先生(13)は、教員生活の中で初めて体験する級外（音楽専科）という役割を「新たな自分自身の課題」として捉え、あらためて音楽科の意味を問い直したという。「和音の美しさを味わおう」という単元の「子ども・わたし・教材」欄に長坂先生は以下のように記している(14)。

自分自身が身を置くのになんとなく収まりが良い場所、今一歩収まりが悪い場所があるように、音の世界でも突拍子もない例外を除いて見れば、ある一定のパターンの中に、心に落ち着く収まりのよい構成となっている。主旋律の変化だけにとどまらず、より美しい和音の響きを意識しながら、曲の雰囲気や曲の変化を味わってほしいと考えている。この曲は、何だか心にしっくりとはまっていいなあ、と感じる瞬間、ぼくは・私はなぜそう思ったのか。

音楽を通じて自分自身の今の気持ちにしっかりと向きあえる心を養いたい。曲のよさは、その時々の心境だったり、曲の持つリズム感だったり、曲の盛り上がり方だったり、音の重なる感じだったり…と感じ方は十人十色であると思う。それぞれが意図を持ち、自分なりの味わい方をしながら、新たな知識をつなぎあわせて新たな自分に気付く時間にしたい。専門的で型にはまった事柄の注入に終始するのではなく、それぞれが感じたことをもとに「気付ける」音楽の授業を目指していきたい。

以上の記述からは、「音楽専科」という「新たな自分自身の課題」と真剣に向きあってきた長坂先生が、子ども一人ひとりの心境に思いを馳せながら見いだした教材（和音）の解釈を自分なりの言葉で表現するとともに、子どもたちと教材の出あいに対する期待を「教師としての私」の「ねがい」として綴っていることがわかる。

また、小学二年生担任の高津直子先生[15]は、音楽科指導案[16]にこう記している。

私は、常日ごろから「音楽…『音』を『楽しもう』」と考えている。そのためどうしても音楽の授業の中でその結果を求めてしまっていたのだが、ある時に授業時間は、そのきっかけがつくれればいいのではないかと思った。というのも、授業時には、口もあまり動かず、歌っているのかな？　と疑問に思って終わった授業なのに、その後の休み時間や、給食の配膳時に、何気なく歌っていたり、口ずさんでいたりする子どもが多いことに気がついた。その姿を見た時に、何も授業の中でだけに結果を求めなくていいのだと改めて感じた。子どもたちは、子どもたちのタイミングで、生活の中に『音楽』を取り入れ、『音』を『楽しんで』いたのだ。だからこそ、授業で提供する題材や素材・音の世界をしっかりと伝えて、授業を一つのきっかけに子どもたちの感性が研ぎ澄まされていかなければいけないのだと思った。

以上の記述には、学級担任として気づいた日常的な子どもの姿に自らの教科に対する解釈を重ねあわせ、それまでの実践を振り返りつつ、新たな授業づくりへと向かっていこうとする教師の姿が活き活きと表現されている。実際、参観した授業では、高津先生自身が子どもたちと一緒になって『音』を『楽しんで』いる姿がとても印象的だった。

何のための、誰のための指導案か

そもそも何のための、誰のための指導案なのだろうか。授業研究において指導案を書くことが自明視され、「匿名の指導案」が横行している昨今の「思考停止状況」を打破するために、この問いについて考察することで本章のまとめとしたい。

以上に見てきた通り、「魅力的な指導案」が、形式に内容を盛り込んだだけの単なる文書ではないことがわかった。それは「教師としての私」の自己表現が綴られたものなのである。ただ、自己表現だからといって指導案自体を絵や小説のような「完結した作品」だと思ってはならない。むしろ、指導案は、よりよい授業の実践を創り出すための「ツール」として理解されるべきであり、「教師としての私」の自己表現とは、そのツールを活用して生み出された成果を意味しているのである。

教師が授業するという営みは、授業構想、授業展開、授業省察という相互に関連しあう三種類の行為の連鎖によって成立している（序章参照）。指導案はそのうちの「授業構想」について教師が記したものだという認識が一般的だろう。ただ、上で強調した「ツールとしての指導案」というコンセプトには、指導案には、単なる授業構想だけではなく授業展開と授業省察をも含めた「授業というダイナミックな教師の営み」をトータルにサポートする働きがあるという意味が込められている。以下では、指導案が潜在的に持っているこのツールとしての機能に着目してみたい。

元来、授業構想とは、目の前の子どもたちに対する理解を深めること、教科を問い、教材を選択、解釈、構成すること（いわゆる「教材研究」：8章参照）、教育の方法や教育環境をデザインすること、教師としてのねがいを自覚化、明確化していくこと――これらを相互に関連させつつ授業の全体的なイメージを鮮明化していく複合的な思考プロセスを意味している。指導案とは、まず、授業づくりの根幹にあたるこのような教師の思考プロセスをサポートするツールなのだといえよう。

すなわち、指導案づくりという課題に教師が向きあい、自らの授業アイデアを文字によって綴っていくプロセスを通して、心の中で試行錯誤する思考が促され、結果的に授業構想が明確化していくわけである。指導案には「授業構想という教育専門職としての思考プロセス」を活性化させるこのような働きがあるのだといえよう。指導案は他者に向けて書かれるものだと捉えられがちであるが、以上のように考えると、第一義的には、教師が自分自身のために書くものなのだと再認識できるだろう。

さらに指導案は、授業の展開をもサポートする。指導案を書くという経験によって、その教師は当該授業を円滑に展開できるようになるとともに、考え抜かれた指導案であればあるほど、授業展開が柔軟になる。なぜなら、確かな子ども理解と教材研究に基づいて生じる子どもたちの学びに対する見通しが、教師の「懐の広さ・深さ」となり、それが当面する授業場面に対する安定した心構えとして働くからである。教師にとって指導案とは、授業展開という複雑な道筋を読み解くためのいわば「地図」であり、優れた地図を心に抱いていればいるほど、柔軟な授業展開が可能になるというわけである(17)。

指導案が授業省察をサポートするツールであることについては自明だろう。指導案はリフレクションの拠り所なのである。事後協議会などの場では、授業者当人と授業参観者によって実際の授業で起こっていたことと授業構想とが照合されることを通して、授業者自身の切実な気づきが促されて次時以降の実践に活かされるとともに、参観者にも多様な気づきが生じ、各自のリフレクションを誘うことになる。

以上のことは、指導案が「授業する」という教師の教育専門職としての営み全体の質を高めていくための「実践サポートツール」[18]であることを示している。[19]そして、われわれに問われているのは、この「ツールとしての指導案」の潜在的可能性を最大限に発揮するような授業研究を行っているか否かだということが見えてくる。

ここに至って、指導案は誰のためのものかが明らかになる。「匿名の書き手による匿名の人に宛てた文書」ではもちろんない。研究授業の参観者に向けた文書でもない。「教師としての私」が自分自身のために主体的に綴るものであると同時に、共に授業研究をする教師の仲間たちと学びあうためのものなのだ。同時に忘れてはならないことは、指導案はとりもなおさず、われわれの目の前にいる子どもたちの学びと成長のためにあるという点であろう。

「魅力的な授業」の背後に「魅力的な指導案」があるのは、いわば当然なのである。

［注］

(1) ちなみに手元の事典によれば、指導案とは「授業を実施する前に、授業の目標や展開の道筋などを、一定の書式に従って書き表したもの」（柴田好章「授業案」日本教育工学会編『教育工学事典』実教出版、二〇〇〇年、二六七-二六八頁）であり、そこにはおよそ以下の事柄が記されているという。すなわち、①単元（題材・主題）名、②単元目標、③単元設定の理由あるいは指導にあたって（教材観、指導観、児童・生徒観）、④活動計画あるいは指導計画（単元全体の内容構成、学習順序、学習方法、活動状況、時間配分、学習環境等）、⑤本時の学習（題目あるいは題材・主題、本時のねらい、学習過程あるいは指導過程：学習時間、学習内容、学習活動、指導・支援活動、評価方法などの項目）が基本的な内容であり（吉田貞介「学習指導案」日本教育工学会編『教育工学事典』実教出版、二〇〇〇年、七六-七七頁）、これらの内容は項立てされて記述されることが一般的だとされている。また、上述の柴田は、共通して書かれる内容として、本時の目標（ねらい）、学習者の活動、授業者の活動、各活動の所要時間、準備する教材・教具、評価方法（評価の観点）を挙げ、その他の内容として、単元の中での本時の位置づけ、教材や学習者の状態についての授業者の解釈が加わることも多いと述べている。わが国の指導案の形式は多様ではあるが、いずれの形式であってもこれらの内容が記されることで、授業の構想が明確化するのである。

（2）安彦忠彦「学習指導案」『新版・現代学校教育大事典』ぎょうせい、二〇〇二年、三三二頁

（3）教育行政用語の語句自体が問題なのではない。それらの用語を深く吟味することなく、教育行政が強調するそのままの文脈で「印籠」のごとく引用するような「思考停止」こそが問題なのだと筆者は考えている。

（4）筆者は「借り物のことば」について「切実なことば」と対置させて論じた。以下の文献を参照されたい。鹿毛雅治『子どもの姿に学ぶ教師――「学ぶ意欲」と「教育的瞬間」』教育出版、二〇〇七年、一九章

（5）例えば、「習得・活用・探究」「言語活動」といった用語についていえば、内容的には従来の授業実践でも重視されていた事柄であり、ユニークな新概念とは言い難い。

（6）ちなみにわが国では、複数の教師が「共同」で作成した「共通指導案」に基づいた授業研究が行われることがある。例えば、学年単位で「共通指導案」を作成し、どの学級でも同一の指導案に基づいた授業が公開されることになる。チームとして協同的に授業研究に取り組むこと自体はもちろん否定すべきではないが、このような授業研究の事後協議会は総じて低調になる傾向がある。教師個人の責任で授業が計画されていないばかりか、授業展開もどこか他人事になってしまい、その無責任さが事後協議でも露呈してしまう。「共同」とは名ばかりで実質的に一人の教員のリーダーシップによって指導案が作成されているケースもあろう。その場合は、事後協議の場での授業者たちの口ぶりは重く、「授業の失敗は私のせいではない」といわんばかりの表情の教師

がいたりする。せっかくの授業の研鑽の場がこれでは台無しだ。もとを正せば、授業者が責任を回避できる指導案の匿名性が元凶なのである。

（7）序章参照。目の前の子どもたちに対して何をどのように学んでほしいのか、どのような体験を期待しているのか、より中長期的にどのように育っていってほしいのかといった「教師である私」が個人的に抱く教育的な意図のことを指し、子どもたち全員に対する共通な内容だけではなく、子ども一人ひとりに対する個別的な内容をも含む。

（8）日々の実践としての授業と「研究授業」との断絶や乖離がここに読み取れる。「研究授業」とはいわば「晴れ舞台」として他者に見せるものであるから特別なものでなければならないという意識が見て取れる。しかも、その「晴れ舞台」のプログラムが、「教育行政用語」に代表されるような一見もっともらしい「借り物のことば」がちりばめられた指導案なのである。実はこのような研究授業やそれに付随する「指導案」に対する考え方は、多かれ少なかれすべての教師が持っている潜在的な常識であるように思えてならない。問題の本質は「晴れ舞台」としての非日常的な研究授業が自己目的化してしまいがちなわれわれの心的傾向性にある。日々の授業実践と切り離された研究授業からわれわれは何を学びうるというのであろうか。

（9）「ねがい」を中核に教材研究を深めていった実践例については、下記文献を参照されたい。鹿毛雅治「教科を通して人を育む―森実践に学ぶ」『教育実践臨床研究・子どもの学びを創り出す』藤沢市教育文化センター、二〇一一年、六三―七〇頁

（10）藤沢市教育文化センター教育実践臨床研究部会について、詳しくは5章注8参照。

（11）藤沢市立辻堂小学校教論（当時：二〇〇七年度）

（12）当該実践について、詳しくは8章参照。

（13）茅ヶ崎市立汐見台小学校教論（当時：二〇一二年度）

（14）二〇一二年七月に実施された校内授業研究会での学習指導案。

（15）茅ヶ崎市立汐見台小学校教論（当時：二〇一二年度）

(16) 二〇一二年十月に実施された校内授業研究会での学習指導案。
(17) ただし、指導案に対する過度のこだわりが「指導案しばり」といった現象をひき起こす可能性があることは前述の通りである。本時展開ばかりが詳しい指導案に基づく研究授業に、その傾向が顕著である。その意味において、指導案が授業展開に及ぼす影響は「諸刃の剣」だといえるかもしれない。
(18) 実践サポートツールについては、以下の文献を参照されたい。鹿毛雅治「「実践としての評価」をサポートするツールとシステム―授業と授業研究の「しかけ」」『教育目標・評価学会紀要』二〇〇七年、一七号、一－九頁、および、鹿毛雅治「授業研究再考」田中克佳編著『「教育」を問う教育学――教育への視角とアプローチ』慶應義塾大学出版会、二〇〇六年
(19) 柴田は前掲書注1の中で、指導案を書くことの意義を、①授業の構想の意識化、②教材の有する教育的意味の具体化、③学習者理解の深化、④授業実施の円滑化、⑤構想の伝達手段、⑥事後検討の資料の六点にまとめている。この指摘を筆者なりにまとめるなら、①から③は授業構想、④は授業展開、⑤と⑥は主に授業省察のそれぞれを目的とした意義だといえよう。

7 授業における「しかけ」とは何か

教師にとって「授業づくり」は永遠の課題である。「よい授業の原理」を追い求める一方で、その答えを単純に「ハウツー」へと解消できないもどかしさを教師たちは共有しているように思う。「授業改善」というスローガンが声高に叫ばれる今日、教師の授業づくりの技を「センス」といった教師一人ひとりに内在する能力のみに置き換えて「授業力」なるものを抽象的あるいは精神論的に議論するのではなく、かといって「ハウツー」の訓練へと安易に駆り立てるのでもない「第三の道」を探る必要がある。「しかけ」という概念は、そのためのキーワードとして有効なのではないかと私は考えている。

二〇〇五年度、谷合弘州先生は[1]「しかけ」にこだわって授業実践研究に取り組んできた。[2]というのも、「同じことをやるにも、しかけ次第で子どもたちの取り組み方が変わる」ということを、前年度の「へぇーマップ」[3]を使った実践を通して実感したからだという。

谷合先生は、一般に扱うことが困難だとされる「土地のつくりと変化」という小学校六年生理科の単元を取り上げ、授業デザインを通して多様な「しかけ」を創り出し、授業の展開から見えてきたことと子どもたちとの教育的なかかわりを大切にしながら、授業を再デザインしていくような授業づくりに挑戦した。そのプロセスは、「しかけ」をめぐる原理的な問題を明らかにしてくれているように思う。

本章では、その谷合実践に学びながら、『授業における「しかけ」とは何か』というテーマに迫っていきたい。

●「しかけ」の意味をめぐって

■「しかけ」を定義する

授業づくりにかかわる概念の一つとして「しかけ」という言葉が用いられるようになっている。この言葉は「教育学事典」などに載っているような学術用語ではもちろんない。しかし、試しにインターネットで「授業」という言葉と掛け合わせて検索してみるとヒット数が少なからずあることから推測すると、それなりの「市民権」を得た言葉のようにも見える。授業づくりの担い手である教師たちの実感にフィットしているために自然発生的に用いられるようになった用語なのかもしれない。

授業づくりにおける「しかけ」について検討するための出発点として、まず以下では「しかけ」の定義を試みることにする。多少まわりくどい論述が続くが、しばらくおつきあい願いたい。

ちなみに『広辞苑』で引いてみると、「しかけ」とは「装置」「からくり」のことだと書いてある。さらに「装置」とは「ある目的のために機械・道具などを取り付けること」であり、「からくり」とは「しくんだこと」だという。以上のことから、「しかけ」の一般的な意味が「特定の目的を達成するために事前に仕組まれた装置」であることがわかってくる。

「授業づくり」に特化した概念であることを念頭に別の表現を試みるとするなら、「しかけ」の意味は、「仕込み」「もくろみ」「ツール」という三つの要素(キーワード)の組み合わせによって理解できるのではないかと思う。すなわち、「しかけ」とは、あらかじめ準備しておくこと(仕込み)が可能な、心の内にある目的、計画(もくろみ)を含んだ道具(ツール)なのだといえよう。

以下では、これら三つのキーワードについてそれぞれ検討してみたい。

①仕込み

まず、授業における「仕込み」とは、「授業を開始する前に入念に準備されている」という時間的な要素を意味する。教師による授業実践は、「授業の構想」（授業デザイン・再デザイン）をもとに「授業の展開」（授業進行中における教育的かかわりと授業デザインの修正・変更）へと進行していくが（序章参照）、「しかけ」とは前者の「授業の構想」の結果として具現化されるものであり、「授業の展開」の直前までに準備されているべきものなのである。

②もくろみ

授業づくりをする教師の「もくろみ」（心の内にある目的、計画）を一般的に表現するならば「授業の目的そのもの」だといえるだろう。つまり「すべての学習者に価値ある学びを実現すること」が教師の「もくろみ」の内実だといえる。ただし、注意しなければならないのは、その「もくろみ」が目の前にいる子どもたちを前にして抱く教師の「ねがい」を背景としているという意味において、きわめてパーソナルな性質を帯びているという点である。

例えば、谷合先生は理科の授業研究を始めるにあたって、子どもたちの実態を「口で言っているほど（勉強や授業が）実は嫌ではなく、単にかまってほしいだけの連中が結構多いのではないか」、そして「勉強が嫌いと言っている子のほとんどが、理科も嫌いと言っていた」と把握し、「勉強って結構楽しいな」「自分もやる気になればできるんだな」という気持ちを持たせたいという「ねがい」を持ったという。

この例のように「すべての学習者に価値ある学びを実現する」という教師の「もくろみ」は、子ども一人ひとりのユニークな姿と向かいあった際に、教師の心に立ち現われてくるという「個別具体性」を本質としている。このような「ねがい」を背景とした「もくろみ」が「しかけ」のあり方を左右するのである。

③ツール

「ツール」に関しては、認知科学を中心に研究が進められてきている。[4] 例えば、「ワープロを使って文章を書く」というように、われわれはさまざまな道具（「ワープロ」など）を利用することで円滑に活動（「文章を書く」など）を営んでいる。われわれの生活は多様なツールによってサポートされているのである。

ただし、ここでいう道具（ツール）とは、「ワープロ」のように物理的な実体を伴うものばかりではない。例えば、「言葉や理論を使って考えたり、物事を理解したりする」というように、われわれは非物理的なツール（「言葉」「理論」など）をも駆使して生活している。また、行為とは「文章を書く」といった外から観察可能なものばかりではなく、「考える」「理解する」のような個人内の心理的な活動も含まれる。つまり、ツールとは、人の「外顕的／内面的」な行為をサポートする「物理的／非物理的」な人工物（人が創り出したもの：アーティファクト）の総称なのである。

授業づくりにおける「しかけ」について考える際、以上の点はきわめて重要である。「しかけ」とは物理的実体とは限らない。また、人の外に現われた行為だけではなく、「学び」に代表されるような内的な活動をもサポートするツールを指す言葉なのだ。

その意味で、谷合先生が「しかけ」の一種だと指摘している今村透先生(5)による「投げかけ」の例(6)は典型的である。「紙粘土でピーマンをつくろう」という単元で、授業の導入時に今村先生が「本物そっくりにつくったピーマンを冷蔵庫に入れてお母さんをビックリさせよう」と子どもたちに投げかけたというのである。この「投げかけ」はまさに「言葉」（非物理的ツール）であるが、その言葉を聴いた子どもたちは、即座に家の人が驚く様子を想像してワクワクする気持ちになった（内面的行為）に違いない。「しかけ」とは、このような心理的な効果（この場合、ワクワクしてピーマンをつくってみたくなる気持ちを引き出す）をもたらす非物理的なツール（この場合、「投げかけ」）をも含む概念として捉えるべきなのだ。

以上の三つのキーワードの意味を踏まえて、授業づくりにおける「しかけ」について仮に定義するなら、「授業が開始される前までに入念に準備された、すべての学習者の価値ある学び（外顕的／内面的）をサポートするために用いられるツール（物理的／非物理的）」だということになろう（これを以下では「仮定義」と呼ぶ）。

■「しかけ」の定義をめぐるバリエーション：再定義の試み

ただ、谷合先生の「しかけ」の捉え方は、「仮定義」をさらに絞り込んだもののようだ。すなわち、「しかけ」とは「教師が子どもたちに『こうするとこうなるからやってごらん』『こうやったらどうなるんだろうね？』というように課題を投げかけるのではなく、子どもたちの側から『やってみたい』『こうしたらどうなるんだろう？』という意欲や疑問を引き出し、さらにそれらを自ら探究していく中で、学ぶべきことを学んでいけるような投げかけや教材のこと」と谷合先生は表現している。ここで強調されていることは「学習者（しかけられる側）の主体性・能動性」であり、「しかけ」が存在することによって、学習者が主体的に学びに向かっていくという側面である。

この捉え方に基づけば、教師の指示に従って学習活動を生起させるようなツールは「しかけ」ではないということになる。谷合先生の「しかけ」観には「主体的な学び＝価値ある学び」と捉え、それを実現しようという「もくろみ」が含まれているのである。

確かに、教師の指示に従って生じるような受動的な学びをターゲットにしたツールも「しかけ」であるとするならば、「しかけ」という言葉自体が持つダイナミックなイメージとのズレを感じざるをえない。その種の受動的な学びには、「しかけ」よりもむしろ「階段」「線路」といったメタファー（比喩）の方が適切であろう。

一方で、これまでに発表された文献から「しかけ」の定義らしきものを調べてみると、「仮定義」よりむしろ広いものが見られる。

例えば、筆者は「しかけ」を「教師が子どもの学びに先立ってあらかじめ準備できるシステム」とし、「学習カードやコンピュータのような道具から、机や掲示物の配置のような物理的環境、さらには、グループ学習といった学習形態に至るまでの広範な要素が含まれる」と解説したことがある。「ツール」に限定せずに、場や環境まで広く含めて「しかけ」という言葉を理解しようとしたのである。(7)

藤岡完治氏も、授業デザインとの関連で「しかけ」について述べている。(8) すなわち、授業デザインとは「教師、子ども、教材が相互にかかわる関係の場のデザイン」のことであり、その営み自体が「しかけ」づくりであると主張する。つまり、授業デザインとは、単に「学習形態のさまざまなメニューを提供すること」ではなく、「教師と子どもたちの知識と経験の間に対話があり、知識が内面的な経験の成熟とともに与えられるような方向性と力を、しかけとして準備することと」なのだという。そして、「しかけ」が授業として実現するものは、「それぞれ個性的で自立的な要素が多様に存在し、互いに働きかけあい、触発しあい、引き込みあい、互いの変化を誘発しあうような動的な共同状態」であり、このような動的共同状態こそが生きて動いている授業のダイナミズムであると強調する。

以上のことからわかるように、藤岡氏にとって「しかけ」とは単なる授業の構成要素ではない。氏の「しかけ」観は、「動的共同状態」としての授業を前提としていると同時に、授業デザインの主体として「しかけていく」存在である「教師」に焦点を当てたものであるといえよう。つまり、「しかけづくり」という教師の営みとセットで「しかけ」という用語を意味づけているのである。

本項で述べてきたことを総合すると以下の四点にまとめることができよう。すなわち、①「しかけ」とは「ツール」だけではなく「場・環境」も含んだ概念である、②学びの主体性・能動性（しかけとかかわりあう学習者の姿）を前提としている、③場のダイナミズム（しかけとのかかわりによる場の変化）を重視している、④デザイン主体としての教師に焦点を当てている。

以上を踏まえて、授業づくりにおける「しかけ」について、ここでは以下のように「再定義」してみたい。すなわち、「しかけ」とは「授業を担当する教師が、授業デザインを通して授業開始前までに準備した、すべての学習者の主体的で能動的な学び（外顕的／内面的）をサポートするために用いられるツール（物理的／非物理的）とそれ（ら）が機能する場（環境）によって構成されるダイナミックなシステム」なのだ、と。

●「しかけ」の実相

■多様な「しかけ」

以下では、谷合先生の実践における代表的な「しかけ」を取り上げて、それらの実相について具体的に見ていこう（以下、『　』内は注2文献からの引用である）。

○ノート・カード

まず、一学期の取り組みで『実験の目的や方法、結果や発見したこと等を、必ずノートに書かせるようにした』ことで、次第に子どもたちはノートに書くことに抵抗がなくなり、『勉強に前向きな子どもの姿が見られるようになった』という。

しかし、谷合先生はその頃の子どもの様子に「待ちの姿勢」を感じ取り、ノートの実験記録が子どもたちにとって「お作法的」になっている、つまり『教師側から与えられた枠組みの中での作業であり、子どもたちの中に興味や疑問がわいていない、必然性が生まれていない』と感じ取るようになった。

その後、谷合先生は、これまでのノートの代わりに「カード」を用いることにした。ノートだと自分で書いておきながら読み返したときに何が書いてあるのか読めない子がいるという実態を何とかしたいという思いと同時に、カードの方が『新たな気づきや発見が出てくることも期待できる』からである。このカードの発想がのちに「大報告書」という「しかけ」に発展していく。

◯大報告書

谷合実践の中核を担う「しかけ」が、上述の「へぇーマップ」にヒントを得た「大報告書」であった。「大報告書」とは、子どもたちが発見したことを青、疑問に思ったことをピンク、次に調べてみたいことを緑の付箋紙にそれぞれ書き、氏名を付記してペタペタと貼っていく模造紙のことを指す。

研究部会で、[9]「調べたい！」「知りたい！」という気持ちを持たせるための「しかけ」として「大報告書」が提案された。『カードに書いて貼ること自体も励みになるだろうし、そこに書かれたことをみんなの前で取り上げて共有していくことが学びを深めたり、広げることにつながる』という見通しで谷合先生はこの「しかけ」を導入していくことを決心する。

その後、実際に「大報告書」を使って授業を展開する中で、『思ったことを言葉にして付箋紙に書くのが難しそうで、個人のカードに書くのとはやはり違うのかもしれないという印象』を谷合先生は持ち、最終的には以下のようにこの「しかけ」を評価している。『大報告書に関しては、共有できるといった点ではよかったと思っている。しかし、（中略）思ったことを書くということが意外に難しく、個人カードには書けるが、みんなが見る大報告書の場合は言葉を選んでしまう、ということがあったように思う。子どもたちの内面の声を聞こうと思ったら、個人カードの方がよいのかもしれないし、やる気を出させるのであれば大報告書のようなかたちでもよいかもしれないので、どちらがよいということはいえないと思った』。

○研究計画書

単元が進行するプロセスで子どもたちの活動が拡散しがちになり、「理科教育として何を学ばせるのか」が「重要ポイント」であることを谷合先生があらためて痛感したことで、子どもたちに学びの見通しを持たせるための「しかけ」として「研究計画書」が導入されることになった。その意味でこれは授業の再デザインによって具体化した「しかけ」だといえるだろう。

「研究計画書」とは、子どもたちに対して、研究目的、研究対象、研究方法を明確化させ、研究結果を予想させるツールであり、子どもたちの研究活動の単位である「班」ごとに話しあわせて提出させるものである。具体的には『今後の活動予定時間である八時間の中で、自分たちが調べる対象や方法をはっきりとさせるようにすること』がねらいであったが、実際の授業展開では、『各班とも相談しながらとりあえず計画書は書いてくるのだが、研究の目的や方法などが曖昧な点が多かったり、研究結果の予想が書かれていなかったりしたので、ちょっと厳しすぎるかなと思いつつも、その都度具体的に突っ込みを入れて、再度考えさせることが多くなってしまった』という。

○研究所最終報告会・紙芝居作り・絵本作り

「学習のまとめ」を他者に伝えることによって、学んだことを噛み砕く必要性が生じ、『その活動を通して学んだことが実感されるだろうし、やっと疑問などが書けるようになった子どもたちにとっても、自分が書いたことが活かされるので、やりがいが出るだろう』と考えて、「最後のまとめ」のための「しかけ」として「絵本作り」「紙芝居作り」が提案され、「研究所最終報告会」という場に向けて実践が展開されていく。

○「大地なんでも研究所」

夏期集中研究会[10]で、他の先生に「この単元は興味を持たせるのが難しい」「本物に触れることができないので面白くない」などと言われる中、谷合先生は『大地のおいたち』というビデオを研究部会メンバーと一緒に見ることによって、火山灰に含まれている鉱物の洗い出しが「まるで地質学者」を思わせる活動で面白そうだというインスピレーションを得た。そこで、「子どもたちの気持ちをあおるために」クラスを「大地なんでも研究所」と命名し、谷合先生自身を「所長」、子どもたちを「所員」に見立てて単元を進めていくことや、カードを研究所の報告書として位置づけるという構想が発表された。

所長、所員という「役割」の設定や、地層のサンプル、フィルムケース（日付、場所のシール）、デジカメ、顕微鏡といった「小道具」、実地調査や採集したサンプルを洗うといった「活動」、大報告書、最終報告会というような「他のしかけ」と連動しながら、「大地なんでも研究所」という「大じかけ」は、「本物っぽさ」（オーセンティック性）と「謎解きの文脈」によって子どもたちをその気にさせていく。(11)

■「しかけ」の二つの水準：「ツールレベル」と「場レベル」

「大地なんでも研究所」の例からわかるように、一つの単元においては「しかけ」同士が互いに独立して存在しているわけではない。教師のねがいを中心とした授業デザインを背景にした単元構想を拠り所として、相互に結びついているのである。

また、これらの「しかけ」は同列に並んでいるわけでもないことがわかる。少なくとも「ツールレベル」と「場（環境）レベル」の二つの水準に区別できそうだ。例えば、「大地なんでも研究所」は単元を通しての場の設定であるが、研究所最終報告会はある特定の時間に設定された場の例である。そこには、紙芝居、絵本、新聞といった「ツールレベル」のしかけが用意されている。授業の場が「大地なんでも研究所」として設定されることで、学びの文脈が生まれ、「大報告書」などの「ツールレベル」の「しかけ」が活き活きと働くことになるという構造（システム）になっているのである。

ここで忘れてはいけない点は、これらの「しかけ」の背景として、単元や教科という枠組みを超えた、学級経営や学ぶ場づくりという観点からの谷合先生の「ねがい」が存在しているということである。すなわち、谷合先生は『雰囲気づくり』『当たり前のことが当たり前となるようにしたい』『できる子とそうでない子とのつながりを持たせたい』と考えており、このような「学級風土づくり」の土台の上に、「大地なんでも研究所」の協同的な学びは成立していたのである。

■「しかけ」の働き

「ツールレベル」であれ「場レベル」であれ、「しかけ」には共通する以下の三つの働きがありそうだ。(12)

①学びを刺激する

例えば、「大地なんでも研究所」という設定によって、研究所員としての活動に子どもたちが前向きに取り組むようになるというように、「しかけ」には学習者の学ぼうとする気持ちを喚起して、学習活動を動機づけていく機能がある。

②学びをガイドする

例えば、子どもたちの「研究計画書」への取り組みによって、その後の学びの内容やアプローチの仕方などの明確化が促されたように、「しかけ」には学びの道筋を学習者に自覚化させ、方向づけていく機能がある。

③学びを可視化する

例えば、「大報告書」という「しかけ」によって、子どもたちが自主的に付箋紙を貼ったり、報告書に貼られたことを互いに読みあったりしている姿が報告されている。このように、学習者がこれまでに何をして、何がわかり、これから何をやるべきなのかという具体的な内容が「しかけ」によって可視化される。「しかけ」とは、これまでの学びを振り返り、これからの学びを見通すことを協同的に可能にするツールなのである。

一般的にいって、ともすると音声的な言語コミュニケーション（しかも、一方通行的な言葉による伝達）だけに陥りがちの「授業」ではあるが、以上のことから示されるように、「しかけ」は子どもたち自身の五感を通じて学びに誘う働きを持っており、授業改善の「切り札」となる可能性を秘めたシステムとして再認識する必要があると私は感じている。(13)

［注］

（1）藤沢市立大清水小学校教諭（当時：二〇〇七年度）

（2）谷合弘州「大地を見つめろ！――小学校6年理科」『教育実践臨床研究・仲間と共に授業から学ぶ』藤沢市教育文化センター、二〇〇七年、五一-九四頁

（3）子どもたちの発見や疑問が書かれた付箋紙が貼られた模造紙。和田武彦先生（藤沢市新林小学校教諭、当時：二〇〇七年度）のアイデア。

（4）例えば、D・A・ノーマン『人を賢くする道具』新曜社、一九九六年を参照されたい。

（5）藤沢市立六会中学校教諭（当時：二〇〇三年度）

（6）今村透「子どもの思いを形にする――中学校1年美術科」『教育実践臨床研究・授業の中で起きていることを確かめる』藤沢市教育文化センター、二〇〇三年、一三一-六八頁

（7）鹿毛雅治『子どもの姿に学ぶ教師――「学ぶ意欲」と「教育的瞬間」』教育出版、二〇〇七年、一五二頁

（8）藤岡完治『関わることへの意志――教育の根源』国土社、二〇〇〇年、四八頁

（9）藤沢市教育文化センター教育実践臨床研究部会のこと。詳しくは、5章注8参照。

（10）藤沢市教育文化センター教育実践臨床研究部会の年中行事の一つで、夏季期間に数日間にわたり集中的に開催される研究会。研究員、研究員OB、部会担当者が参加する。

（11）単元の最後に谷合先生が「研究所を閉めます」と宣言すると、「え～、なんで～」「まだ調べたいことあるの

に〜」という声とともに、「じゃあ、退職金ちょうだ〜い」という声が混じったという。それに対して、「今回の経験が退職金なんじゃないの?」という男子の発言に、谷合先生はうれしさと満足感を感じたという。何とも微笑ましいエピソードであるが、「大地なんでも研究所」という「大じかけ」の勝利ともいえるひとコマではないだろうか。

(12) すべての「しかけ」が、ここでいう三つの働きのすべてを同等に備えているわけではない。それぞれの「しかけ」によって「得意分野」が異なっているのだといえるだろう。

(13) ただし、「しかけ」が授業展開の中で必ずしも予想通りに機能するとは限らないという点も自覚する必要がある。「はずしたかな?」という場合も多いだろうし、「研究計画書」の例のように、「しかけ」がよりよく機能するためには、授業展開の中での教師による「教育的かかわり」が不可欠な場合がほとんどである。

8 「教材研究」とは何か

「教材」はあらかじめ定められているものであって、教師はそれらをこなしていけば授業が成立する。教育界では、このような考え方が一般的とまではいわないまでも、多くの人がそう考えているのではないかと思うことがある。教材が含まれている「単元パッケージ」のようなものがすでに開発されていて、教師はそのユーザーとしてそれを効率的に使っていけば「よい授業」が展開できるという考え方である[1]。

「算数」で考えるとわかりやすい。教科書をなぞるように授業を展開し、「公式」のような「答え」を提示して理解させ、あとはドリルで反復練習させるといった単元の流れさえイメージできれば、比較的容易に授業を成立させることができると思われがちである。

しかし、それは幻想であろう。例えば、「教科書をなぞる」と表現したが、そのやり方でさえも実際には必ずしも一つではない。教科書を読み上げる教師の行為ひとつとっても、実は多種多様であるに違いない。そして、その多種多様さはその教師の個性や、その授業を受けている目の前の子どもたちの反応などの「授業の固有性」に依存して、ダイナミックに生じる現象であるはずだ。そもそも授業とは、プログラムされたパッケージの実行などではなく、教師は教材の単なるユーザーでもないのである。もし、授業が所与の教材をこなす営みだと考えているならば、授業という営みの奥深さに思い至っていないだけなのである。

「こなす授業観」を乗り越えていくためのキーワードは「教材研究」である。古島そのえ先生[2]による一連の取り組み[3]は、教師が主体的に教材研究に挑み、自らが「ブレイクスルー」していく姿を描き出している。それは「こなす授業観」を否定する活きたストーリーにほかならない。本章では、古島実践を通して「教材研究とは何か」について考えを深めていきたい。

「教材研究」の意味をめぐって

そもそも「教材研究」とは何だろうか。授業づくりに関連した用語としてこれほどまでに一般化しているにもかかわらず、その意味については意外とあいまいな理解しかされていないというのが実態ではなかろうか。

ちなみに、いくつかの教育学の文献[4]にあたってみると、およそ以下のようなことが書かれている。

教材研究とは「授業を行うことを前提として授業で取り上げる素材を吟味・検討する教師の活動」[5]であり、そこには「教材選択」、「教材解釈」、「教材構成」という三つの営みが含まれている。教材選択とは、教材（何で学ぶか）[6]を選ぶことであるが、それは同時に、教育内容（教材を通して何が学ばれるか）、教育目標（何のために学ぶのか）を選び取ることでもある。また、教材解釈とは、教材を教育的な視座から意味づけることであり[7]、教材構成とは、複数の教材を一定の順序で配列したり、有機的に結びつけたり、整理して配置することを指す。[8]このように教材研究という言葉を、教材を選び、意味づけ、整える営みと捉えるなら、それは（きちんと自覚的に行っているかどうかは別として）「授業をする」という教師の日常的な実践の一部としてすでに組み込まれている仕事だということがわかる。

ただ、教材研究に関する教育学の過去の論考を今回あらためて読んでみて、十分に検討されていないと強く感じた点が二つある。

一つは、教材研究の「主体」が教師であることの重要性が必ずしも十分に論じられていないという点である。もし、教材を研究するという営みの主語が教師であることの意義を強調しなければ、冒頭に述べたように、授業の当事者であるはずの教師と子どもが匿名化された「単元パッケージ」が非当事者によって開発され、それをこなすような授業が「よい授業」とされてしまうのではないかという危惧を感じたのである。

もう一つは、教材や教育内容が教科目標に従属することが自明であるかのように論じられており、教科を超えた子どもの学びや成長、そこに当事者として立ち会う教師の個性的な「ねがい」が反映されるプロセスとして、教材研究がきちんと意義づけられていないという点であった。[9]

そもそも「解釈」とは、解釈する主体が素材に「蔵《かく》されているものを引き出す」ことであり、その成果が解釈する主体のあり方と不可分であることから「必ず個性的なものであり、それ自体がひとつの創造に近いもの」だといえる。[10] この「解釈」の解釈をめぐる教材研究とその「主体」の関連を整理する上で参考になるのが、「ある教材観」と「なる教材観」の対比である。[11] すなわち、「ある教材観」とは「教材は実際に展開される授業とは独立に教材としてある」（静的な教材観）という考え方であるのに対し、「なる教材観」とは、「素材が授業者の解釈によって授業のために生かされるもの＝教材となる」（動的な教材観）[12] という考え方である。「なる教材観」に立ってこそ、具体的な授業づくりをする主語としての教師の存在が明確化するのではないだろうか。[13]

また、教材研究の主体を教師として位置づけた際、目の前の子どもたちに対して教師がどのような教育的な「ねがい」を持っているかという点も無視することはできない。教師としての私が、この目の前の子どもたちに対して、その授業づくりをするために、この教材を研究するというように、教材研究とはきわめて個別具体的な営みだからである。

以上のことから、教材研究とは、教師が特定の単元づくりや授業づくりを念頭に置きながら、無数に存在する素材の中から特定の事象を教材（群）として選び出し、「文化的価値」のみならず、目の前にいる子どもたちの「人としての成長」やそれに立ち会う一人の教師としての「ねがい」といった教育的な視座から、それ（ら）を統合的に意味づけつつ、明確化、具体化していく営み（＝素材の教材化）なのだといえよう[14]。

古島実践から「教材研究」を学ぶ

古島先生の実践報告[15]は、教師がまさに正面から算数の「教材研究」に挑んだ過程として読み解くことが可能である。以下では、一年間にわたる古島実践を時間的推移に従って辿ってみよう（以下、『　』内は注15文献からの引用である）。

■研究部会での「所信表明」[16]

古島先生は『算数の授業での子どもたちの反応に、どうもしっくりこない感じ』を抱いており、その原因として、①『教科書とドリルを使って問題をこなしていくことが中心になってしまっていること』、②『得意な子と苦手意識を持っている子の二極化』『塾などで先に進んでいる子が先回りして発言することで、なぜそうなるのかというような、じっくり考える場面がうまくいっていない』ことを挙げている。このような「教師としての違和感」を背景として、『考えて、納得するという実感がある学習ができれば、子どもたちも私も算数の授業が楽しくなるかな…』という漠然とした思い（いわば「ねがい」の原型となるもの）を抱くことが、一連の授業実践研究の出発点になっている。

■「がい数で計算しよう」

五月中旬の授業で古島先生は、がい数を使う意味を考えさせるという「本時目標」を意識していたにもかかわらず、「がい数で求める！」という「先回り」するような発言が子どもから発せられてしまったことに戸惑い、『仕方なく、がい数の意味を考えることをやめに』してしまう。

その授業のリフレクションを通して、『めげずにもっと問題について子どもたちと話しあう場面をつくって、がい数を使うよさについて考えさせればよかった』『そもそも問題に対しての子どもたちの反応があまり予測できていなくて、準備不足』と綴っている。また、『子どもたちは何を経験したのだろう？』というプロンプター[17]（鹿毛）からの問いかけに対して、『授業の途中から、二桁のがい数の近似値というよりも、桁数の多いかけ算の学習になってしまった』『本時でやりたいと思っていた、がい数を使う意味は、子どもたちには伝わらなかっただろう』と思ったという。

また、この日の授業の報告と「ねがい」について表明した五月末の研究部会では、『自分が事前に考えていたことと、授業の中で子どもたちが実際に経験していることが一致していなかったことに気づいた』『どの子も考えてできたという嬉しさを味わわせたい』と話すとともに、部会研究員ＯＢの本間一弘先生[18]の発言（『塾組は、答えられるけど説明ができないから、意味がわかっているとは限らない』）などから『「説明できること」がキーワードになりそうだと感じた』という。

違和感があった「塾組」の反応に対して、授業づくりの観点から向かいあうことで、古島先生の「ねがい」がより明確になり、「学習者の実態」と「ねがい」を基盤とした授業づくり、とりわけ「子どもの自分の言葉による説明」を大切にした教材研究がスタートすることになる。

■「単位量あたりの大きさ」

六月下旬の研究部会における指導案検討の場では、「平均の求め方」の授業で「なぜそういう式を立てると平均が求められるのかを子どもたちに投げかけてみた」ところ、「子どもたちがいろいろ説明しようと言葉を選んだり、考え込んだりしている姿」や「友だちの発言にうなずいたり、感心したりしながら聞いている様子」が見られてとてもうれしかったという話を紹介した。

そして、「ちょっとしたこちらの投げかけの違いで、子どもたちの活動に大きな違いが出た」ことから、「次の単元（「単位量あたりの大きさ」）でも、子どもたちが考えて、自分の言葉で説明しようとする場面を大事にしたい」と話した。「説明させる」という明確化された目標に基づく働きかけを実践したことの手ごたえによって、古島先生は確信を持って自らのねがいを確かめていったのである。

当初、この単元では「異なった二つの面積の混み具合を比べる活動を通して、その根拠を説明するところを大切にしたい」と漠然と考えていたようなのだが、「紙の上に人が乗って比べる」など研究部会メンバーからのアイデアや、「物理的に確かめることが大事」という部会研究員OBの中村浩先生[19]の発言を踏まえ、『混み具合を計算だけでなく自分の身体で実感することで、感じたことの根拠を算数の言葉で説明できるような授業がしたい』という考えに至ったという。研究部会のメンバーが授業者である古島先生のねがいに共感しつつ、「単位量あたりの大きさ」という教育内容を教材化するためのヒントを自分たちの経験に即しながら出しあうことに刺激されて、古島先生の「教材を前提とした授業構想」が明確化していったのである。

その結果、七月初めに行われた本単元一時間目の授業では、教材として「隣の空き教室の床にビニールテープで仕切られた三つの「風呂」（八ヶ岳温泉3㎡15人、日光温泉3㎡12人、辻堂温泉2㎡12人）」が準備された。実際に子どもたちが体験した宿泊学習のお風呂という題材を用いて、面積も人数も異なる状況を設定したのである。この教材を用いて、ローテーションで三つの

「風呂」に入ってみるという体験活動をさせた上で、「入って感じた混み具合を、算数で今まで習ったことを使って説明しよう」という投げかけをするという授業構想であった。

この授業を展開した結果、子どもたちから「一人あたりの面積を計算で出す」「1㎡あたりの人数を計算で出す」「公倍数を使って面積と人数をそろえて計算する」の三つのやり方が出されたのだが、その当日に行われたリフレクションでは、『終了時間が気になって私が説明してしまっていたり、「黒板に書いて説明しようか」と聞いてきたのに席で話させたり』『子どもたちが説明できる場面がたくさんあったのに、自分が意識できておらず活かせなかった』と古島先生は悔やんでいる。

また、本単元二時間目では、『友だちの言葉を覚えていてそれを使って説明する子』『公倍数を使ったやり方で説明した子に対して、聞いている子どもたちから驚きや尊敬のどよめき』などが見られ、先生自身がうれしさを感じる一方で、『子どもたちはすごくいいことを言っているのに、私がそれを拾いきれていなかった』という『拾いきれないもどかしさ』を報告している。

以上から明確に読み取れることは、古島先生が「子どもの自分の言葉による説明」という自らのねがいを背景とした「目標」に自ずと焦点化して授業を振り返るようになってきているという点である。また、(次時では)『発言する子がかたよってきたように感じるので、くじで指していくことにした』というように、「目標」の実現に向けて、振り返りを教授方略の明確化というかたちで活かしている。

　古島先生の教材研究がとんとん拍子に進んでばかりいたわけではない。子どもたちの予想外の反応に戸惑い、意に反して「教え込み」をしてしまうという体験もした。

　本単元三時間目では、「大阪市221㎢260万人、ニューヨーク市786㎢801万人の混み具合を比べる」という課題（＝教材）を提示したのだが、その授業展開において、『㎢を㎡に直して計算しようとして、1㎢を1000㎡にと混乱している子』がいたり、『一万人あたりの混み具合を比べたやり方』をしている子どもがいたりするなど、想定外の彼らの反応に焦ってしまう。しかも、時間が足りなくなってきた。そこで古島先生は『人口密度をおさえなければと思い、「1㎢は1000000㎡」と教え、「人口÷面積（㎢）が人口密度を出すやり方として使われている」と、強引に説明してしまった』のである。さらにその後、例題に取り組ませる際に子どもから「1㎢が1000000㎡というのがわからない」という声が聞こえてきて、丁寧に理解させずに結果だけを教え込んでしまったことが露呈してしまうという始末であった。

　教師であれば誰でも「予想外の子どもの反応に焦る」という体験をするのではないかと思うが、これは「課題に対する子どもの反応を想像すること」の欠如によって生じるものである。上に示したエピソードは、教材と出あうことによってひき起こされる子どもたちの反応のバリエーションを十分に考え尽くさなかったという教材研究不足が、授業展開上の悪循環を生んでしまう典型例だといえるかもしれない。

■「分数÷整数の計算」

八月はじめの夏期集中研究会では、部会研究員ＯＢ広瀬孝先生[20]による「無言算数劇場」[21]を観て、『同じことでもいかにおもしろくできるか、それには目の前の子どもたちとその教材で何を身につけさせるのか』という「教材研究」が大事だということをあらためて実感し、『分数やかけ算わり算について、どういう理解の仕方があるか、調べてみるところから始めようと思った』という。

一〇月中旬に行われた第二時間目では、前時に扱った「$\frac{2}{3}\div 2$」という課題に対して、分子が割り切れない「$\frac{3}{5}\div 2$」を扱った。分子に注目し「$3\div 2=1.5$なので$\frac{1.5}{5}$になる」という意見が出て、それをもとに「分子も分母も2倍にして$\frac{6}{10}$だ」という説明や、「小数に直して、$3\div 5=0.6$, $0.6\div 2=0.3$, $0.3=\frac{3}{10}$」という説明など多様な考えが子どもたちの言葉によって表現された。その様子を古島先生は『友だちの考えを受けながら、我も我もと自分の考えを説明し、聞いている子たちも納得していて、それぞれすごいと思った』と表現している。一方で、割る数の分母と分子を入れ替えてかけ算する公式通りのやり方を示した子たちがうまく説明できない様子も見られていた。

第三時間目では、ヒロシが2で割り切れるように分母と分子の大きさをそろえ、「$\frac{3}{5}=\frac{6}{10}$・$\frac{6}{10}$

÷2＝$\frac{3}{10}$」と説明し、古島先生は子どもたちとともに感動したと記している。さらに、小数でも割り切れない分数ではどうかと古島先生が「$\frac{4}{5}$÷3」を提示すると、ヒロシは「割られる数と割る数にどちらも3をかけてからわり算すれば$\frac{4}{15}$になる」（$\frac{4}{5}$＝$\frac{12}{15}$，$\frac{12}{15}$÷3＝$\frac{4}{15}$）と説明した。『いつも理解はしているがなかなか進んで発言することのないヒロシが、ゆっくりとみんなにわかるように説明する姿』を見て、これにも古島先生は感動したと記している。

　以上の教室での様子には、子どもたちがすでに持っている知識をフルに活用しながら、「自分の考えを言葉で説明する」ために古島先生が行った教材研究の成果が現れてきているように思う。特にヒロシに対して即興で新たな課題（分母が割り切れない計算）を提示し、彼から説明を引き出すプロセスにそれが典型的に現れている。また、教材研究と授業づくりが、「子どもたちの進んで説明しようとする意欲」と「教師の感動」の相互作用的なプロセスであることを見事に示している。

　圧巻なのが、「拓也の涙」をめぐるドラマである（5章参照）。真剣に説明しようとする拓也に対する健と雅人の「わかんね～」というやじ。前時では撃沈したが、拓也から説明のバトンタッチを受けてわかりやすい説明ができた慎吾。みんなの「わかった」という声と拍手。「やり方を考えて説明するという教科書にも載っていないこの学習の意義」を話した上で健と雅人の態度を「一生懸命説明している人に失礼。やる気をなくす。結果として人が勉強するチャンスを奪っている！」と強い口調で指導する古島先生。シーンとする子どもたち。拓也のほっとしたような涙。授業後に、自然と拓也の周りに集まる子どもたち。拓也に素直に謝る健と雅人。[22]

このエピソードは、算数という教科が教師のねがいを通じて人を育む実践にもなりうるという事実を如実に示しており、その意味でわれわれに大きな感銘を与えるのである。

■「立体のかさの表し方を考えよう」

一二月初旬に行われた本単元の第一・二時間目では、以下の教材を使って授業が展開された。[23]

①紙で包んだ直方体二つ（牛乳パックで組み立てられている）：包み紙をとると牛乳パックの数によってどちらが大きいかが確かめられる。

②直方体ア（4㎝×4㎝×3㎝）、立方体イ（4㎝×4㎝×4㎝）、直方体ウ（4㎝×5㎝×3㎝）：人数分。イとウはすぐにはどちらが大きいかわからない。

③1㎤の積み木一〇〇個セット：人数分。イとウをつくって比べる。

第一時間目の終了間際の（積み木での活動を）「もっとやりたい」という子どもの声に対し、古島先生自身の「気が済むまで触らせたい」という思いもあったため、休み時間をはさんで引き続き次の時間もこの活動を続けることにした。そして次時（第二時間目）のはじめに、1㎤の定義を確認するとともに、1㎤の積み木一二個でいろいろな形の立方体をつくらせ、同じ12㎤の直方体でもいろいろな形ができることを確かめた。

以上の教材とそれを用いた授業展開は、教師が教材を通した学習活動を授業展開中の子どもの姿に即して見取り、次時の展開を柔軟に創り出していくプロセスとして解釈することができる。古島先生は、量の基本としての1㎤の概念と、同じ体積でもいろいろな形がありうるということを体験的に理解させるために、子どもたちの姿を把握しつつ、あえてもう一時間、時間を継ぎ足したのである。この古島先生の判断は、まさに教材研究に裏付けられている。このようなとっさの判断が教育的に妥当だといえるかどうかは、教師による教材研究の質にかかっているのだといえよう。

さらに着目すべきことは、この一連の授業についてのリフレクションである。古島先生は、手先の器用さによって個人差があったため、一時間増やして1㎤の量感に十分触れさせたいと考えたが、『子どもたちにそのことを強調して伝えていなかったので、何のためにやっていたのかわからなかった子もいたかもしれない』と振り返っている。そこから『次時は、子どもたちのつくった立体の写真をノートの体積のメモの横に貼らせて、活動の意味を再確認することにした』という。リフレクションを基盤として新たな教材(写真とノートの組み合わせ)を柔軟に創り出す教師の姿をここに見いだすことができる。

一二月初旬には数日後に迫った授業研究セミナー(24)の指導案検討のために研究部会のメンバーが自主参加で集まってくれた。その場で、『「自分なりに筋道を立てて考えていく力を育てたい」というねがいのもとに、「複合図形の体積を求める過程で、いろいろなやり方を考え、それぞれのやり方について理由を示すことができるようにさせたい」』という本時の教育内容について話した。このような明確な語りは、これまでの単元開発とリフレクションの繰り返しによって教材研究が深まってきたことを反映している。

さらに、メンバーとのやり取りの中で古島先生の授業イメージが明確化していく。「なぜ一つのやり方ではいけないのか」という質問に対して『いくつかの求め方がある複合図形を使って、いろいろな考えの道筋を子どもたちに体験させて、筋道を立てて考える力を育てたい』、本時では『複合図形の求め方を、一つくらいはすぐ見つけられる子たちに、それで終わりにしないで、もっとやってみようと思わせて考えさせたい』と答え、七通りの考え方ができる形にすることに決め、あわせてヒントカード、模型、相談カードを用意することが固まってきた。そして、『私自身の課題としては「子どもたちから出された意見を出しっぱなしにしないで、授業の中で子どもたちと練ることができるようになりたい」』という本時に向きあう教師のスタンスも見えてきたのである。

セミナーに向けた授業準備では、『できあがった指導案をもとに、子どもたちの顔を思い浮かべながら頭の中でシミュレーション』し、『初めて子どもたちは複合図形に出あうのだから、理解しやすいように模型を準備』した。また、『複合図形から直方体をイメージして考えられるように、はじめは直方体に見えるように複合図形を子どもたちに見せることはできないかと考え、軍手をはめて一見直方体に見えるように回転させながら子どもたちに見せることにした』という。まさに、ここには教材研究の成果が「教師の頭の中での営み」として端的に表現されている。

結果として、授業研究セミナーのために以下のような教材が開発された。これらは古島先生が教材を通して実現したいこと、すなわち『複合図形の体積を求める過程で、いろいろなやり方を考え、それぞれのやり方について理由を示すことができるようにさせたい』という思いの具現化であった。

①複合図形の模型：全員分。子どもの実態を踏まえつつ「量感をつかんでほしい」というねがいを背景として開発㉕。
②ワークシート：複合図形の見取り図や一枚で三通りの式が書ける形式。「この形の体積を求める道は一つじゃない。君はちがう道も見つけられるかな？」という吹き出し付き。
③ヒントカード：辺の長さを示したカード。図に補助線を引いたカードを数種類。つまずきが予想されたため準備した。

④ヒントボックス：複合図形をいくつかの方法で直方体に分解した模型。

この日の授業展開の質の高さは、授業展開中の子どもの姿、とりわけ教材と子どもがかかわっている様子について、古島先生がそのときの教師の思考とともにきちんとリフレクションされているという点に見事に表れている。教材を提示したときの手ごたえ、一人ひとりの学習活動への取り組み、子どもの姿に応じた指名の仕方など、そこには鮮やかに授業中の教師の思考とそれに応じた振る舞いが研究部会の紀要(26)に綴られているのである。このように活き活きと授業展開の様子を表現できることこそ、古島先生が誠実に教材研究、ひいては授業実践研究に取り組まれてきたことの証なのではないだろうか。

「教材研究の主語が教師」ということ

古島先生の実践報告には、「教師が教材研究の主語になること」によって、教材を媒介とした子どもと教師、さらには子ども同士のかかわりの質が発展的に転換し、子どもの学びだけではなく、相乗効果のように教師の学びも豊かになっていく様子が描かれていたように思う。以下では、本章のまとめとして古島実践に学ぶべきことを挙げていきたい。

■「授業づくりのサイクル」に埋め込まれた営みとしての教材研究

まず、教材研究はそれだけが孤立した営みなのではなく、授業づくりのサイクルに埋め込まれた活動であることがわかる。

授業づくりは、授業の構想、授業の展開、授業の省察という三つのフェイズから成る大まかなサイクルとして捉えることができる（序章参照）が、まず、授業の構想において、教育内容だけではなく、教師のねがいや子どもの実態を反映させながら、教育方法を具体化しつつ、教材研究が深められていくことがわかった。また、授業の展開においては、単に教材研究の成果をそのまま計画通りに実行するのではなく、現在進行形の子どもたちの学習活動の「見取り」に応じて柔軟に教材を扱ったり、即興的に教材が創り出されて提示されたりすること（例えば、上述のヒロシに向けた分数問題の提示など）も明らかになった[27]。何よりも教材研究を深めることによって「計画に縛られる授業」から教師が自由になり、授業時の子どもの姿が見えるようになるのである。さらに、授業の省察においては、単元や本時のねがいや目標が明確化するほど、教材を通した子どもの学びという観点から授業をリフレクションすることが可能になり、それが次時以降の授業の見通しを明確化することにつながっていくことがわかった。

教材研究は授業づくりの「段階」として存在しているわけではない。また、教育内容のみを分析する独立した仕事として存在しているわけでもない。それは「教師が授業をする」という複雑な専門的営為の重要な要素として、常にスタンバイし、必要に応じて発動するようなダイナミックな探究なのである。

■子どもとの喜びと感動に彩られた教材研究

子どもが「自分なりの言葉で説明できる」ようになっていくプロセスは、子どもたち自身にとっての喜びであるとともに、それが教師である古島先生にとっての喜びでもあった。また、子どもが努力して達成する瞬間や子ども同士が協同的に学んでいく姿に教師は子どもたちとともに感動を分かちあった。教材研究が、このような授業という場でこそ体験される喜びや感動を生み、またそれが教師の教材研究へのやる気へとつながっていくようなサイクルが、教材研究の質を高めていくのである。

■教師の「ブレイクスルー」としての教材研究

率直な印象だが、古島先生はこの一年にわたる授業実践研究によって、格段に教師としての腕前を磨かれたのではないかと思う。大変おこがましい表現かもしれないが、古島先生の複数の授業を数年間にわたって参観してきた者の一人として、心からそう思う。

「教材研究」と向きあう授業実践研究によって、古島先生は「ブレイクスルー」したのだと思う。彼女の実践報告は、困難な状況に向きあい、試行錯誤しながら突破していくような、教師が成長していくドラマとして読むことができる。そこには、悩みと苦しみがあり、停滞が続き、八方ふさがりな状況もあったかもしれない。

しかし、一方でそこには古島先生の誠実でひたむきな態度に応えてくれる子どもたちがいて、彼ら自身が学ぶ姿を見せることで先生の努力に報いてくれた。また、古島先生のねがいを共感的に理解しようとし、自らの経験を振り返りながら対話しようとする研究部会の担当者と仲間たちがいた。そのような他者とのかかわりを通して、暗闇にかすかな光を見いだし、それを辿って新たな地平へと立つような、涙あり笑いありの喜びと感動に満ちた古島先生のドラマは、教師ならではの学びと成長のプロセスそのものだった(28)のではないだろうか。「教師冥利に尽きる」とはこのような体験のことなのかもしれない。

［注］

(1) この点に関連する論考としては、「作業としての授業観」を「実践としての授業観」と対比して論じた以下の文献を参照されたい。鹿毛雅治「授業研究再考」田中克佳編著『「教育」を問う教育学』慶應義塾大学出版会、二〇〇六年

(2) 藤沢市立辻堂小学校教諭（当時：二〇〇七年度）

(3) 藤沢市教育文化センター教育実践臨床研究部会における実践研究。同部会については、5章注8参照。

(4)柴田義松「教材研究の課題」吉田昇・長尾十三二・柴田義松編『授業と教材研究　教育学(6)』有斐閣、一九八〇年、一–二五頁、中内敏夫『新版　教材と教具の理論』あゆみ出版、一九九〇年、藤岡信勝『授業づくりの発想』日本標準、一九八九年、児島邦弘「授業方略と授業の形態」東洋・中島章夫監修『授業技術講座・基礎技術編・1　授業をつくる〈授業設計〉』ぎょうせい、一九八八年、七七–一〇九頁などを参考にした。

(5)藤岡信勝「教材研究」『新版　現代学校教育大事典』ぎょうせい、二〇〇二年、三五八–三五九頁

(6)「教材」については例えば以下のような定義がある。「教育活動において、一定の教育目的に従って選ばれた教育内容を学習者に教える際の材料となるもの」(安彦忠彦「教材」『新版　現代学校教育大事典』ぎょうせい、二〇〇二年、三五四–三五六頁)、「大人と子どもあるいは子どもと子どもとがつくりだしている教育関係のなかに登場し、教育の媒介となるすべての文化財」(中内敏夫『新版　教材と教具の理論』あゆみ出版、一九九〇年、二四頁)。「教材とは何か」という点についてもさまざまな議論があるが、ここでは深く立ち入らない。

(7)教師による過度に恣意的な解釈を避けるという意図に基づいて、「客観性」「一般性」「共通性」をより重視した「教材分析」という言い方もある。

(8)ここで留意すべき点は、これらの三つが「段階」であるというよりも、行きつ戻りつしながら展開される相互作用的な営みであるということである。また、その過程で教材自体が創り出されることを「教材開発」ということである。なお、教材研究のあり方として「教育目標、教育内容から教材へ」あるいはそれとは逆に「教材から教育内容、教育目標へ」というような段階を仮定する論調が見受けられるが、古島実践を見れば明らかなように、授業づくりのプロセスに組み込まれた教師による教材研究をこのような段階として捉えることは、現実に即していない。

(9)おそらく「六〇年代を通じて顕在化した『教育と生活の結合』論と『教育と科学の結合』(『現代化』)論との対立の構図」(田中耕治「戦後授業研究史覚え書き」、『学びのための授業論』勁草書房、一九九四年、二〇頁)の強い影響を受け、カリキュラム研究や授業研究が「教育内容＝教科内容」であることを前提として教材研究を概念化してきたことと無縁ではない。そのため、「文化的価値」のみが教材の選択基準であることが自明

視されているのであろう。ただ、今日ではOECDが提唱する「キー・コンピテンシー」に代表されるような、より汎用的で心理的かつ社会的な能力が教科学習を通じて培われることが期待されるようになってきたという教育界の動向もあり、教材の教育的価値には、文化的価値のみならず、個々の学習者の発達的価値なども含まれるという前提で議論していく必要がある（前掲書注4の柴田は、教育内容の選択基準としての発達的価値についてふれてはいるが、それが教材研究という営み全体にどう反映されるのかという点については十分に論じていない）。授業研究における教育目標、教育内容、教材の「再定義」が必須の研究課題になっているのだといえよう。

(10) 横須賀薫「授業の展開とその技法」『講座日本の学力12』日本標準、一九七九年、一一七－一一九頁。横須賀は、演劇を例として挙げ、教材と授業の関係を脚本と上演の関係として対応づけ、教師を演出家のようなものであると論じている。すなわち、脚本と上演をつなぐ「演出」を支えるものが演出家の脚本に対する解釈であり、その意味で演出は一つの創造であり、解釈のない演出など考えられない。それと同じように「同じ教材であっても、個々の授業展開がさまざまに変わるのは、そこに教師の教材解釈があるから」だというのである。

(11) 中村敏弘「教材の開発と授業」『講座日本の学力12』日本標準、一九七九年、二二四－二二七頁

(12) 前掲書注11、二二六－二二七頁。正確には、中村は近藤幹夫（『音楽指導の技術――イメージ・表現の追求』国土社、一九七八年、一四二頁）を次のように引用しながら述べている（『 』内が引用部）：「動的な教材観では『文化的素材は、アプリオリに教材としての価値をもつものではなく、授業者の鮮烈な『解釈』によってはじめて、授業のために生かされるもの＝教材となる』と考えるので、「なる教材観」ということができます。」

(13) 「何を教えるか」は学習指導要領と教科書によって定められていて、教師が工夫できるのはせめて「いかに教えるか」だと言われることがある。確かに、教材選択という観点から考えると、このような考えは真実の一面を表しているが、実際に教室で子どもたちが何を学び取るかという視点から考えると、たとえ「教科書を教える授業」であっても、教科書の内容のうち、具体的に何をどのように扱うかは実質的に教師の選択、判断に依存しているというのが実情であろう。その意味からいえば、教科書はあくまでも素材であり、それが教師に

よる教材研究によってはじめて教材になるのであって、「何を教えるか」の決定は教師に委ねられているともいえるのである。

(14) この点に関連して、斎藤喜博は以下のように述べている（前掲書注4柴田文献より）：「授業者である教師は、いつでも授業をするために教材と対面したとき、たんに大人としての一般的解釈をするだけでなく、子どもや授業の展開を念頭に置きながら、意識的に明確に問題をつくり出し、その問題について、自分で納得いくまでさまざまに考え、自分の主張である独自な解釈をはっきりと持つことが必要である」（斎藤喜博『教育現場ノート』）。

(15) 古島そのえ「見えることからの授業の再構築――小学校6年算数科」『教育実践臨床研究・授業研究と教師の成長を結ぶ』藤沢市教育文化センター、二〇〇九年、六一-九八頁

(16) 藤沢市教育文化センター教育実践臨床研究部会では、年度初めに、どのような「ねがい」を持って授業実践研究に一年間取り組んでいきたいのかについて「所信表明」として明確に述べることが各研究員に対して求められている。

(17) 授業者が自分の言葉で自分の授業を語り、自分の授業を再構成することを支援する共同研究者。

(18) 藤沢市立天神小学校教諭（当時：二〇〇九年）

(19) 藤沢市立大鋸小学校教諭（当時：二〇〇九年度）

(20) 小田原市立国府津中学校教諭（当時：二〇〇九年度）

(21) 即興で行われた表情豊かなパントマイムによる算数の模擬授業。

(22) この一〇月中旬の実践は、古島先生にとってかなり感動的な体験であったようだ。それは同日センターに行った際に、磯上さんと感動を共有するエピソードに表れている。ここで留意したい点は、この感動の基盤となっているリソースが、授業中の体験のみならず、子どもたちに書くように指示したノートの記述（「いろんな考えを知ることが本当の勉強なんだ」「勇気を出して説明できる人はエライ」「自分もできるようになりたい」「四十人みんなに共感を得られるように説明するのは難しいが、自分にとっては『わからない』という声が聞き手

の気持ちを知るために必要であり、それが説明するときに役立つ」）でもある点である。教師は子どもたち自身の学びの振り返りをも糧にして自らの実践の振り返りを豊かにすることができるのである。

（23）この単元に至る背景として、「案内文」の作成という伏線も見逃せない。すなわち、一二月の授業研究セミナー（注24参照）で扱う本単元の案内文を八月中旬の夏期集中研究会で検討した際、古島先生は、最初の案として、タイトルが「子どもの声を大切にする算数の授業を」で、「子どもたちが自分で考え、自分の言葉で説明することができるようにさせたい」というねがいに基づいて、「子どもたちの声を大切にして、子どもたちと共につくっていく授業がしたい」と提案するのだが、「これは算数だから？　文面だけだと他の教科でも使えるのでは？」という鋭いツッコミが研究部会メンバーからあり、算数で身に付けさせたいことを加えて、書き直してくることになった。そして最終的には、タイトルを「見つけた?!体積への道」として、「体積の学習を通して、子どもたちがその求め方や意味について考え、一人ひとりが意見を出しあいながら、それをもとに公式を導き出していける授業にしたい」ということを中心とした案内文に仕上げたのである。このような案内文の推敲は、古島先生が本単元の教材研究をするにあたっての指針を明確化するために必須のプロセスだったと思われる。

（24）藤沢市教育文化センター教育実践臨床研究部会によって企画、運営される公開授業研究の場。

（25）『はじめは、いくつか準備して必要な子だけに使わせようかとも思ったが、必要な子こそ取りに来ないとも考えられた』ので全員分の実物大の模型を準備することにしたという。「具体的な子どもの姿を想定した教材づくり」の好例であろう。

（26）前掲書注15

（27）このことは、古島先生が「教材研究とは何をすることだったのか」という振り返りを綴った研究部会の紀要（前掲書注15）に記された以下のような授業展開中の教師の思いの変化にも表れている：『それまでは、あらかじめ自分の用意した授業の流れにもっていくことを考えがちであったが、教材研究によって、子どもたちからその子なりの図や言葉を使ってさまざまに説明されても、受け入れて活かすことができるようになり、もっと先を見通して必要だと思うものを大切にすることができた』『今、この子は何を言おうとしているのか、言いかけた言葉の先は何なのか、この子が描いた図に込められた思いは何なのか、など、子どもたちなりに考えたことをもっともっと聞きたくなっていた』。

(28) このような学びと成長の証は、古島先生が記した研究部会の紀要(前掲書注15)にある以下のような表現に表れている：『小学校の算数の全体像をつかむことができ、学年間のつながりや内容毎のつながり、中学校数学とのつながりなどを把握し直すことができた』『特に、算数で育てたい力としての論理的思考の捉え方について整理することができた』『目の前の子どもたちに、その教材を通してどんな力を身につけさせたいかをはっきりさせることが大切であると再確認することができた』『クラスの子とその教材の出会わせ方や、このクラスならではの教材の扱い方、目の前の子どもたち一人ひとりが今どういう状態で、この子たちにとってこの教材はどうなのか、また集団としてどうなのか、ということがとても大事なのだと実感することができた』

II

授業を展開する

――プロセス論

9　学びが躍動する授業

教えなければ学ばない。教えれば学ぶはずだ。われわれにはこのような思い込みがある。しかし、授業などの教育の場をつぶさに観察すると、教えたつもりでも学んでいなかったり、教えなくても学んでいたりするという興味深い現象が至るところで起こっていることに気づく。

本章では、学びが「教えることを前提とした活動」であるという信念を相対化するために、「そもそも学びとは何か」というテーマについて、「ライブ」「ブレイクスルー」「大きな学び」といったキーワード[1]を手がかりとして原理的に問い直してみたい。

ライブの学び・台本に沿った学び

われわれは日常生活の中で「ライブ感覚」[2]を体験する。例えば、課題と向きあい、気持ちを集中させ、活動に没頭することがある。また、ワクワク、ドキドキしながら、喜んだり、楽しんだり、不安を感じたり、悲しんだりしながら、ものごとに取り組んでいる。もちろん、常時、そのような心理状態にあるわけではないが、特定の場で、あるいは何かのきっかけでそのような「ライブ感覚」を体験しつつ、外界と向きあっているのである。

「ライブ感覚」は基本的に一過性のものではあるが、鮮烈で印象深い体験である場合も多い。しかも、その体験を通して生きていく上で大切なもの（例えば、ものごとに対する構えや態度）を結果的に学び取ることさえある。

授業検討会などの場で「子どもたちが活き活きと学んでいた」というコメントを聞くことが多い。その場その時の状況との多様なかかわりの過程で子どもたちが体験しているであろう「ライブ感覚」を、発言や表情、しぐさなどから感じ取り、われわれがそこに学びの価値を見いだそうとしている証左である。このようにわれわれが「活き活き」という言葉で意味づけようとする「ライブ感覚」を伴った印象深い学びを、ここでは「ライブの学び」と名づけてみたい。

「ライブの学び」とは、「今、ここで（here and now）」、「生」の題材にふれる「現在進行形」の経験を通して、意味のある何かを身に付けていくことだと言えるだろう。「今、ここ」という時間的、空間的な臨場感と独特の身体感覚を伴いつつ「生」の素材に向きあうというリアルな場で起こる新鮮な学び。しかも、結果があらかじめ決まっているわけではなく、展開次第でどうなるかわからないという不安定な「現在進行形」の状況下での学び。それが「ライブの学び」である。

子どもたちは、学校生活の中でどのくらい「ライブの学び」を体験しているであろうか。運動会、合唱コンクールなどの行事やクラブ活動においてそのチャンスは多いように思う。しかし、「授業」ではどうであろうか。

一般に学校の授業で子どもたちに期待されているのは、「ライブの学び」というよりも「台本に沿った学び」であろう。学校教育は、基本的に教育目標の実現過程であり、ゴールを起点として教育プロセスが明確化されることが原則である。到達点への道筋が「台本」として用意され、子どもたちはその台本通りに学ぶことが期待されているのである。

このような「台本に沿った学び」は「ライブの学び」と対極の性質を持っている。「今、ここ」よりも「あるべき未来」に焦点が当てられており、「生」の題材というよりも、より教えやすい「加工された教材」が準備されていて、「現在進行形」のプロセスよりも「目標と一致した結果」が重視されているからである。

ブレイクスルー型学び・積み上げ型学び

現実社会は台本通りに動いているわけではない。むしろ想定外の出来事に臨機応変に対応することの連続だとさえいえるだろう。目的を意識しながらも試行錯誤を繰り返しながら問題を解決しようとするプロセスで、多様な学びが偶発的に起こっているというのがわれわれの日常生活なのである。

このような問題解決プロセスは「ブレイクスルー」というキーワードで表現することができる。「ブレイクスルー」とは、解決への道筋があらかじめ用意されていないため、自ら方法を模索しながら、時には困難に直面しつつ、迷いながらも問題解決へと至る道を切りひらいていった結果として「壁」を突破する一連の過程である。しかも、喜怒哀楽を感じるプロセスを経て、躍進の瞬間に深い感動を味わうような情緒的体験でもある(3)。

試行錯誤を繰り返す「助走期間」においては、問題解決に向けて常に意識の「アンテナ」を張りつつ、何度もトライする。思い通りにならない体験や失敗を繰り返しながらも、粘り強くチャレンジし、次第に解決への「光」が見え隠れし始める。この助走期間を通して当人のポテンシャル(潜在可能性)が高められ、突如、壁を突破する瞬間が訪れる。それは「達成」「成就」「飛躍」といった鮮烈な体験であり、当人に感動を伴う充実感が感知されるのである。

以上のような「ブレイクスルー」の過程は、一種の「ドラマ」であり、当人に豊かな学びや成長、自信といった感覚をもたらすことになる。これを「ブレイクスルー型学び」と呼ぶことにしよう。

この「ブレイクスルー型学び」も「ライブの学び」と同様に、子どもたちにとっては行事や部活動といった場面で体験しやすいかもしれない。授業中に「ブレイクスルー型学び」と呼べるほどの体験をすることは稀だろう(4)。

むしろ授業で一般的にみられるのが「積み上げ型学び」である。それは課題解決のプロセスがあらかじめ定められており、学習者がその一つひとつのステップをクリアしていくことを通してゴールを目指すような学びを指す(5)。学校の教育課程が具体化された年間計画や単元計画、あるいは本時展開に埋め込まれているのは、原則的に「積み上げ型学び」だといえるだろう。そもそも学校とは、意図的、計画的、組織的に教育課程が構想され、その実施によって特定の学びや成長の実現を目指す場所であることから、「台本」が用意され、子どもたちに対して原則的に「積み上げ型学び」が求められるのは必然なのだといえる。「台本に沿った学び」は「積み上げ型学び」のプロセスそのものだ。いわゆる「発達段階」に基づきつつ、易から難へ、基礎から応用へというように系統的に配列された学習内容と課題は、無理なく学べるようにするための「教育的配慮」(6)なのである。

このように学校の授業では、台本に沿った「積み上げ型」の学びが期待されていることは確かだろう。目標と筋道が定められているので、無駄はなく効率的だと信じられている(7)。一方で、その性質があるがゆえに、子どもたちが「ライブ感覚」や「ブレイクスルー型学び」を体験しづらいのだともいえそうだ。

学校である以上、台本に沿った「積み上げ型の学び」が求められる局面はあろう。筆者はその教育的意義を否定するつもりは毛頭ない。しかし、だからといって授業のすべてがそうでなければならないという積極的な理由は見当たらない。むしろ、「ライブ」や「ブレイクスルー」といった子どもたちの体験に焦点を当てた学習活動が起こる場や機会を積極的に設け、「台本に沿った学び」を「ライブの学び」へ、「積み上げ型学び」を「ブレイクスルー型学び」へと転換することによって、子どもたちはもっと活き活きと学ぶはずである。

大きな学び・小さな学び

「学ぶとは自分が変わることだ」といわれることがある。学習活動を通して自分が変わったという感覚が持てたときにこそ、学びの意義を心底から実感できるものである。このような「自分が変わった」と実感できるような印象的な学びを「大きな学び」と呼ぼう。この「大きな学び」こそが、学びと自己の成長を結ぶ鍵概念である。

しかし、われわれは日常的に「大きな学び」ばかりを体験しているわけではない。「自分が変わった」とまでは実感できないまでも、何かがわかったり、できるようになったりすることをコツコツと積み重ねている。成長とは、「大きな学び」によってダイナミックに体感することでもあるが、このような「小さな学び」の積み重ねでもあるのだ。

鮮烈な体験に基づく「ライブの学び」「ブレイクスルー型学び」が「大きな学び」につながりやすいことは自明だろう。一方、台本に沿った「積み上げ型の学び」は「小さな学び」にとどまることが多い。

ただ、このように単純に学びを二つに大別して、二項対立的に捉えることは誤りだ。「小さな学び」の地道な積み重ねが、ライブ感覚やブレイクスルーをひき起こす潜在的可能性を高めるだろうし、「大きな学び」が転機になってその後の「小さな学び」を意欲づけることもありうるからだ。しかし、以上の概念化が過度に単純化された不毛な議論に陥ってしまう危険性を自覚した上で、なお、ここで確認しておきたい点は、「小さな学び」を積み重ねさえすれば必ず「大きな学び」が起こるというわけではないという事実である。台本に沿った積み上げ型の学びだけを価値あるものとして授業を構想することには、無自覚なうちに学びを「小さな学び」のみに矮小化してしまう可能性が含まれているのである。子どもたちの活き活きとした学びをねがうなら、発想を根底から転換する必要があるのだ。

そこで「大きな学び」が成立する条件について考えてみたい。試しに「ライブの学び」「ブレイクスルー型学び」という現象に共通する要素を挙げてみよう。少なくとも以下の三点が指摘できるのではないか。

第一に、当人に「学びの躍動」があるという点である。頭だけ、心だけ、体だけを使うのではなく、頭と心と体の三者を総動員することによって「知・情・意の活性化」が起こっている。

第二に、当人がオーセンティック（authentic）な課題（2章参照）と対面しているという点である。オーセンティック（authentic）とは、「真正の」「本物の」という意味であるが、現実社会から切り離されて学校だけで通用するような「学校課題」とは対照的に、日常生活で直面するような「生」の題材を指す。「生」の対象に向かいあうことで「ライブ感覚」が生じ、「ブレイクスルー型学び」を推進するような切実な刺激が生じるのである。

第三に、当人自身が課題に魅力や価値を感じているという点である。「ライブの学び」の場合、活動それ自体に魅力を感じて自ずと没頭しているだろうし、「ブレイクスルー型学び」の場合、何のためにその活動をするのかという必然性が納得されているに違いない。しかも、一連の活動の展開過程では、当人の課題に対する思いやねがいが自ずと具体化したり、明確化したり、深化したりしていくため、意欲と学びが発展的に循環して成果を導くことになる。

もし、学校の授業において「ライブの学び」や「ブレイクスルー型学び」が軽視されているのなら、バランスを著しく欠いていると指摘せざるをえない。以上でみてきた通り、そもそも学びには「大きな学び」という側面が存在しているからである。われわれは「大きな学び」の価値をあらためてきちんと認識した上で、授業を実践したいものである。

また、以上の分析から、「教える」という直接的行為（教授行為）を前提とした教育実践の限界も見えてきた。「ライブの学び」も「ブレイクスルー型学び」も、教授行為によって成立させることは原理的に不可能だからである。「教えることを前提とした教育」を前提としないことは、一見、教育という概念の自己矛盾に陥っているようだが、決してそうではない。確かに台本に沿った積み上げ型学びは教授行為を前提としていた。(8) しかし、授業で起こっている広範な現象が示しているのは、教授行為が学びを成立させる確率を高めるということにすぎない。

何年もの間、教育改革や教育学界の底流を成すスローガンとして「教えから学びへ」が唱えられてきたが、そこから汲み取るべき教訓は以下のようにまとめられるのではないか。教えと学びは対立しているわけでは決してない。一人ひとりの学びの生起と軌跡を丁寧に確認することを前提として、教えるということの意味を直接的な教授行為だけに求めるのではなく、学びの場をデザインするという間接的な行為をも含めて構想すべきである。しかも、そこで想定されている学びは、「台本に沿った積み上げ型の学び」ばかりではなく、「ライブの学び」「ブレイクスルー型学び」「大きな学び」も含まれており、それらの学びを通した自己の成長を意味している。われわれは、以上のような教育方法の原理の転換と学びの再定義を、「教えから学びへ」というスローガンから学び取るべきなのである。

子どもの学び・教師の学び

ここまで論じてきてあらためて気づく。子どもの学びと大人の学びは同質である、と。われわれは「ライブの学び」「ブレイクスルー型学び」「大きな学び」を体験しながら生きている。そしてそれらは「小さな学び」に支えられている。

もちろん、教師の学びも同じである。「ライブの学び」「ブレイクスルー型学び」「大きな学び」が求められているのは、実は、教師たちなのではないだろうか。教師自身が「ライブの学び」、「ブレイクスルー型学び」「大きな学び」を体験せずに、どうしてそのような学びが実現する授業を想像できようか。子どもが活き活きとした姿で、彼らの学びが躍動する授業を実現するためには、まず、教師自身が躍動する学びを体験し、そのことの意義を自らの学びを通して実感することから始めなければならないのである。そのような意味を込めて、「教師は学び続ける仕事だ」と捉えたい。

「台本に沿った学び」「積み上げ型学び」に偏りすぎた教員研修が散見される。授業研究自体が「ライブ」であり、「ブレイクスルー」であり、教師にとって「大きな学び」であるというビジョンへの発想の転換と、それを具体化するための誠実で地道ではあるが、同時に戦略的でしたたかな実践が求められている。

［注］

（1）「ライブ」「ブレイクスルー」については、筆者が企画段階から運営にかかわった財団法人・博報児童教育振興会主催の第七回博報教育フォーラム「ライブの学びで得られるもの」（二〇一〇年）、第六回博報教育フォーラム「ブレイクスルーで成長する」（二〇〇九年）の内容をそれぞれ踏まえて論じた。とりわけ、博報児童教育振興会スタッフの方々との討論や無藤隆氏（白梅学園大学教授）の基調講演の内容を参考にしている。

（2）ライブには「生放送」「劇場、コンサートなどでの生演奏」といった意味がある（『広辞苑』第五版）。

（3）無藤隆「新しい学びの姿「ブレイクスルー」を考える」財団法人博報児童教育振興会『第六回博報教育フォーラムレポート』、二〇〇九年、五頁

（4）問題演習などで長時間、試行錯誤の思考の末に解決法を見いだして壁を乗り越えたといったことは起こりうるかもしれないが、試行錯誤の時間はせいぜい長くても数十分であろうし、壁を突破するための道筋も教える側の想定内である場合がほとんどだろう。

（5）無藤、前掲書注3。

（6）このような意味での「教育的配慮」はあくまでも蓋然性の問題として捉えるべきだろう。むしろ、教える側の思惑通りに子どもたちが学ぶとは限らないということを自覚することの重要性は強調してもしすぎることはない。「教育的配慮」に基づいた意図的、計画的カリキュラムと一人ひとりのユニークな学びの軌跡とのズレが軽視、あるいは無視されることによって、授業が形式化、典型化されるという愚が繰り返されているからだ。むしろ、学びの軌跡の多様性を前提とした上で、一人ひとりにとっての「易から難へ」「基礎から応用へ」とは何かを問いつつ、カリキュラムを構想すべきなのである。

（7）実際には「落ちこぼし」のような現象が生じており、この発想が成功しているとは言いがたい。

（8）究極の「台本に沿った積み上げ型学び」を理想とするプログラム学習の発想は、「教える」という行為を前提としていないかもしれない。しかし、プログラムの作成自体に、カリキュラムの意図性や計画性が巧妙に埋め込まれることによって、「教える」という行為自体が不要になっているだけなのだ。

10 子どもの「体験」を大切にする

「子どもの姿」から授業を創る

「子ども」という名の子どもはいない。教師の目の前にいるのは、「ケンジさん」「ナオミさん」といった世界に一人だけのユニークな存在である。「子どもの姿」とは、このように個性的な一人ひとりの子どもの具体的な様子や多様なありさまのことを指す。例えば、「ケンジさんが眉間に皺を寄せながら、熱心な表情で葉っぱの様子をじっと観ている」「ナオミさんがときどき言葉に詰まりながらも、発見したことをみんなに伝えようとして一生懸命がんばっている」というように、現在進行形の学びのプロセスで現れるその子どもならではの様子が「子どもの姿」である。

教師は、このような姿を丁寧に見取り、それらの背後にある意味について、学びや成長という観点から理解しようと努めると同時に、彼らの姿を拠り所にして今後の学びの展開を見通しながら、授業を創り出していく。

「経験」という視座に立つ

われわれは授業実践において、子どもたちの「活動」や、「体験」ないしは「経験」を重視する。そもそもこれらの語は何を意味しているのであろうか。

「活動」とは具体的な行為のことであり、特定の活動（例えば、「伝える」）は、感情、考え、思いといった特定の反応（例えば、「うれしい」）を個人の内側に生じさせる。「体験」とは、このような特定の行為と反応のセット（例えば、「伝わってうれしい」）のことだといえよう。

「見る」「聞く」「さわる」「食べる」などの五感を通した行為は、最も基本的な活動である。いわゆる「直接体験」とは、「実物」や「本物」とじかに触れあう五感を通した活動に基づいて生じる、「見たら驚いた」「聞いたらワクワクした」「さわったら冷たかった」「食べたら甘かった」といった体験のことを指す。

さらにわれわれは、このような直接体験を基盤としつつ、より複雑な活動を通してさまざまな体験をしている。例えば、「調べてびっくりした」「比べて納得した」「工夫してがんばった」「伝えあって共感した」「表現してウキウキした」「育ててあたたかい気持ちになった」というように、多種多様な活動は無数の体験を生み出していく。
「子どもの体験を大切にする授業」では、このような活動を学習活動の「基本形」として重視する。

ただ、ここでぜひ留意したい点は「体験」と「経験」の違いである。この二つの言葉は日常的に必ずしも厳密に区別されないで用いられるが、経験とは「人間が外界との相互作用の過程を意識化し自分のものとすること」（『広辞苑』第五版）とあるように、そこに「学び」（体験を通して認識や技能、考え方や価値観などを身に付けること）が含まれているのに対し、「体験」には必ずしも「学び」が伴われるわけではない。

例えば、「見たら驚いた」という体験が一過性の心理現象にとどまってしまったなら、それは「経験」とはいえない。同じ体験を繰り返すことで現象を生み出す背景がわかったり、不思議に思う気持ちが「なぜ?」という問いを生み出し、その理由を追究していくことで特定の考え方が身に付いたりして、はじめて「経験」だといえるのである。つまり、「学びの伴った体験」が「経験」なのだ。[1]

「活動あって学びなし」と揶揄されるような授業が散見される。確たる意図もなく「活動させること」それ自体が自己目的化している授業は論外であるが、子どもたちが「体験」の水準にとどまっていて、教師自身がそれに気づいていない実践も多いのではないだろうか。むしろ、子どもの活動を体験レベルから経験レベルへと高めること（以下では「体験の経験化」と呼ぶ：14章参照）にこそ教師は労力を注がなければならないのである。

「経験」を見通した単元を構想する

そもそも教師にとって「単元を構想する」とは、どのような営みであろうか。例えば、小学校二年生を担任している教師が「生活科」の単元づくりに際して、「自分が育ってきたプロセスを振り返って、それを自覚化し、自分の成長に実感を持ってほしい」「そのような自覚をもとに、親や友達など自分の成長を支えてくれた人たちへの感謝の気持ちや、これからも成長していこうという気持ちを持ってほしい」というような「ねがい」を持ったとする。それは「目の前にいる子どもたちの姿」「教師が彼らに対して抱く成長への期待」「生活科の目標や内容」の三者をすりあわせていくプロセスによって教師に自覚化されるものである。この種の「ねがい」が単元を具体化、明確化する「核」となる。つまり、教師は「ねがい」を拠り所にして、子どもたちの学びを予想し、経験を保障するような「活動・体験」を組織し、具体的な手立てを準備していくことになるのである（「ねがい」について、詳しくは序章表序－1参照）。このような構想のまとまりが単元であるといえよう。

「かかわりの場」をデザインする

ある人の体験や経験を他者が直接コントロールすることは原理的に不可能である。だから、いくら教育的な体験や経験だからといって、教師がそれらの内容を子どもたちに無理やり教え込むことなどできないのだ。例えば、教師が「伝わってうれしい」という体験をさせたいと願っても、学級のすべての子どもにそれを確実に実現させるとなると容易ではない。子ども一人ひとりの興味はさまざまであろうし、注意の向け方や感じ方まで教師が完全にコントロールすることなど到底できないからである。

教師に最大限できることは、場を設定することを通じて特定の活動（例えば「伝える」）が起こりやすくすること、さらには、その活動を通じて特定の体験（「伝わってうれしい」）が起こる確率を高める方向で教育環境を整えることである。特定の「活動」をさせたことで特定の「体験」や「経験」までさせた気になったりしがちであるが、教師はまずそのような思い込みから解き放たれるべきであろう。

以上のことを前提としつつ、以下では「場のデザイン」という観点から授業づくりの課題を考えてみよう。キーワードは「かかわり」であろう。よく言われる通り、「ひと・もの・こと」とのかかわりを通して学ぶことが、「子どもの体験を大切にする授業」の原理であり、子どもたちが学ぶ場は、その原理に基づいてデザインされるべきだからである。

そもそも「かかわる」とは、子どもが自らの五感をフルに活用し、「知・情・意」という心と頭と体の統合的な働きを活性化することを通して、対象と物理的、心理的、社会的につながっていくような複数の活動から成る活動（活動群）だといえるだろう。例えば、継続的に動物の世話をするプロセスで、見て驚いたり、さわって感じたりする体験、さらには「このように抱いてあげると気持ちよさそうだ」といった学びが生じる。「知・情・意」が同時に働き、心と頭と体を総動員するような「かかわり」を繰り返すことによって、飼っている動物の気持ちを推測したり、彼らの立場に立った世話を工夫したりする活動へと結びついていく。しかも、それは同時に飼育している動物に対する愛着を深めていくプロセスでもあるのである。

このように「かかわる」とは、見る、聞く、さわるといった直接体験を基盤としつつ、より長期的には、作る、育てる、遊ぶ、伝えあうといった対象との物理的、心理的、社会的なふれあいを繰り返し行っていくプロセスを経て学びの質が高まっていくような活動群のことを意味している。かかわりを通して対象と自覚的に向きあうようになり、例えば、見るが「観る」へ、聞くが「聴く」へ、さわるが「ふれる」へ、食べるが「味わう」へと活動自体が変化していく。かかわりには一つひとつの活動の質、ひいては学びの質を高めていく働きがあるのである。

「かかわりの場」とは、以上のような「かかわる」という活動が子どもの内側から自ずと生まれてくるような具体的な環境のことを指す。したがって「子どもの体験を大切にする授業」を実現するためには、「かかわりの体験」、さらには「かかわりの経験」が生じるような場をデザインすることが教師に求められているのだといえるだろう。

「かかわりの場」をデザインする上でのキーワードは「コミュニケーション」であろう。ここでいう「コミュニケーション」には二つの意味がある。

一つは「活動としてのコミュニケーション」である。言うまでもなく、コミュニケーションは他者とのかかわりの基盤となる活動である。言語活動だけではなく、非言語的な活動（表情、動作など）をも含めた意味の伝えあいに基づいた体験の積み重ねによって、かかわりが深められていくのである。

もう一つは、「体験を対象化するようなコミュニケーション」である。例えば、「見て驚いた」「さわって感じた」というような一つひとつの体験について子どもたちが共に振り返り、その意味について語りあったり、複数の方法で表現しあったりすることで、自分たちの体験が意味づけられていく。「体験の経験化」はこのような丁寧なプロセスの積み重ねによって実現するのである。

「気づきの質」に気づく

気づきとは「子どもの内側に生じる認識あるいはその萌芽」であり、活動や体験とはまさに多様なことに気づいていくプロセスだといえよう。

「体験の経験化」という観点から考えると、気づきそれ自体が必ずしも学びであるとはいえないし、気づきが必ず学びに発展していくわけでもない。その場限りのものとして終わってしまう気づきも多いからである。

教師にまず求められる基本的な仕事は、子どもたちの多種多様な「気づき」に気づくことである。さらに、子どもが自分の気づきを意味づけられるように促したり、ある子どもの気づきを他の子どもたちと共有できるように働きかけたりすることなど、一人ひとりの気づきを活かして学びにつなげようとする配慮が教師に求められることになる。

その際のポイントは、教師や子どもたちが「気づきの質」に気づくことであろう。この点こそが授業の質を左右することになるからである。

「気づきの質」を判断する基準は、少なくとも二つある。一つは、「よいわかり方」をしているかどうかであり、「統合的認識」あるいは「統合的再認識」が成立している場合、「質の高い気づき」だと判断できる。「統合的認識」とは、複数の要素を関連づけた気づき（「〇と△を合わせて考えると□だといえそうだ」）であり、「統合的再認識」とは、統合的認識を通して思い込みが転換した気づき（「△だと思っていたことが本当は▽だった」）のことである。つまり、「質の高い気づき」とは対象に対するより深い理解のことを指しているが、同時に腑に落ちる感覚（「ああ、そうか」）や納得感（「なるほど」）が必然的に伴われていることも見落としてはいけない。

「気づきの質」を判断するもう一つの基準は、気づきの内容とその価値にかかわるものであり、教育目標や教育内容に関連した「質の高い気づき」（優れた気づき）かどうかという点である。子どもたちの気づきは多種多様で多岐にわたる。すべての気づきは子ども当人にとっては貴重なものだといえようが、あいにく教育目標や教育内容という観点からは価値づけられない気づきも多かろう。そこに良心的な教師の悩みが生じる。多様な気づきを尊重したい一方で、授業時間が無限にあるわけではないという教師側の事情もあり、それらを切り捨てざるをえないというジレンマである。そこで教師には、自身の判断に基づいて「優れた気づき」を選択し、そこに子どもたちの注意を向けさせるような「焦点化」（11章参照）をする必要が生じる。また、的確に焦点化するためには、教師自身がその後の学びが深まっていくという見通しを持っていることが求められる。その前提は深い教材研究であろう。狭隘な教材観や学習観に基づいている場合、ともすると子どもの「優れた気づき」を切り捨ててしまう危険性を孕んでいるからである。

なお、「質の高い気づき」（優れた気づき）は、知的なものばかりではない。情緒的なものであったり、身体的なものであったりする。あるいは、その子どもなりの感性が反映された個性的なものでもある。「気づき」と同様に「質の高い気づき」も多種多様なのである。

子どもは五感を通して、頭と心と体を活発に働かせながら、気づきの質を高めていく。そのプロセスこそが「体験の経験化」である。「質の高い気づき」に支えられた「質の高い学び」の成立、さらにはそのような学びを通じた一人ひとりの子どもの成長を目指しながら、子どもたちとともに授業を誠実に創り出していくことこそが、教師の仕事なのだといえるだろう。

[注]

(1) 例えば、知識や技が身に付いている人について「経験のある人」と表現することはあるが、「体験のある人」とは言わないことからも、両者は「学び」という観点から区別できることがわかる。

11

「問いをつなぐ学び」へ ―学びがいのある教室―

意欲的に考える子どもたちの姿

子どもの「うれしい姿」「残念な姿」

授業中に多様な姿を見せてくれる子どもたち。ちなみに、彼らのどのような姿に出あうとうれしい、しく感じるだろうか。例えば、

□ワクワク感が全身にみなぎっている積極的な姿。
□気持ちの集中がひしひしと伝わってくるような真剣な姿。
□クラスメイトの発言に真摯な表情で聞き入っている姿。

□子どもたちなりに意見をまとめながらグループ学習を進めている姿。

このような活き活きした子どもたちの姿は、われわれにとってまさに「うれしい姿」であろう。われわれは子どもたちの「うれしい姿」を求めて授業づくりに取り組んでいるといっても過言ではない。

その一方で、残念に感じてしまう子どもの姿も目につく。例えば、

□集中力が途切れて、姿勢がだらしない姿。
□授業についていけず、手いたずらをしている姿。
□心ここにあらずで、よそ見やあくびをしている姿。
□グループ学習の時間にふざけあっている姿。

子どもたちのこのような「残念な姿」にはガッカリされられるに違いない。思わず注意したり、時にはイライラして叱責したりすることもあろう。教師たちの嘆く声が聞こえてきそうである。

そこで立ち止まって考えてみたい。子どもは正直だ。子どもたちの姿は彼らの気持ちや体験の反映だと考えた方がよい。だから「残念な姿」はその子どものせいばかりとはいえない。「残念な授業」と表裏一体なのである。授業に魅力があれば、子どもは自ずと「うれしい姿」をわれわ

れに見せてくれるはずだ。一人ひとりの子どもの姿はいわば「授業成否のバロメーター」であり、子どもによる「授業評価」そのものなのである。

■意欲的に考える姿：エンゲージメント

われわれにとって「うれしい姿」、すなわち、学びに向きあう活き活きとした子どもの姿は、まさに彼らの学習意欲の顕れだといえる。そもそも意欲とは、欲求（〜したい）と意志（〜をやり遂げる）の複合語であることから、学習意欲とは「学びたい」と感じ、その学習を「やり遂げよう」とする心理状態だとされる（1章参照）。さらに一歩進めるなら、「考える意欲」とは、考えたい、そして考え抜こうとする気持ちを意味しているといえるだろう。子どもたちの「うれしい姿」はこのような意欲に支えられているのである。

近年、動機づけ研究で「エンゲージメント」という用語が注目されている（1章参照）。端的にいうと、頭と心と体がフル活動している「没頭状態」がエンゲージメントであり、その際、われわれのパフォーマンスは最大化されるという。われわれの生活を振り返れば容易に理解できよう。仕事や趣味に没頭しているときに作業は効率的になり、その質も高まるに違いない。「考える」というと知的な働き（「推測する」「やり方を工夫する」など）だと思われがちだが、情意面（「興味が高まる」「夢中になる」など）と統合した心理状態であるという点（知情意の一体化）

がそのポイントであろう。

子どもたちの「うれしい姿」は、現在進行形で彼らが体験しているエンゲージメント状態の反映である。だからこそ、われわれが目指す子どもたちの「うれしい姿」が授業づくりの正しい方向性だと断言できるのである。

学びあいが生まれる場：学びのシェア

意欲は伝染する。活発に動いている一人の子どもの様子に引き込まれるように他の子どもたちが活動的になっていくことがある。学びに打ち込む子どもたち数名の真剣な表情が周りに伝播し、集中力に満ちた教室の空気が創り出されることもある。このようにわれわれは場に感応して生きているのであり、エンゲージメント状態は場を共にすることを通して他者に伝染する。意欲的に考える姿は、意欲的に考えようとする空気と表裏一体なのである。

そのような意欲に満ちた空間では、エンゲージメント状態の相乗効果によって、知りたい、聞きたい、伝えたいといった気持ちが自然と巻き起こり、メンバー間で学びがシェア（共有）されるようになる。そこでは学びの成果はもちろんのこと、学びのプロセスもシェアされる（図11-1）。

例えば、問い（「えっ、どうして？」）が生じ、気づき（「〇〇だったよ」「〇〇だと思う」）が

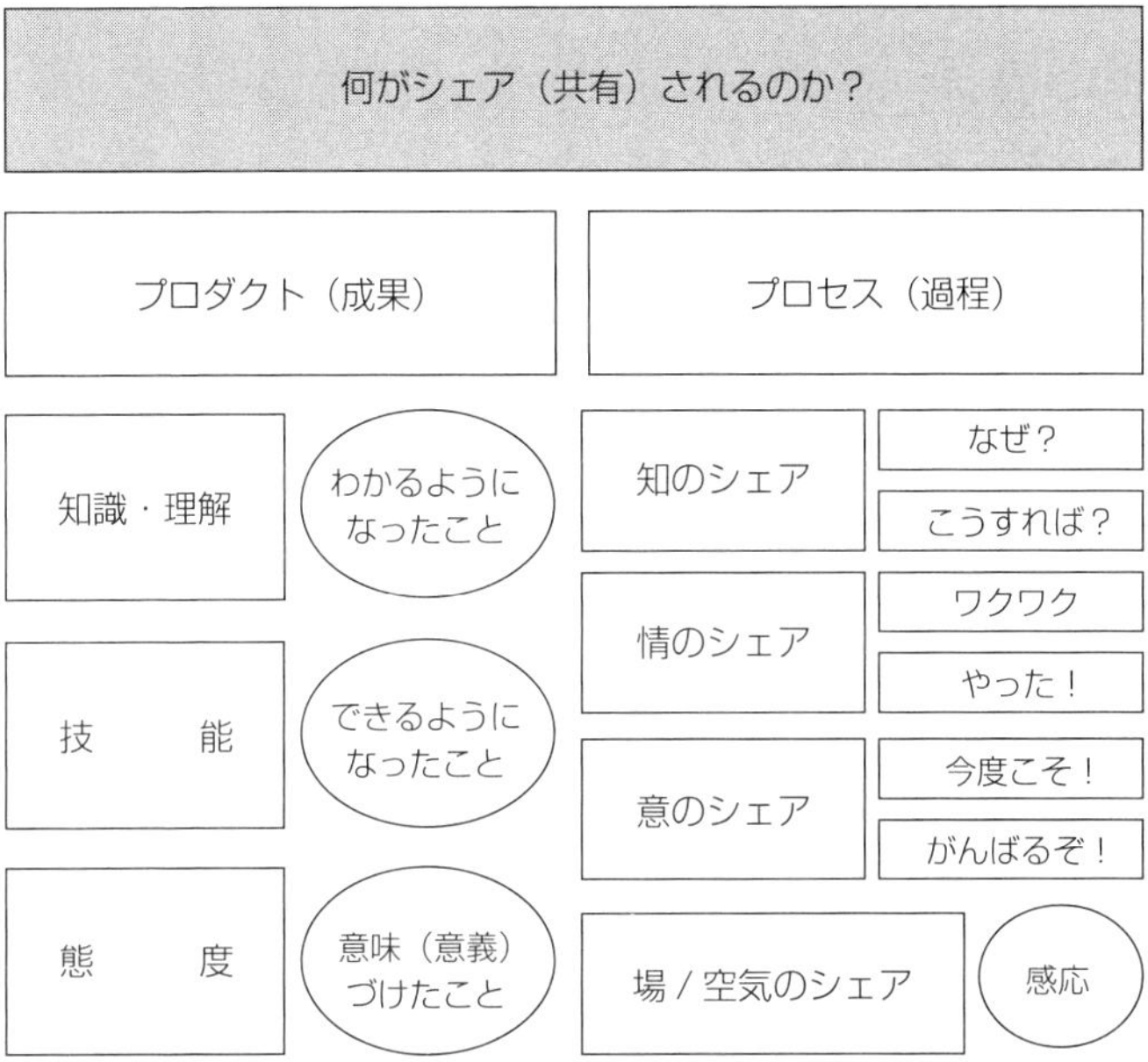

図 11－1　学びのシェア

共有され、意味づけ（「○○みたいだ」「○○と似ている」）や予想（「○○になるかな」「もしかすると○○かも」）が生まれ、さらなる問い（「でもさ、○○は？」）へと発展していく。また、そのようなプロセスを通して納得（「あぁ、だから○○だったんだ」）といった深い理解が生じる。「問いをつなぐ学び」とは、まさにこのような現象を指している。しかも、そのような学びあいのプロセスでは、知のシェアばかりでなく、「ワクワクした」「やったぁ！」といった情のシェアや、「今度こそ！」「もう少しがんばってみようよ」

といった意のシェアも同時に生じているという点にも着目したい。学びあいとは、一人ひとりのエンゲージメント状態の相乗効果を背景としつつ、学びがシェアされる場に支えられて創り出される学習プロセスを意味しているのである。

●「問いをつなぐ学び」へ：意欲的に考える子どもたちを育むために

■可視化、共有化、そして焦点化

以上のことからわかるのは「場に教育力がある」という事実である。学びあいを促すために教師がすべき仕事は、エンゲージメントの相乗効果が最大限に発揮されるように、場に教育力をもたせて、それを効果的に活用していくことだといえるだろう。

まずは、子どもたち一人ひとりのエンゲージメントを喚起し、相互に学びのシェアを促すことが教師の役割になる。具体的には、可視化、共有化、焦点化の三つが挙げられよう。「可視化」とは、学びに関する多様な情報がシェアされるように、一人ひとりの子どもの内面にある考えや思いを外化させる（表現を促す）ことを指す。「共有化」とは、外化された情報を相互に理解させる（共通理解を促す）ことを指す。さらに「焦点化」とは、共有化された多様な考えを一つのゴールに向けて統合化していく（関連づけ、まとめていく）ことを目的として、ある具体的な点（事柄）に光を当てる（注意を喚起する）ような働きかけを指す。

可視化と共有化によって、コミュニケーションが豊かに展開されていく。しかし、それだけでは価値ある学びへと向かっていかない可能性がある。そこで教師が心を砕くべき仕事として焦点化が重要になる。子どもたちの成長に寄与する栄養のある学びを実現するために、子どもたちが学びを深めていく方向性をあらかじめ見通し、それを実現するためのポイントを心に留めながら、子どもたちと一緒に授業を創り出していく必要があるのである。適切な焦点化を実践するためには、教育内容に含まれている「何」が子どもたちにとって栄養価の高い価値ある内容なのかという点をしっかりと考えること、いわば栄養分析としての教材研究が教師に要求されることになる（序章、8章参照）。

驚くべきことに、意欲的に学びあう体験を重ねた子どもたちは、教師の手を借りずに、自ら互いに可視化、共有化、さらには焦点化さえもするようになる。これこそわれわれが最高にうれしく感じる子どもたちの姿ではなかろうか。

「学びがいのある教室」に学ぶ

教師の仕事は、エンゲージメントと学びのシェアによって「学びあう喜び」を体験する場を子どもたちと一緒に創り出すことではなかろうか。それは「言いがい」や「聴きがい」、「やりがい」や「考えがい」のある授業、つまり「学びがいのある教室」を実現する営みにほかならない。

子どもたちの「うれしい姿」が見たいというわれわれの願いは、「学びがいのある教室」を目指す実践によってこそ実現する。日本には、そのような教室を実現することを通して意欲的に学ぼうとする子どもたちを育もうとする教師文化が存在している。そして、多くの心ある教師たちによって、その文化は引き継がれ、そのような実践が今日に至るまで展開されていることも確かである。

「学びがいのある教室」を実践するために、教師が互いに学びあうことが求められている。このような実践を支える教師の技は「ハウツー本」によって身に付けることなど決してできないからである。子どもたちの「うれしい姿」を肌で感じ、授業という営みの奥深さについて、五感を通して、われわれ自身の学びを深めていきたい。

12 子ども一人ひとりの思考に気づく―「思考」とは何か―

一人ひとりの人間はそれぞれ皆、異なっている。個々の子どもも、もちろん唯一無二の存在であり、そのこと自体が意義深い。

このように無条件にユニークな存在であるこの子のよさを教育実践で活かしていくためには、まずは「個」を捉えようとすること（子ども理解）が求められることはいうまでもないだろう。ともすると「できる子」「おとなしい子」といった一般的な特性として「個」を概括的に捉えがちであるが、そのような「レッテル貼り」のような把握によって固有の存在としてのこの子を理解したことにはならない。むしろ、学習のプロセスで自ずと顕れるこの子ならではの具体的な思いや気づきを教師が丁寧に受け止めることこそが、その出発点になるのではないだろうか。

本章では、教師がこの子のよさを捉え、そのよさを活かしていくための大前提として、教師がこの子のユニークさに気づくことについて、とりわけ授業におけるこの子ならではの思考に着目して考えてみたい。

そもそも「思考」とは

「思考力」の育成が叫ばれて久しいが、そもそも「思考とは何か」と問われてきちんと説明できる人は稀であろう。われわれは思考について漠然と理解してはいるものの、いざ「思考力を育成せよ」といわれるとたじろいでしまうのは、この理解のあいまいさに起因しているように思われる。

この子を理解するためのポイントの一つは、思考のユニークさを捉えることにあると考えられることから、やや迂遠なようではあるが、そもそも思考（考える）とはどういう営みかという点を確認しておこう。

いきなり卑近な例で恐縮だが、「今日の昼食、何にしようかな？」と私がふと思い、「かつ丼だ！」と〈心の中で〉叫んだとしよう。単純化して説明するなら、考えるとは、このような疑問符（問い）から感嘆符（気づき）へと至るプロセスを意味する。

『レ・ミゼラブル』の売り上げが気がかりでビクトル・ユーゴが「？」とだけ送り、出版社が売れ行きについて「！」とだけ返信したという逸話は「世界一短い手紙（電報という説もあるらしい）」として有名であるが、このように日常のコミュニケーションでは、誰かの問いに対して、他者がそれに答えることがふつうである。それに対して思考とは、自分が立てた問い（昼食は？）に対して、自分自身が答える（かつ丼！）という心理現象を指し、いわば「自問自答」なのだといえるだろう。

上述の私の例は、即座に自答するような直観的思考の例だが、より思慮深いAさんは「今日の昼食、何にしようかな？」という自問に対して次のように考えるかもしれない。

「昨日は何を食べたかな？」「そういえば天丼だったな」「体脂肪率も気になるし……」「最近、運動不足だし……」「じゃあ何にするかな？」「よしっ、刺身定食にして、ご飯を小盛にしてもらおう！」

私の直観的思考に対して、Aさんは一足飛びに答え（結論）を出さず、「待てよ」といったん立ち止まり、「昨日は何を食べたかな？」という派生的な問いを立て、「天丼だった」と思い出したり、体脂肪率の悪化や運動不足といった派生的な気づきを得たりしている。これらの細かな気づきをつなぎあわせて総括し、「刺身定食でご飯小盛」という判断をしているのである。

私の場合もAさんの場合も「自問自答」であり、いずれも思考である。ただ、思考の質の違いは歴然だろう。Aさんの方がよく考えており、思慮深いのである。その結果としての「判断」（心の中で「決める」こと）も、「健康」という観点からレベルが高い。元来の問いにきちんと向きあい、そこから派生する問いや気づきが豊かであり、その帰結としてより統合的な結論（答え）に至っているか否かが思考の質を左右することがわかる。ポイントは、思考のプロセスで「待てよ」と判断を留保しつつ、思いを十分にめぐらすことによって多様な気づきが生じているか否かという点であろう。

●子どもの「自問」が生じる条件

では、以上のことを踏まえて、授業のあり方について検討していこう。「思考力」を育むことが目標として掲げられている以上、まずは、子どもたちが考えること、すなわち「自問自答」が授業中に促されているはずである。だが、実態はどうだろう。「よく考えなさい」と指示する教師を散見するが、はたしてそれで思考力の指導をしているといえるのであろうか。

まずは、子どもたちの「自問」、つまり自ら問うという心理的活動がなければ思考は始まらない。「今日は○○について考えていきましょう」といった授業冒頭の教師の発言はよく聞かれるが、いくら教師がそのように指示したからといって、一人ひとりの子どもに自問が起こるとは思えない。「なぜそんなことを考えなければならないのだろう」というように考える必然性が感じられなかったり、「どんなふうに考えればよいのかわからない」「私にはむずかしすぎる」と思って不安になったりすれば、子どもに自問は起こらない。そもそも「○○」自体がわからず、自問以前の理解につまずいている子どもたちさえいることも少なくない。

教師による「発問」がまず問われているのだといえよう。子どもたちに考えてほしいと教師が意図する問い（つまり「発問」）はいわば「他問」にすぎず、それがそのまま子どもたちの自問になるとは限らないのである。たとえ、ある子どもにとっては自問になったとしても、別の子どもにとっては「他問」のままで、いつまでも思考が始まらないということも十分ありうる。つまり「発問」とは、教師という「他者」が一人ひとりの子どもたちに思考を求めるという意味で「他問自答」（他問→自問自答）を意図とした授業手法なのだが、単に「発問」を投げかければよいというほど、単純ではない。

以上のことから、教師には自問を促すような条件を整えることが求められているのだといえるだろう。自問の前提となる理解が一人ひとりに保証されているだろうか。「わからないこと」や「答えられないこと」に不安を覚えるような状況に陥っていないだろうか。問うことに意味や意義が感じられるような問いだろうか。そもそも自ら問いたくなるような興味深い課題なのだろうか。つまり、すべての子どもたちが「考えたい！」「考えなきゃ！」と思える場になっているかという点こそが根源的な問題なのである。すべての子どもが自ら問おうとするような状況を創り出すことが教師にとって実践上の最重要課題だという点をここで確認しておきたい。

子どもたちが自問自答する授業では、課題に真摯に向きあい、学びへと向かう真剣な表情や学びを楽しむ柔らかな表情がダイナミックに表れる。それは自ら問い、答えを探究するプロセスそのものである。自分の中に気づきが生じて派生的な問いが生まれたり、そこで生じた派生的な気づきを他の気づきとつなげて判断したり、結論を導き出したりする学びを深める姿なのである。

思考の活性化と授業内コミュニケーション

ただ、いくら教師の発問によって子どもが自問自答したとしても、クイズのような一問一答式の他問自答にとどまるなら、その思考の質は決して高いとはいえない。「早押しクイズ」のような即時的な自問自答が促されたとしても、それは直観的思考ではあるものの、派生的な問いや気づきが生まれてくるような思慮深いプロセスといえないという点は上述した通りである。

ありがたいことに、授業の場においては、ダイナミックな相互コミュニケーションを通じて学びあいのプロセスが立ち現れる。個人内での自問自答ばかりでなく、「他問自答」「他問他答」「自問他答」が自然に生起するような状況に身を置くことによって、一人ひとりの子どもたちの自問自答がさらに活性化していくのである。教師の次なる課題は、このような場の実現を目指すことであろう。

あるベテランのB先生が次のようなエピソードをうれしそうな表情で話してくれたことを思い出す。小学校国語「ごんぎつね」の授業でごんが兵十に銃で撃たれて死んでしまう場面を話しあっていた。「ごんがかわいそう」といった異口同音の意見が続いていたところ、ある男の子（C君としよう）が「僕は兵十がかわいそうだと思う」と爆弾発言したのだという。「えっ?」「ごんを殺した兵十がなんで?」と一同があっけにとられる中で、先生がその理由を尋ねたところ、「兵十はごんにありがとうって言いたくても、もう言えなくなっちゃったから（かわいそう）だ」とC君は答えたのだという。「ごんが報われなくてかわいそう」という多くの子どもたちの読解に対して、兵十の立場からその場面を捉えるという視点の転換にクラスのみんなが刺激され、さらに学びが深まっていったという。「子どもって面白いですよね」と語り終えたB先生は満面の笑みだった。

このエピソードは、ごくありふれた授業の一場面のようにも思えるが、授業内コミュニケーションを通した思考の活性化という観点から極めて興味深く、しかも、わかりやすい事例だといえるだろう。ごんが撃ち殺される最後のショッキングな場面に向きあって「どう思う?」と教師に問われて、ほとんどの子どもたちは「ごんがかわいそう」と気づく（他問自答する）。しかし、C君の意外な答え（他答）にふれて「えっ何で?」という新たな自問（派生的な問い）が生じる。そこで先生がC君に「何でそう考えたの?」と問う（これは多くの子どもたちの自問を代弁していたに違いない）。C君による兵十の視点からの説明（他答）を聞いて、「なるほど」と思う子がいる一方で、「えっ、そんなことを兵十は考えるかな?」という新たな自問が生じた子もいただろう。このように、一人ひとりの思考が活性化するような授業内コミュニケーションが、その場に成立していたのである。

学びあうことの意義はこのようなダイナミックで丁寧なコミュニケーションプロセスによって、一人ひとりの学びが深まっていく点にこそ見いだせる。自問や他問、自答や他答が相互に触発され、連鎖していくことで、授業内コミュニケーションが発展的に展開し、一人ひとりの思考の質が高まると同時に、学びも深まっていくことがよくわかる。

「この子」の問いと気づきに気づく

以上のことから、子どもたちの学びを深めていくような授業が成立するためには、この子の思考のユニークさを尊ぶ教師の姿勢が重要であることに気づく。B先生の授業では、C君の「爆弾発言」が大切にされ、その意味が丁寧に扱われるようなコミュニケーションが展開した。その背後には、想定外の発言を受け止め、むしろそれを楽しむような授業での居方（序章参照）をB先生に感じ取ることができる。一人ひとりの子どもの独自性が日常的に大切にされている学級であったに違いない。そこには、即興的に生じる思考の活性化や学びあいを支える学級風土が醸成されていたのである。「子どもって面白いですね」というB先生の笑顔がそのことを裏付けているように私には思える。

そもそも、われわれは子どもの「問い」や「気づき」をどれだけ大切にしているだろうか。元来、「問い」とは疑問文であり、子どもたちの心の中には多くの「?」が生じているはずである。しかし、それらの自然な自問が尊重される授業は必ずしも多くない。授業中に主に問うのは教師の役割だと思われているからである。しかし、「えっ」といったつぶやきや、首を傾けるといったしぐさに「?」は表出されている。「気づき」についてもしかりで、授業中にたとえ表現(外化)されなくても、多種多様な気づきが子どもたちの心の中に生じているはずだ。

子ども一人ひとりの思考はその子なりの感性の発露であり、そもそも個性的で面白い。彼らのユニークな問いと気づきにこそこの子があらわれる。この子の問いや気づきを可視化して、その子なりの問いと気づきのつながり(思考)について他の子どもたちと共有化することがわれわれの課題になるだろう。まずは子どもの問いに教師が気づくこと、子どもの気づきに教師が気づくことが求められている。そして、それは教師がもつアンテナの感度をより鋭敏にすることによって可能になる。何よりも、子どもの思いや考えに誠実に向きあう教師の「居方」が問われているのである。

13 論理をつむぎだす授業

「論理」が理解とコミュニケーションを促す

「論理」という言葉は、耳にする機会がわりと多いにもかかわらず、その意味を明確に説明することが難しい用語である。ちなみに、『広辞苑（第五版）』には「思考の法則的つながり」だとか、「推理の仕方」、「論証のすじみち」などと定義されているが、いまひとつピンとこないというのが正直なところだろう。

比較的わかりやすいものとして以下の説明が挙げられよう。すなわち、論理とは「言葉と言葉の意味上の関係、文と文の意味上の関係、または、ある一つの発言内容の意味ともう一つの発言内容の意味との関係など」であり、論理的とは「これらの関係が保たれていることを指す」(1)のだという。

例えば、「今、タロウ君があわてている」（情報A）と「タロウ君のクラスで今日締め切りの宿題が出されていた」（情報B）を照らしあわせると、情報Bが情報Aの理由かもしれないという推測が成り立つ。さらに、「タロウ君の担任の先生は怖い先生だ」（情報C）が加わると、タロウ君があわてているという情報Aの理由がさらに根拠づけられる。そして、これら三つの情報から「タロウ君が宿題をまだやっていないこと」（情報D）が推理できるのである。すなわち、「タロウ君のクラスで今日締め切りの宿題が出されているから、しかも、担任が怖い先生なので、今、タロウ君があわてている。ということは、彼はまだ宿題をやっていないに違いない」というようにタロウ君をめぐる状況の理解がスムーズになるのである。このように複数の情報が関連づけられて整理されることで、われわれは一連の既存情報について統合的に解釈できるようになると同時に、推論によって新しい情報を生み出すことが可能になるわけである。

「論理的」とは、このように複数の情報が関係づけられた状態を指すのだといえる。論理学のテキストで、文章中の「接続詞」や「接続語」が論理の象徴として解説されていることがあるが、確かに上記の傍線で示したように、情報と情報の意味関係を表す「つなぐ言葉」こそが論理であり、その「つなぐ言葉」によって「わかりやすさ」がサポートされていることがわかる。

以上のように考えると、論理とは「論理学」や学者による「学術活動」といった特殊な世界での出来事なのではなく、われわれの日常的な思考活動や表現活動に埋め込まれた身近な現象だということがみえてくる。例えば、われわれが頭の中で筋道立てて特定の出来事の原因を理解したり、将来を予測したりするような「思考プロセス」の問題でもあるし、「いま発言したことが、それより以前に発言した（された）内容と関係のあるように話すこと」[2]といった話し方の問題でもあるのだ。

論理には、子どもたちの学びに及ぼす心理的な働きが少なくとも二つある。一つは、情報を意味づけて納得するという理解プロセスや「こうかもしれない」「そうなるはずだ」といった推論プロセスを促進する働き（理解・推論促進機能）である。一人ひとりの子どもが、詳述（つまり）、論証（なぜなら）、例示（例えば）、言い換え（すなわち）、比較（一方）、条件（ただし）、仮定（もし）といった論理によって情報を整理し関連づけることによって、ものごとがより広く、より深くわかるようになり、未知の事柄や未来の出来事について推理したり、予測したり、仮説を立てたりする思考が促進される。

もう一つは、相互コミュニケーションプロセスを促す働き（コミュニケーション促進機能）である。例えば、上述のタロウ君の例は次のような談話として記述することもできる。

ケンジ君：今、タロウ君があわてていたよ。

オサム君：タロウ君のクラスで今日締め切りの宿題が出されていたんだって。
マサヤ君：タロウ君の担任の先生は怖い先生らしいよ。
ケンジ君：タロウ君は宿題をまだやっていないのかもね。

ここには「タロウ君の様子」をめぐって、バラバラの情報が談話を通して論理的に関連づけられ協同的な解釈や推理が促されていく相互コミュニケーションのひとコマが（極めて単純化されてはいるものの）描かれている。このように複数の人による談話の場面では情報を関連づけることが自ずと求められ、そこでは他者の発言に触発され、（とりわけ、その事柄が当人の関心事であればあるほど）論理的思考が自生し表現活動が活性化される。論理にはこのようなコミュニケーション促進機能があるのだ。

何かを相手に伝えようとするとき、あるいはグループで何か意味のある結論を得ようとするとき、そこでは必ず論理が問われることになる。論理が人の理解やわかりあいを助け、同意や合意、根拠づけや説得力を社会的に生み出すのである。つまり、相互コミュニケーションのプロセスで論理が活用されることによって「わかりあう」「ともに腑に落ちる」ということが起こる。上述の「理解・推論促進機能」はあくまでも個人内の問題であったが、論理が持つこのような「コミュニケーション促進機能」は個人間の社会的な働きだといえる。しかも、これら両者の相乗効果として個人的かつ協同的な学びが促されるわけである。

授業プロセスに埋め込まれた論理

「論理的である」というのは、よい授業の一つの条件だともいえる。例えば、論理的な説明が得意な教師の授業はわかりやすく、子どもたちにも評判が良いに違いない。ただ、われわれが検討すべき課題はもっと複雑である。教師が一方的に論理的な説明を聞かせれば、子どもたちに論理的な思考力や表現力が育まれるというような単純な図式では決してないからである。むしろ、論理の持つ上述の二つの機能が十分に発揮される社会的な場こそが授業であるという認識に立つこと、そして子どもたちが論理的な思考と表現を体験することができる授業実践を丁寧に積み重ねていくことがわれわれに求められているのではないだろうか。

授業の具体例を通して考えてみよう。坂口一成先生(3)の小学校五年生道徳の時間で「多かったおつり」について話しあわれていた。実際よりもおつりを多く受け取り、のちにそれに気づいた場合、「多かったおつり」をお店に返すべきかというのがテーマである。「返した方がお店の人やお母さんにほめられるから返す」「泥棒と同じことだから返す」「お店の人の稼ぎなのだから返す」「何より自分がすっきりしないから返す」といった返すべきという正論が続く中で、A君は「もらったものだから返さなくていい。得した方がいい。みんな内心そうでしょ?」と本音で反論した。Bさんも「間違えたのはお店の人の責任だから返さなくてもよい」とA君に加勢した。さらにA君は「例えば、大当たりのアイスの棒を拾ったら交番に届けますか？　ふつうはもらうでしょ？」とたたみかける。子どもたちなりに筋道立てて説明することによって自分の意見の正当性を主張しあう姿が印象的だった。

根拠づけには少なくとも三つのパターンがあるといわれている。

第一に、意味によって根拠づける場合である。「間違えたのはお店の人の責任だから返さなくてもよい」という意見がこれに該当する。「おつりを間違えるという行為の責任はお店の人にあり、おつりをもらった側にはない」というBさんの主張のように意味に整合性を持たせることで結論を導いている。

第二に、事実によって根拠づける場合である。「みんな内心そうでしょ？」「大当たりのアイスの棒を拾ったら交番に届けますか？　ふつうはもらうでしょ？」と迫るA君の主張は、現実にはどうなのかという（A君の推測ではあるのだが）「事実」に基づいており、この種の論理は「理想論」を撃沈させる威力をしばしば発揮する。

第三に、価値によって根拠づける場合である。例えば「泥棒と同じことだから返す」という意見はその論拠として「泥棒＝悪」という論理によって主張されているといえる。そもそも上記の例は道徳の授業だったということもあり、最終的には「よいことだから返す」「返さないのは必ずしも悪いことではない」というように価値を根拠とした議論へと進展していくことになる。

このように授業プロセスにおけるコミュニケーションには多様な論理が埋め込まれている。論理づけが求められる機会に直面することによって自らの考えを整合的にする必要性が生じて否応なく頭や心を働かせることになり、その結果、信念や思い込みが揺さぶられ、ひいては多面的で統合的な見方が可能となる。もちろん、腑に落ちなかったり、説得されない子どももいるだろう。ただ、ここでの目的は一つの結論に全員が合意することではない。子どもたちが真剣であるほど、別の理由を必死に考えたり、違った観点から検討するといった思考活動と、自分の考えを可能な限りわかりやすく伝えようとする表現活動とが自生的に生起するという授業の事実こそをわれわれは重視すべきなのである。

「論理をつむぎだす授業」へ

論理を大切にする授業とは、教師と子どもたちが一緒になって論理をつむぎだし、みんなで意味を創り出していくコミュニケーションプロセスそのものだといえるのではないか。そしてこのような相互触発的でダイナミックなコミュニケーションを授業で実現するための条件として、少なくとも以下の三点が挙げられる。

■「語る―聴く」という学級風土

子ども一人ひとりが自分なりの表現をすることが許容され、かつそれが受容されるような共感的な学級風土であるかがまず問われるのではなかろうか。単に「話す―聞く」ではなく、自らの思いや考え、こだわりを「自分ごと」「本音」として表現し、そのような発言に対して他者が誠実に理解しようと耳を傾けようとするような「主体的に伝えあう関係（語る―聴く）[4]」が学級に成立していることが、「論理をつむぎだす授業」の前提となる。

■「考え抜く姿勢」を引き出す課題

学習課題の質も問われるだろう。探究すべき価値があり、多様な論理を刺激し、一人ひとりの子どもが自分なりの考えを持てるような課題、しかも子どもたちにとって魅力的な課題が求められている。「もっとよく考えたい」という子どもたちの意欲を刺激する課題こそが考え抜く姿勢を引き出し、ひいては論理的な思考や表現を促すことになるからである。

■論理に敏感な教師

教師の役割は、授業中に飛び交う一つひとつの情報の意味やそれらのつながりを丹念にモニターすること、そして子どもたちによる論理的なコミュニケーションプロセスが行き詰まった際に情報を可視化したり、明確化したり、さらには複数の情報を整理したり、関連づけたりするといった臨機応変な介入にある。しかも、これらの役割は、より価値の高い優れた情報の統合を促すという教育的意図を背景としている。このような実践を実現するためには、まず教師自身が論理に敏感である必要があるだろう。

＊＊＊＊＊

「論理をつむぎだす授業」の体験の積み重ねこそが「考え抜こうとする子どもたち」を育む。それは論理的思考の「形式」や「スキル」を訓練することでは決して育まない。「思考力」とは、理解や表現、そして相互コミュニケーションを大切にした授業のプロセスで子どもの姿に顕れる現象であり、そもそも「かたち」を教え込まれて身に付くようなものではないからである。

一方、言語と論理の限界も自覚すべきだろう。われわれの日常生活は「言葉にならないこと」や「理屈で割り切れないこと」に満ちている。五感を通じた感覚や言語に依存しないコミュニケーションも同時に大切にしていきたい。

［注］

（1）福澤一吉『論理的に説明する技術』ソフトバンククリエイティブ、二〇一〇年

（2）前掲書注1
（3）熊本大学教育学部附属小学校教諭（当時：二〇一二年度）
（4）16章、20章、24章参照。20章には教師間の「語る―聴く」について記されているが、子ども間、教師―子ども間であってもその本質は同じである。

14
子どもに体験される授業—「課題に正対する場」を展開する—

体験の経験化

最近、学校での授業参観をしてよく思うことがある。学びに没頭するような授業を何度も繰り返し受けていると、きっと学びへの向きあい方、例えば、「考えることは楽しい」「人の話に耳を傾けることは大切だ」「ものごとに集中して取り組むと充実感が体感できる」といった態度（信念や価値観とそれに伴う情緒）が身体化して、大人になってもそのような身構えはしっかりと当人に定着しているのではないかと感じるのである。アインシュタインが「学校で学んだことを一切忘れてしまった時に、なお残っているもの、それこそ教育だ」と述べたというが、授業で習った膨大な知識は忘れてしまったとしても、上記のような学びに対する身構えこそが一、生、も、の、の

「生きる礎」として子どもの内に残るのではなかろうか。

経験と体験は区別が困難な類義語である。一般に、体験とは「現在、直面している場で身をもって体感していること」を意味するのに対し、経験はこの意味に加え、「体験の結果、身に付いた知識、技能、態度」つまり「学習されたこと」をも含意するとされる（10章参照）。この区別を踏まえるなら、上述した学びへの身構えは、まさに何年にもわたる学校生活で身に付けることのできる「経験」そのものだといえよう。

ここで留意すべき点は、この「経験」は日常的な「体験」の積み重ねによってこそ培われるという事実であろう。日常生活におけるほとんどの「体験」はすぐに忘れ去られ、「経験」にまでは至らないことばかりかもしれない。しかし、同質の「体験」が繰り返されると、それが身体化されて「経験」となる（体験の経験化：10章参照）。そのように考えると日々の授業の一瞬一瞬における子どもたちの「体験」の質が、教育を考える上で大変重要なテーマとして浮上してくる。

本章では、学校での学びの「経験」について、子どもに「体験される授業」という観点から検討してみたい。とりわけ、授業における子どもの「体験」とは何かを問うとともに、その「体験」を大切にした授業の展開について考えてみたい。

子どもの実態から授業をつくる

「子どもの実態から授業をつくる」ことが重要だと異口同音に語られる。そもそもどういう意味なのだろうか。

よく耳にするのは、子どもたちの「学力」の把握や「学習態度」などの見取りをもとに授業を事前に具体化するという解釈だろうか。この解釈の根底には、「実態」なる固定化された情報を授業計画に適用するという発想がある。しかし、これはあまりにも浅薄な「授業づくり観」ではなかろうか。子どもの「体験」という観点から「子どもの実態から授業をつくる」というフレーズを意味づけるなら、まったく別の「授業づくり観」、すなわち、「ダイナミックな授業展開において顕れる子ども（たち）の姿をもとに、教師が授業を現在進行形で創り出すことが授業づくりである」という考えが立ち現れるはずだ。そこで教師にむしろ求められているのは、目の前の子どもたちの様子を丁寧に見取りながら、子どもと一緒に学びを創り出すプロセスに心を砕く誠実な身構えであろう。そこでは、一人ひとりの子どもの表現（発言、表情など）に細心の注意を払い、それらを手がかりとしながら、彼らの「体験」に思いを馳せるような「想像力」が教師に求められるに違いない。なぜなら、今、ここで子どもに体験されていることこそが、現在進行形の「子どもの実態」であり、教師の授業中の即興的な対応はそのような実態の見取りに呼応して生じるからである。

課題に「正対」する体験

そもそも授業が成立する条件とは何かについて、個々の子どもの「体験」という観点から考えてみよう。まず大前提とされているのは、「課題に向きあう体験」だといえるだろう。何よりも個々の子どもが課題に向きあっていなければ、授業の場に存在していたとしても、授業に参加していないということになり、学習成立の前提条件を満たしていないことになるからである。

「課題に向きあう体験」を教師が直観的に捉えることはそれほど困難ではない。その体験は、課題に注意を向け、意識を集中している個々の子どもの姿に自ずと顕れる。真剣な眼差しや教師や級友の話を聴こうとする姿勢、真面目な表情でノートやプリントに自分の考えを書き込む姿などから、われわれは彼らの「課題に向きあう体験」を容易に見取ることができる。さらにはその向きあう度合い、つまり夢中になっていたり、熱中しているといった没頭体験も彼らの姿から伝わってくる。

以上のように考えると「課題に向きあう体験」を子どもたちに保証するために教師に求められているのは、一人ひとりの「個」としての子どもが授業において課題に正対する（まっすぐに向きあう）姿、すなわち「子どもが課題に対して直接的な注意を向け、心身のエネルギーをそこに

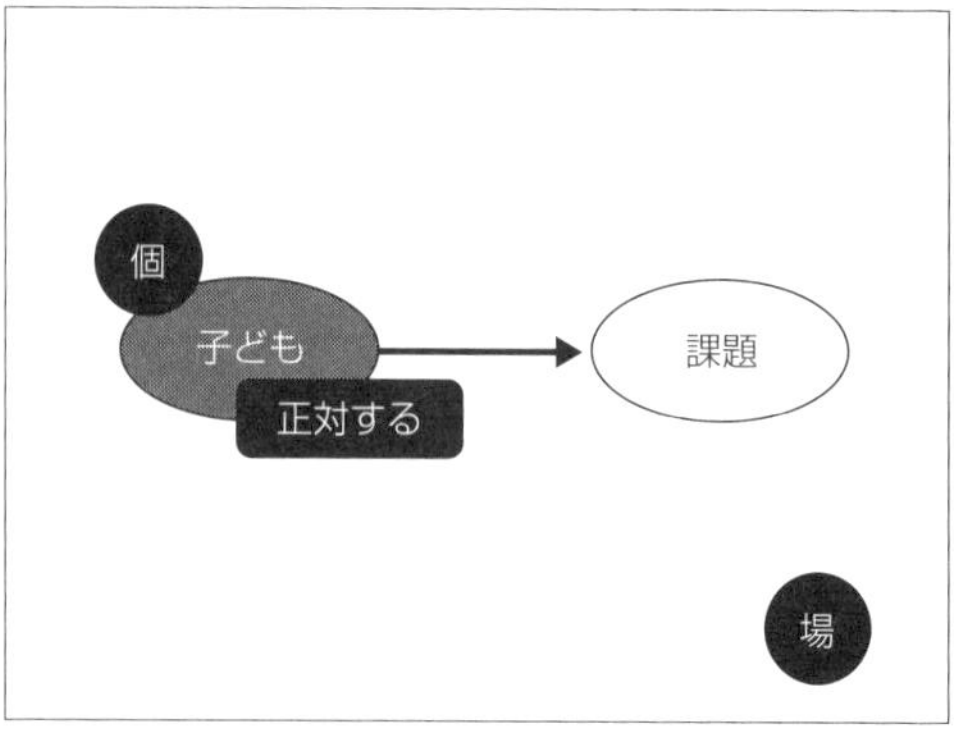

図14－1

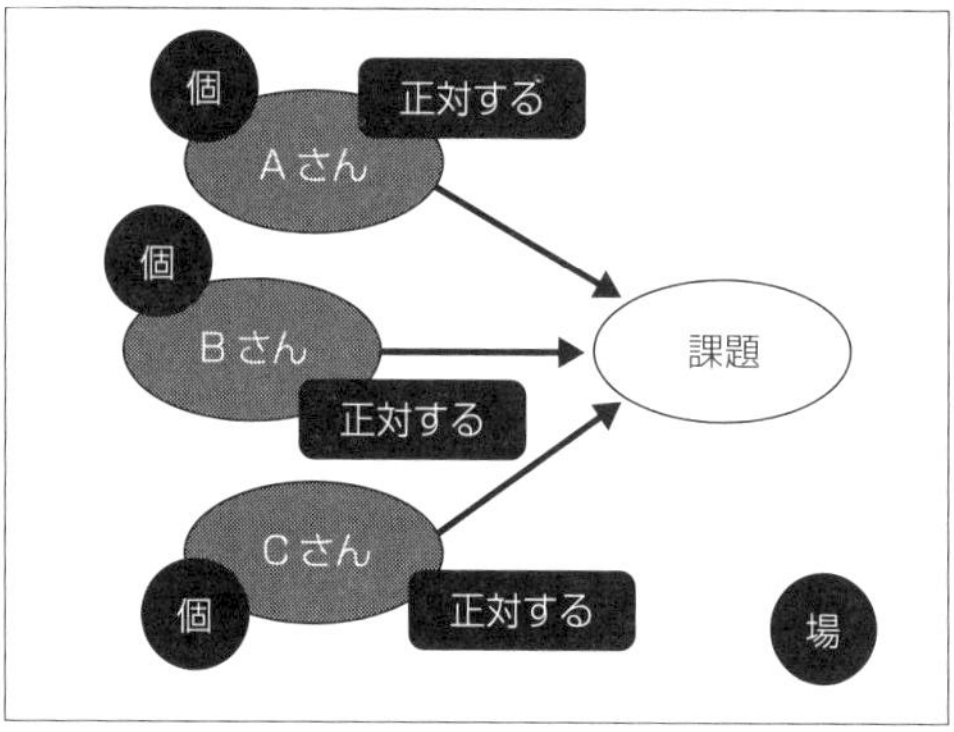

図14－2

振り向けている姿」が見られるような現在進行形の場（図14－1）を創り出すことであろう。

当然ながら、授業に複数の子どもたちがいることにも教師は留意しなければならない。その際には、学級集団は単なるマス（かたまり）ではなく、一人ひとりが異なる「個」の集まりであると捉えるべきだろう。「体験」は個別に固有なものだからだ。したがって、教師が子ども同士で考えを交流させたいというねがいを持ち「みんなで学習することを大切にする」のであれば、個々の子どもたちが同じ課題に正対するような、つまり共通の対象にともに注意や関心を向ける場（図14－2）を創り出すことが求められることになる。

以上のことからシンプルに導きだされる結論は、子どもたち一人ひとりが正対するような課題である（課題になる）こと、例えば、関心や興味が惹き起こされ、それが持続するとともに、その学習自体に教育的な価値があるような課題を授業で扱っているかという点が肝要であり、いわゆる「教材研究」が教師にとってまず重要な仕事になる（8章参照）。子どもの側から言い換えるなら、課題に正対するという体験はこのような「学習材」によって保証されるのである。

では、授業の中で課題に正対した子どもたちの学びはどのように展開されていくのであろうか。例えば、Bさんがある発言をしたとしよう。それはBさんが課題に正対しているからこその表現であり、AさんやCさんはそのBさんの発言にあたかも巻き込まれるように自ずと注意を向けることになる（図14－3）。AさんもCさんも同様に課題に正対しているからである。もしAさんやCさんが課題に正対していなければ（あるいは正対しようとしていなければ）、Bさんの発言に耳を傾けることはないだろう。

ここで指摘すべき重要なポイントは、AさんとCさんが関心を向けている対象は、Bさん自身というよりもBさんの課題との向きあい方とそれに伴う表現だという点である。つまり、「学びあい」とか「対話的な学び」といった現象の基本は個々の子どもと課題とのかかわりにあり、このような課題に正対する「体験」を問わずに協同学習について論じることなどできないということがわかる。

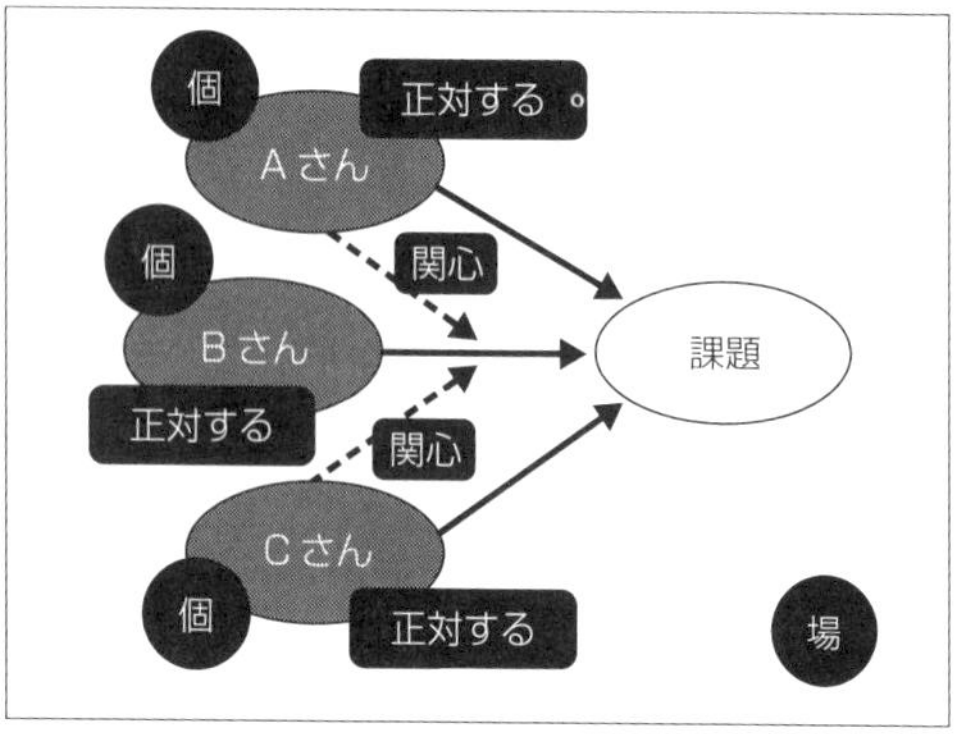

図 14－3

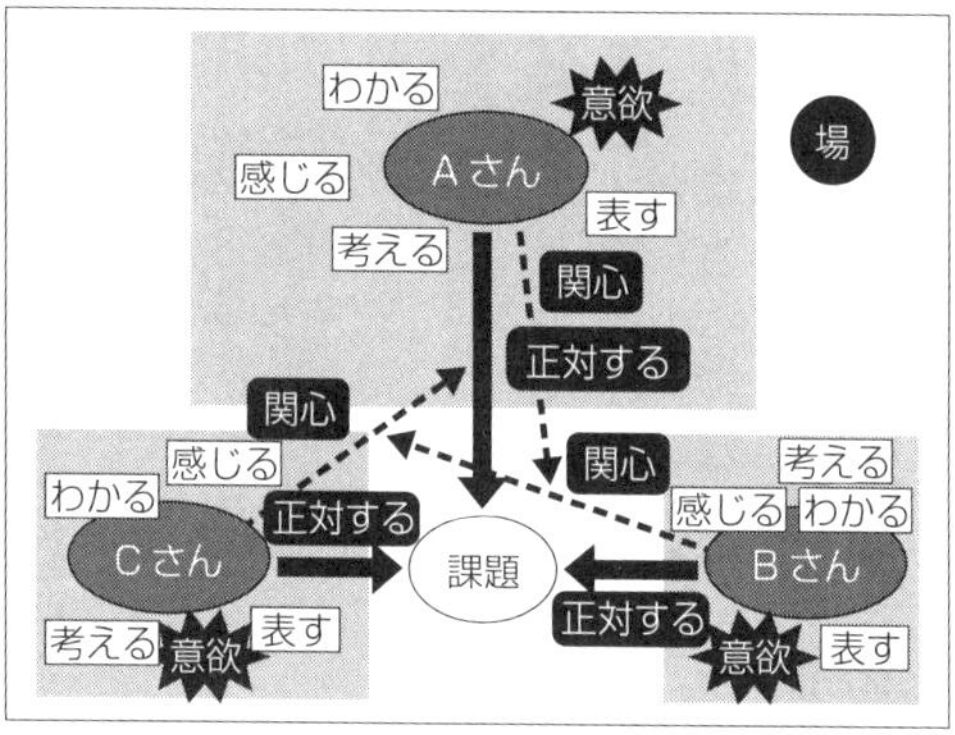

図 14－4

このように子どもたちが課題と正対している授業においては、学びたいという意欲が内に生じ、感じる、考える、わかる、表すといった学習活動がダイナミックに生じることになる（図14―4）。課題に正対することによって心身が活性化するこのような「体験」、これこそがわれわれが想定すべき子どもたちにとって価値のある授業体験なのではなかろうか。

課題に正対する場を創る教師

では、子どもの「体験」を大切にした授業づくりとは、教師のどのような営みを指すのであろうか。小学校一年生算数で「10で考えるよさ」に気づくことが目指されていた藤本実践(1)の印象的な授業場面をもとに検討してみよう。

答えが10を超える「9＋4」というたし算に対して、藤本先生は絵や図、ブロックなど何を使ってもよいので、自分の考えをホワイトボードに書き表すように指示し「ホワイトボードは、友だちが見てわかるようにくわしく書いて」と伝えたところ、子どもたちは一生懸命書いていて「本当によく考えてやっていた」という印象を抱く。

はじめは少し早めに時間を切り上げて、個々の考えをクラス全体に紹介しようと考えていたが、もう少し時間が欲しいという子が多く、時間を取ることにしたという。

これは何気ない教師の日常的な判断のようにみえるが、藤本先生は課題に正対する場を準備するとともに、子どもたちの課題に正対している体験を彼らの姿から見取り、教師の直観的な反応として即興的に場を創り出したことがわかる。

「8＋3」の学習活動では、次のような展開があった。藤本先生はJ君の「2をわ、け、た」という表現に着目してそれを板書し、「8に2をたして10」「こたえは11」と確認したところで、「先ほどJくんが言った2をわけたとはどういうこと？」と聞くと「3からわけた」「2を8にたした」という子どもの発言が見られた。さらに「3から2こわけるということは、もう一方はどうなる？」と問い、1が残りであることを確認する。そして、このような考え方のホワイトボードを「わけた、もってくるグループ」と命名したのである。藤本先生は、言葉足らずなJ君の発言をあえて取り上げることで、すでに課題に正対している子どもたちによる協同的な思考の流れを創り出し、その学びの成果に対して「わけた、もってくるグループ」と命名したのである。

さらに、授業の残り時間5分で練習問題の「7＋4」を扱った際、「どちらをわけた？」と発問し、「4のほう」と答えが返ってきたので「なんで4のほうをわけたの？」と重ねて発問したところ、C君が「すうじがすくないほうをわけた」と発言する。みんなから「そうだ」という反応があり、次時にもつながる発言だと思い、板書する。

また、「4をどうやってわけた？」という発問に対してQ君が自信満々に「7と11」と答えたので、Q君の〈誤答（？）〉を受け止めてそのままそれを板書すると「ちがう」の声が上がったので、さらに聞くと「7と11で4にならない」「10のまとまりをつくったらいい」という発言があり、ほかのわけ方を聞くと「3と1」「2と2」「1と3」という意見が出る。「2と2」という答えの理由としてL君が「数字が同じだから」と〈誤答(?)〉する。藤本先生が「そうなのかな?」と返すと、ほかの子が「10にならないから」という声が上がり、まわりも納得の様子になる。「3と1」か「1と3」かと言う子どもたちの迷いに対しては、藤本先生が「1と3」の場合を青線でくくると変な形になることを示し、「やっぱり3と1だったね」と赤線でくくり、「10と1で11」と確認して授業を終えた。

これも何気ない授業の一場面のように見えるが、そこには時間的な制約がある中で〈誤答(?)〉を積極的に取り上げて、板書を積極的に活用しつつ協同的な思考を創り出し、授業のねらいを実現しようする教師の姿がある。これができたのも子どもたちが課題に正対していたからであろう。

次時の「3+9」の学習活動では、3をわけた子どもたちを前に出させ、「『1と2』『2と1』どちらかな?」と聞くと、「2と1」と答えたC君は、その理由を「9に1が近いから」と述べる。藤本先生は「ここは大事なところだ」と感じ、「どういうことだろう?」と詳しい説明を求めると「1と2のほうは、9と1は遠くて、2と1のほうは9と1が近い」とC君が発言する。

そこで藤本先生は板書で線を結びながら「2と1のほうが○で、1と2もいいが、10のまとまりをつくると形が変になってしまう」と前時の学習とつなげながら説明を補う。そして「9をわける」「3をわける」の2つのわけ方があったことを確認して、「今の話を聞いてみて、どちらがやりやすいか考えてみて」と指示して30秒ほど考えさせた上で挙手を求めた。すると3のほうがわかりやすい理由としてC君は「1を足したら10になるから」と発言する。その時、N君が目を輝かせて「あー」と何かわかったようだったと藤本先生は見取っている。

C君に詳しい説明を求めると「3のほうは1足したら10になるけど、9のほうは7を足したら10になる」と発言し、多くの子どもがわかったようだったという。そこでさらに藤本先生はブロックの移動の様子を見せ、3から1を持ってくるほうが容易であることを視覚に訴えて確認した。このエピソードには、子どもたちの思考に伴走しつつ、その流れの中で大事な学びのポイントを感知しながら、即興的な思考によって授業を展開している教師の姿が認められる。

以上の藤本実践から学ぶべきことは、課題に正対する「体験」に根ざした個々の子どもの表現（言葉、表情など）に敏感になり、それらを受け止めるとともにその真価を認め、さらにはその意味を他の子どもたちと共有しながら、学びを深めていこうとするような「丁寧な授業展開」であろう。

N君が目を輝かせて「あー」と何かがわかった姿の背後にある体験こそが、学びの経験を形づくるひとコマなのではなかろうか。何かがわかった喜びで思わず「あー」とつぶやいて目を輝かせる体験は、ほんの一瞬のことかもしれない。しかし、その一瞬の積み重ねを通してこそ、ものごとに正対して学ぼうとする心構えが身に付いていくのだと思う。そしてわれわれは、「子どもに体験される授業」に思いを馳せ、「丁寧な授業展開」に心を砕く教師の姿がこのような「体験の経験化」へのプロセスを支えているという事実を、藤本実践によって確認できるのである。

［注］

（1）藤本一郎先生（藤沢市立俣野小学校教諭：二〇〇八年度当時）による実践。藤本一郎「みんなで考える算数のおもしろさへ――小学校1年算数科」『教育実践臨床研究・子どもの事実に学ぶ――授業における経験の意味』藤沢市教育文化センター、二〇一八年、五九－一〇一頁

15 「単元づくり」に挑む―学びの実感と深まり―

●「暗記科目」を超えて

「社会科は暗記科目だ」と一般に信じられている。学習指導要領等の公文書に書かれているわけでは決してないし、あからさまにそう明言する社会科教師は稀だろう。にもかかわらず、われわれがそう思ってしまうのは、テストの点数を稼ぐために求められる勉強がまさに「暗記」であり、それをあたかも暗黙の前提にしたかのような、一方的に教師が知識を与える授業が遍在する実態があるからだろう。きわめて残念なのは、子どもたちがそのような授業を繰り返し体験することを通して、「覚えることばかり多くて、無味乾燥とした、つまらない教科」という「社会科観」（教科観）を学習してしまうことである。

海保雄先生[1]と佐藤遼先生[2]の実践は、このような「暗記科目」という汚名を返上するために、社会科が「楽しくなるように」（海保先生）、「好きになるように」（佐藤先生）とねがいつつ、活き活きした学びを創り出していった奮闘努力のプロセスにほかならない。

身近に感じる・「本物」とかかわる

海保実践[3]でまず印象的なのは、海保先生が「身近」というキーワードに徹底的にこだわり、子どもたちにとって魅力的な「めあて」を具体化することによって単元がダイナミックに展開されている点である（以下、『　』内は注3文献からの引用である）。

『日本一うまいお米を食べよう』『最高級の海鮮丼をつくろう』といった単元を貫く「めあて」は、まさに「食べる」というわれわれの日常的で具体的な行為に焦点が当てられている。「うまいお米」は、われわれの日々の問いでもあるし、「海鮮丼」のような身近でありつつも、やや謎めいたメニューについて、しかも「最高級の」という形容詞つきで考え、しまいにはそれを「つくろう」などというテーマは、想像するだけでも楽しい。子どもたちは「うまいお米」の追究を通して、いわゆる「農業の学習」として、米の産地や土地に適した品種改良、農薬をめぐる問題などについて学びを深めていったし、「漁業の学習」としては、マグロやイクラといった「海鮮丼」の具の話題に始まって、「それはどこでとれるのか？」「どのような漁法か？」「輸送の方法は？」といった疑問を解決するプロセスを通して、漁法の工夫、漁業の就労人口の減少、暖流や寒流の影響などを理解していった。しかも、この二つの単元がお米つながりだという点にも注目したい。子どもたちの学びのストーリーが単元間で継続するように意図されていたのである。

『藤沢の謎の工場を調べよう！』という「めあて」も子どもたちにとって魅力的だったに違いない。地元の工場であっても、普段から意識されることは稀だろう。しかし、いったん注意を向けてみると謎だらけであることがわかり、身近にある存在だけに、その謎を解明したくなる。この「めあて」は、子どもたちの探究心を刺激し、彼らは地元藤沢に多種多様な工場がたくさんあることを発見して驚くとともに、工場マップの作成を通じて川と工場が関係しているということ（立地条件）に気づいたり、「ベアリング」という謎の部品に出あい、さらにその実物に触れたりすることを通して、自動車工場の周りに部品工場が点在していることなど、いわゆる「工業の学習」を深めていったのである。

直接体験が単元展開をダイナミックにしていったという点も見逃せない。『藤沢の謎の工場を調べよう！』では、フェンスの隙間から工場内をのぞいたり、工場に入っていく人に質問したりして『泥臭く足で調べる』ことが、気になる工場に直接、電話してインタビューする方法へと発展していった。子どもたちにとって、電話の向こう側は本物の社会であり、そこにふれ、かかわることはワクワク・ドキドキする貴重な学習体験であった。昨今、インターネット空間にある間接情報を集めて、それらを整理してまとめるような「調べ学習」が一般化しているが、それが真の意味での「調査」になっているかどうかは極めて疑わしい。それに対して、海保学級の子どもたちは、「泥臭い」本物の調査活動の一端を体験することができたのである。実際、現場を訪ねたり、当事者にかかわったりするような『アナログな調べ方』こそが子どもたちの意欲を高め、学びを深めていった。いすゞ自動車への工場見学では、それまでの学びの蓄積があればこそ可能になる子どもたちのマニアックな質問や発言に工場の人もビックリするほどであり、子どもたちのこのような学習活動の流れは、最終成果である「工場本」の作成へと自然に誘われていったのだ。

以上のような海保実践からわれわれが確認すべき点は、「うまい米」や「海鮮丼」といった個別具体的な事象にとことんこだわり、「ベアリング」や「工場で働く人」といった実社会にある本物とかかわっていくことを通してこそ、自ら感じ、考える姿が子どもたちに顕れるという事実であろう。よく「総合的な学習の時間」の単元づくりの秘訣として「間口は狭く、奥行きを深く」というイメージを持つことが大切だといわれるが、社会科（のみならず他教科）においてもこのことは当てはまるのではないだろうか。例えば、大人であっても「封建制度とは」などといった抽象的なテーマより、「下級武士の一日」といった活き活きした具体的事象のほうが「面白い（interesting）」と感じるに違いない。その証拠に、テレビのドキュメンタリー番組の作り方はまさにこの法則に則っている。はじめから小難しい原理的な話題からスタートするような番組はないはずだ。視聴者の関心を惹き起こさないからである。個別具体的な狭い「間口」に始まり、より広角で原理的、概括的な説明は後からやってきてこそ、視聴者の心をつかむのである。「単元づくり」の原理とまさに合致している。

子どもたちが『小さな部品の凄さ、日本の工業の凄さを感じてくれたのではないか』という海保先生の言葉が印象的である。そこに端的に表れているのは、個別的、具体的、エピソード的な印象深い学習活動をくぐり抜けてこそ、一般的、抽象的、原理的な学びが確かに成立するという事実である。そして、子どもたちにとっての「身近」にこだわって、まるでドラマ仕立てのような単元展開を想定することが、わくわくした気持ちで子どもたちが学びに向かうプロセスを実現するための単元づくりの原理原則だと再確認することができるのである。

子どもの問いに気づく・気づきに気づく

社会科の中でも、とりわけ「暗記」だと思われがちなのが歴史分野の学習である。歴史の授業は「チョークとトーク（とジョーク）の授業」と呼ばれるような講義調が典型であり、教師がうんちくを語る名人芸のような講義が、特に高校の日本史や世界史の授業で散見される。学習者が「情報の受容者」とされているこのような実態が、「社会科は暗記科目」という国民の教科観を再生産するという帰結を招いているのかもしれない。

佐藤実践[4]はこのような現状に対する、きわめて具体的な提案だといえよう。子どもに問いや気づきが生まれ、教室空間でそれらが表現されることで自然と学びあいが生じ、一人ひとりが自分なりの認識を深めていったことが実践報告に綴られている。それは教師による講義型の授業とはまったく異質な授業風景であった（以下、『　』内は注4文献からの引用である）。

ただ、はじめからそのような授業が成立していたわけではない。実践当初は、子どもたちの気持ちが乗ってくるような楽しい授業ではあったものの、佐藤先生が大事なポイントを「実は〜」とまるで「種明かし」をするような「教師がうんちくを語る授業」のせいぜい変形にすぎなかった。子ども自らが問い、気づいていくような授業ではなく、教師が教材研究したことを、教師自身が説明してしまうような授業に陥っていたのである。

佐藤先生自身が子どもに向きあう感覚を鋭敏にして、子どもの発する問いに気づく、そして子どもの気づきに気づくようになるとともに、そのような体験を喜び、楽しむようになっていくことに伴って、授業風景は次第に変化していく。素朴で、答えが必ずしも一つに定まらないような「オープンな問い」を持つ子どもが次第に増え、それらの問いに対する子どもたちの気づきが交流するような展開が即興的に生じるようになっていったのである。例えば、「なぜ武士になったんだろう？」「こんなに強い江戸幕府、どうやって滅亡したんだ？」といった疑問が自然につぶやかれるようになったり、元寇の絵巻を見て「日本軍は馬に乗って戦い、元軍に馬はいない」というある子どもの気づきに対して、他の子どもが「元軍は船で攻めて来ているから、馬を乗せて来るとエサを用意したり混んだりして大変だからかな」と応じたりするというように、相互に気づきをつなげていくような姿が増えていったのである。その背景には、そのような子どもの姿を常に笑顔で受け止める佐藤先生の姿がある。そして、われわれはその佐藤先生の笑顔に、子どもの問いと気づきに気づく感性と、学びの深まりを喜ぶ心情を感じ取ることができるのである。

　残念ながら、「タイムマシン」といったSFの世界が実現しない限り、歴史の学習で子どもたちが何らかの直接体験をすることは困難である。佐藤実践のポイントは、この直接体験できないという歴史学習の制約を乗り越えるために、子どもたちが歴史的想像力を働かせるような「しかけ」（7章参照）として「もし自分だったら?」といった問いを投げかけるという着想に見いだせる。その時代に思いを馳せることで、子どもたちが歴史事象に向きあう視点を他人ごとから自分ごとへと転換して考えることができたのである。

　しかも、この「しかけ」は、佐藤先生の「ねがい」（子どもたちが『いつか社会をつくっていくため』に、歴史を他人ごととして捉えるのではなく、『歴史的事象をさまざまな視点から考えられるようになってほしい。歴史の見方を広げてほしい』）に根ざしたものである。特筆すべき点は、『「歴史は他人事」ではいやだ。確かにもう過去だから、他人事だけど、ある面では他人事ではない。過去があって今があるし、今があってこれからがあるのだから』という佐藤先生の語りに見られる「歴史観」が、より確かな「教科観（社会科観）」として佐藤先生の「ねがい」に含み込まれている点であろう。夏季集中研究会を経て明確化した上記の「ねがい」に基づいて、「自分がこの時代を生きていた人だったらどうする？」を子どもたちに対して常に問うような実践が二学期以降、明確に展開されていったのである。例えば、『開国を迫るペリー。みんなが江戸時代の人間だったら、開国？　鎖国？　どうする？』『もし自分が慶喜から信頼されている家臣で、この世の中で幕府はどうすべきか、慶喜から「おぬしはどう考える？」と相談されたら、なんて答える？』のように、子どもたちが自らの考えを深めていくための切り口を当時の人々の思いに迫っていくことを促す「発問」が教材研究を通して具体化されていったのである。

「戦争と人々のくらし」の単元が圧巻である。個別具体的な事象に焦点を当てて、それを自分ごととして問うことを通して、子どもたちは「史実」に根拠づけられた自分なりの「歴史の見方」をつくっていった。例えば、「配給制」「切符制」の仕組みを知ったり、当時の生活では「梨」が貴重品であったことに驚いたり、「戦争中の教科書」「なぎなたの訓練」「戦争中の運動会の種目」といった情報にふれたり、疎開中の子どもに関する新聞記事を読んだりすることで、戦時の当事者である子どもたちに思いを馳せ、「もし自分だったら？」と想像することを通じて戦争について「自分ごと」として考え、認識を深めていく体験を繰り返していったのである[6]。

「当時の子どもたちの将来の夢は、なんだったと思う？」という佐藤先生の発問に対するある子どもの「軍人！」という応答に、子どもたち一同が「ハッ」と驚く姿も印象的だ。その場でとっさに表現された「軍人」という発言が、まさに当時に思いを馳せた自分ごとの思考の賜物であり、子どもたちがその想像力の確かさに気づくとともに、当時と現在とのギャップを直感的にしかも痛烈に感じ入った瞬間なのである。

『一つの歴史的事象でも、立場が違えば見方も変わる』。この佐藤先生の言葉は重い。複数の視点から問うことで、子どもたちは細かな気づきを相互につなげていってより大きな気づきを協同的に創り出す。そのような子どもたちの姿の積み重ねこそが、子ども自身の「歴史の見方」が形成されるプロセスなのではなかろうか。そして、それは同時に佐藤先生のねがいの実現プロセスでもあるのである。

例えば、「スイッチ一つで爆弾を落とすことで、こんなことになってしまう。私だったらできない……」と話し、「結局、戦争って立場によってさ……」とつぶやく女の子の姿について、『この単元を通して子どもたちに感じてほしいことの一つだった』と佐藤先生自身が振り返っている。また、東京空襲に米軍パイロットとして参加した元アメリカ兵が当時の思いについて語っている動画を見て、「ああ、アメリカ人の友だちがほしいよ。戦争について語りあいたいよ」とつぶやく女の子の姿については、『私もクラスの子たちも、その発言には驚かされたし、感心させられた』と述べている。これらは、学習者が「情報の受容者」とされる「チョークとトーク（とジョーク）の授業」では決して見られない子どもたちの姿なのである。

「学ぶ実感」の体験へ

「思考力」の育成が叫ばれて久しい。「思考力の育成」が安易に強調される風潮は相変わらずであるが、それを教育実践として実現することは極めて困難であることを、まずわれわれは肝に銘じるべきであろう。なぜなら、「思考力の育成」など一朝一夕にできるものではなく、ましてや「ハウツー」の発想で達成できるものでもないからである。むしろ、子ども一人ひとりの問いや気づきを大切にして協同的に学びを深めていくようなコミュニケーションの繰り返しによって、また、子どもたちの自ら考える姿が繰り返し顕れるような実践の積み重ねを通して、「思考力」なるものの土台がようやく育まれるのだといえるほど、それは息の長い取り組みなのである。

この観点から見たとき、海保実践と佐藤実践の共通点として、思考活動と学びへの意欲が一体化したときに得られる「学ぶ実感」を子どもたちが体験して、それを繰り返すことで学びが深められていったという事実が浮かび上がってくる。それは、子ども自らが問い、気づくという思考のダイナミックな瞬間が、授業内コミュニケーションで日常的に生起していたということにほかならない。海保実践では、身近な本物に出あい、かかわることを通して子どもたちは「学ぶ実感」を体験したし、佐藤実践では「もし自分だったら？」と問うことで、子どもたちが歴史事象を「自分事」として捉える過程で認識を深めていくような「学びの実感」を体験した。

以上のことを踏まえるなら、子どもたちが主体的に学びを深めていくような授業を実現するためには、両先生のように、教師が「単元」という発想を持つこと、さらには自らの「教科観」を明確化しつつ、それを含み込んだ確かな「ねがい」を抱いて、それが単元間を貫いていることが大切だということがみえてくる。その意味で、教師は「単元づくり」で勝負しなければならないのである。

［注］

（1）藤沢市立鵠沼小学校教諭（当時：二〇一七年度）

（2）藤沢市立長後小学校教諭（当時：二〇一七年度）

（3）海保雄「藤沢の謎の工場を調べよう！――小学校5年社会科」『教育実践臨床研究・目の前の子どもと向き合う――教師として欠かせないもの』藤沢市教育文化センター、二〇一七年、四九-七四頁

（4）佐藤遼「歴史の見方を広げよう――小学校6年社会科」『教育実践臨床研究・目の前の子どもと向き合う――教師として欠かせないもの』藤沢市教育文化センター、二〇一七年、七五-一一三頁

（5）藤沢市教育文化センター教育実践臨床研究部会の年中行事の一つで、夏季期間に数日間にわたり集中的に開催される研究会。研究員、研究員ＯＢ、部会担当者が参加する。同部会については5章注8参照。

（6）個人の体験には自ずと限界がある。だからわれわれ人間は問題に向きあうときに、その解決に向けて自らの体験を超えて想像力を働かせるように生まれついているのである。

16

「学びあい」を問う

大学の授業で「協同学習」に対する意見を学生に求めると、その評判は必ずしも芳しくない。「グループ学習」や「班活動」の過去の体験を思い浮かべるのであろう。「真面目な人とサボる人の格差」「責任の押し付けあい」「学習と無関係な雑談」といったネガティブな思い出から「無駄な時間になりがちだ」と結論づける者も少なくない。

彼らが「協同学習」に懐疑的なのも無理はない。協同を意図した多くの授業が失敗に終わっているという残念な現実があるからである。教師がグループに学習活動を丸投げする授業がいかに多いことか。確かに少人数だと話しやすくなるかもしれない。しかし、グループやペアを組織したからといって「学びあい」が成立するとは限らないのである。

そもそも少人数形態を利用した授業展開には物理的な困難さがある。授業中に学習者間で同時多発的に生じるコミュニケーションプロセスはそれぞれ異なっているにもかかわらず、教師の身体は一つきりである。いくら周到に授業準備をし、細心の注意を払って「机間指導」したとしても、全グループの様子を教師がモニターしつつ的確な指導をすることなど不可能に近い。教師の教育的意図に基づく臨機応変な指導が十分に行えず、結局は子どもたちに学習プロセスを「丸投げ」せざるをえないのである。

むろん、「協同学習など非現実的だ」と主張したいわけではない。むしろ逆である。筆者自身、授業中に子ども同士が学びあう光景に数多く出あってきた。必ずそこには、自らの考えや思いを表現したい、さらにはそれらを互いに伝えあいたい、聴きあいたいという子どもたちの意欲的な姿がみられた。特筆すべきは、いわゆる一斉授業形態であってもこのような学びあいが生じるという点であろう。グループやペアといった学習形態が問題にされがちだが、「協同学習」の本質はそこにはないのである。

「学びあい」の心理的・環境的条件

「協同学習（cooperative learning）」の教育的効果を明らかにしたことは、教育心理学の特筆すべき功績の一つとされている。[1] 協同学習の成果は意欲の社会的な相乗効果によって支えられた一人ひとりの（学業的、社会的）学習の成立とその質の高まりに見いだされることがわかっている。

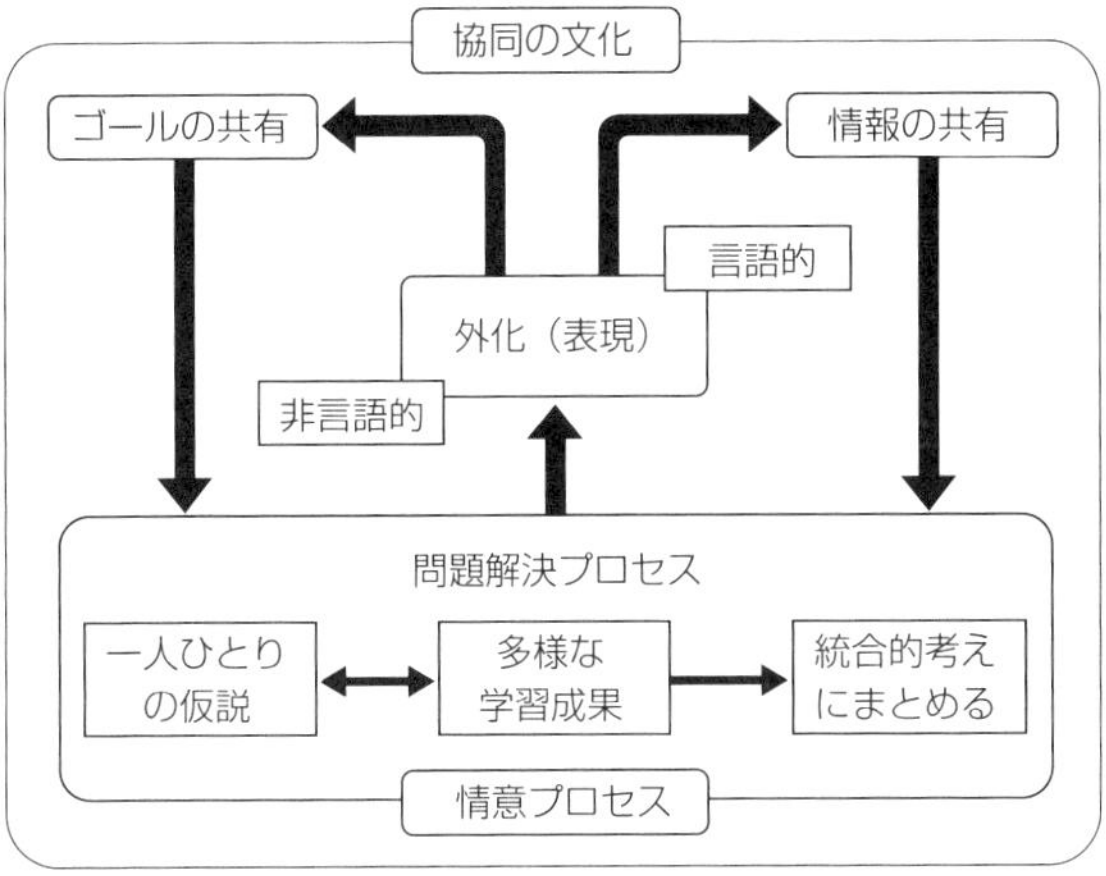

図16－1 「学びあい」の心理的・環境的条件

その研究成果を実践に生かすためには、まず「協同学習」の必要条件としての学習者の心理的・環境的要因に目を向ける必要がある。例えば「協調的な学習環境が満たすべき条件」として、以下の五点が指摘されている。[2] すなわち、①メンバーがゴールを共有すること、②一人ひとりが仮説を持つこと、③問題解決プロセスが外化（外的に表現）され、その情報が共有されること、④多様な学習成果を統合的な考えとしてまとめていくこと、⑤「協調する文化」をつくることである。これら五点は並立されているが、図16-1はそれらを筆者なりに構造化してアレンジしたものである。

学びあいを実現するために

子どもたちがゴール（「学習のめあて」など）を共有して問題解決していく過程で、一人ひとりが仮説（予想など）を持ち、多様な学習成果（気づきなど）を統合して考えをまとめ（理解や認識)、それらを互いに表現しあい、情報をメンバーで共有しようとするような心理現象がメンバー全員に引き起こされること。教育する側には、そのような子どもたちの心理状態が現実化するような教育環境(心理的・環境的条件)のデザイン[3]が求められているのだといえるだろう。

何よりも、共にわかるようになったり、できるようになったりすることを喜びとするような「協同の文化」が教室に醸成されていることが土台となる。問題解決プロセスは、調べてみたい、わかってうれしい、ワクワクするといった情意プロセスでもある。「学ぶ喜び」が言葉、表情、ジェスチャーといった媒体を通じた相互コミュニケーションによって伝わりあうことで「意欲の社会的伝染」が生じる。そのような「教室の空気」の日常的な積み重ねによって協同の文化は醸成されていく。

子どもたちに学習を安易に「丸投げ」して学びあいが起こるはずはない。学びあいの成立は、むしろ教師が信頼して「丸投げ」できるような協同的で自律的な子どもたちを育むこと、すなわち「学びあう喜び」を最大限に尊重する教育実践と表裏一体なのである。

「他者性」を前提として

学校教育では、大人でさえも実はできていない困難な課題を子どもに強いているようなところがある。例えば、「みんな仲良く、力をあわせて」ということが学級目標などで頻繁に(しかも気楽に?）強調されるのだが、実際問題として、われわれ大人にとってもこの「理想」を実現するのは至難の業である。

私が米国に滞在中に訪問した小学校一年生の担任教師が次のように語ってくれたことを思い出す。「みんな仲良く、力をあわせて」などということは幻想である。それよりもむしろ、自分と他者との違いを認識した上で、自らの振る舞い方を考えることの方が大切なのではないか、と。「私とあなたは同じ」ということを暗黙の前提としがちな日本では、「みんな仲良く、力をあわせて」流のスローガンが何の疑問もなしにお題目のように掲げられがちである。それに対して「私とあなたは違う」（他者の「他者性」）ということを前提とする米国社会であっても、むしろ日本流のスローガンの方が一般的であって、「他者性」を学校教育で教えるには教師の自覚が伴うということをそのとき知って、驚いたものだ。

「みんな仲良く、力をあわせて」というスローガンには、特定の集団規範を一律に押し付けるようなところがある。「他者をどうしても受け入れられない気持ち」や「集団が進んでいこうとする方向に納得がいかない気持ち」などを封じ込めて、親和的な友人関係を保つことを強制したり、集団活動への盲目的な献身を強いたりすることになりかねない。そのような体験をさせることで、はたして「社会性」や「人間性」を育むことが可能になるのだろうか。

われわれ大人自身の事情を振り返ってみればわかるように、そもそも職場などの社会的な場で

「みんな仲良く、力をあわせて」などという状況を実現するのはきわめて困難だろう。むしろ、そこで大切にされていることは、他者との適度な距離を調整する力であったり、自分や他者の持ち味を認めたり、互いの短所を許容するような態度だったりする。それは単なる「仲の良い関係」ではない。そこには「力をあわせることが困難な関係」さえも含まれる。つまり、社会的な集団というものは常に不安定な要素を内包しつつも、多種多様な個性の集まりによって生じるダイナミックな力学を通じて調和を保とうとするのであり、そこで個人に求められることは、「私とあなたは違う」という「他者性」を前提とした認識と、自己と集団との関係を調整する能力である。

「学びあい」はこのような他者の他者性を前提とすべきではなかろうか。「私とあなたは違う」から、そこに化学反応が生じるという点にこそ、社会の困難さと同時に意義を見いだすことができる。だから、「他者性」を前提とするとは排他的であるという意味では決してない。むしろ個のユニークさを認めることであり、「協同の文化」は個の多様性を条件とすべきなのである。

聴きあい、語りあう教室

「学びあい」の前提条件として、この「他者性」に加え、「聴きあう、語りあう関係」があるのではないかと私は考えている。

コミュニケーションとは単に情報を伝達しあうことではない。例えば、「聴く」は単なる「聞く」とは異なる。おそらく「身を入れて聞く」「心で心を聞く」というニュアンスであろう。人は「聴く姿」を通して、「あなた」に対して関心を向けているというメッセージを伝えることができるのである。「聞きあう」と「聴きあう」を比べたとき、両者の違いは顕著になる。「聴きあう」という表現の方が、お互いの心を大切にする気持ちが伝わってくるはずだ。

一方、「語る」も「話す」とはニュアンスの異なる言葉である。「語る」とは、自分の考えや思いを相手にきちんと話すことであり、語り手の内面を表現することだといえるだろう。やはり「話しあう」と「語りあう」とを比べてみると、両者の差が明瞭になる。「語りあう」では、「他者」とかかわりつつ相互に「自分」を表現しあうという意味が強調されるのである。

つまり、「聴く」も「語る」もコミュニケーションする相手を前提としており、「自分」と「他者」というそれぞれの存在をクローズアップさせ、否が応でも自他のズレに対して敏感になっていくようなかかわりを意味しているのである。だからこそ、「聴きあう、語りあう教室」が「学びあい」の環境的な条件だといえるのだ。

教室ごとに空気が違うということはよく指摘されるところである。教師と子どもたちが共に個性的な教室の風土を創り上げていくからである。私が優れたクラスの風土だと感じるのは、「聴きあう、語りあう関係」が当たり前のこととして成立している教室である。そこには、聴きあったり、語りあったりすることを大切にし、さらにはそれらを楽しむ日常が存在している。そのような風土づくりのために教師は何を心がける必要があるのだろうか。

まず問われるのは、教師自身が聴いているか、語っているかという点である。教師自身が、よき聴き手・語り手のモデルになると同時に、子どもの優れた聴く姿、語る姿が尊重され、賞賛されるような文化を教室に創り出すことである。

もちろん、言語的コミュニケーションだけではない。子どもたちの表情やしぐさを大切に扱い、その意味やメッセージ性を気にかける姿勢も求められるであろう。教師自らが非言語的コミュニケーションを大切にし、五感で感じ取ろうと心がけているかが問われているのである。

[注]

（1）Johnson, D.W., &Johnson, R.（2009）. An educational psychology success story: Social interdependence theory and cooperative learning.Educational Researcher, 38, 365-379.

（2）三宅なほみ「学習環境のデザイン」波多野誼余夫・永野重史・大浦容子（編）『教授・学習過程論』放送大学教育振興会、二〇〇二年

（3）鹿毛雅治「学習環境と授業」高垣マユミ（編）『授業デザインの最前線Ⅱ・理論と実践を創造する知のプロセス』北大路書房、二〇一〇年

17

「子どもが学ぶ筋」を大切にする

「めあて」と「まとめ」

近年の流行りなのか、教師による「めあて」の板書に始まり、「まとめ」の板書で終わる授業をよく参観する。子どもたちからすると、本時の「めあて」をまずノートに写して授業に参加し、そこで学んだとされる「まとめ」を授業の最後に清書することになる。

「めあて」や「まとめ」の板書をノートに写させることは、はたして効果的なのだろうか。確かに、本時で学ぶことを授業の最初に確認したり、学んだことをノートに記録したりすることには一定の意義があろう。しかし、そもそも「めあて」とは子どもが内面に抱く学習目標のことであり、教師が教えたい「ねらい（教育目標）」とは意味が異なる。それにもかかわらず「ねらい」

をむき出しのまま子どもたちに単に押し付けるだけでは、彼らがそれを自らの「めあて」として意識するとは限らない。「まとめ」も本来であれば、子ども自身が自分の言葉で書くべき事柄であろう。教師の書いた板書を清書させれば、その内容が子ども当人の心に留まるという保証はない。

問題は、この「めあて」と「まとめ」の授業展開に代表されるような「教師の教える筋」を辿らせようとする形式主義や、特定の「型」を実施することで学習が成立すると考える授業観であろう。「主体的な学び」はこの種の思い込みからは決して生まれない。

「子どもの姿」と「子どもが学ぶ筋」

秋の公園で見つけたものから考えた遊び方を子どもたちが紹介しあう生活科の授業を参観した。ドングリをビニール袋に入れて振るとマラカスの音がするとか、葉っぱの付け根を指でクルクル回すと面白い立体に見えるとか、黒い小さな種を並べるとブドウの形になったとか、ユニークな遊び方の発表が続いた。そこで気になったのは、それらの発言に対する「教師の出」である。提案されたそれぞれの遊び方に対して、「その遊びは何という名前なの?」と繰り返し尋ねていたのである。遊びの名前など露ほども考えていなかった子どもたちは、教師の要求にとっさに応じなければならず、「ぐるぐる葉っぱ」「お店屋さん」などと身体をモジモジさせながら窮屈そうに答えていた。

　これは、授業の日常的な一場面にすぎないのかもしれない。しかし、この一連の教師の働きかけは、少なくともそのとき発言した子どもたちにとっては「余計なお世話」のように見受けられた。彼らは自分が見つけた面白い遊びを純粋に紹介したいだけなのだ。確かに「遊びの命名」はその遊びをクラスで共有する上で好都合だという教師なりの意図はあっただろう。ただ、この「教師の出」には、子どもたちが表現した個別具体的な意味を捨象して「遊び方」という一般論へとまとめていこうとする志向性が感じ取れる。ここで確認したいことは、この遊びの命名に向けた教師の働きかけは、そのときの子どもの学びの姿にそぐわないし、彼らの学びの道筋と方向性が異なっているという点である。命名という「形式」やその後の単元展開という「教師の教える筋」が「子どもの姿」よりも優先されたのである。

　その場で教師に求められていたことは、「マラカスのような音」や「葉っぱを回してできる面白い立体」や「種を並べたブドウの形」をみんなに伝えたいという一人ひとりの思いをまずクラスの子どもたちとタイムリーに共有することではなかろうか。なぜなら、彼らの発想やそれを伝えようとする姿こそ、学習意欲の発露であり、それらを尊重する日常の積み重ねこそが主体的な態度を育むことにつながると私は考えるからである。むしろ、われわれが注意を向けるべきはその場その時の「子どもの姿」と、今後展開されそうな「子どもが学ぶ筋」なのである。

「教える筋」と「学ぶ筋」のズレ

以下のような小学一年生国語「くじらぐも」の授業を参観した。その授業は、子どもたちが雲の上に乗ることができたのは、「くじらぐもが応援してくれたからか、突然吹いてきた風のおかげか、みんながんばったからか」という教師の発問で始まったのだが、教師のねらいは「くじらぐも」「風」「みんな」という当初の三者択一を超えて、それらのすべてが寄与していたという点に気づかせることにあった。

私の近くでは二人の男児が熱心に対話していた。「絶対、風じゃないよ、くじらぐもだよ」「空には水がないし……」「空気があるから」「そうか、くじらぐもがしっぽを振って風を起こしたんじゃない？」二人の表情がパッと輝く。「みんな」を応援するくじらぐもが大きなしっぽで風を起こして天まで連れて行ったという統合的な解釈を彼らは即興的に創り出したのである。その背後には、あんなにくじらぐもがみんなを応援してくれたのだから、突然吹いてきた風だけが理由だという考えには合点がいかないという彼らなりの根拠がある。まずは択一的に原因を考えさせようとする「教師の教える筋」に対して、彼らの「学ぶ筋」は、あくまでもストーリーに即しつつ想像力をフルに働かせながら解釈を創造するプロセスそのものだった。残念ながら、その授業でこのユニークな解釈がクラス全体に披露されて共有されることはなかった。あくまでも授業では、天に上った原因を選んでその理由を考えるという「教師の教える筋」に沿ったコミュニケーションが展開されたのである。その結果、どれか一つではなく、三つの要因（みんな、くじらぐも、風）が合わさった結果としてみんなが天に上ったという教師の解釈が学習の「まとめ」として子どもたちに授けられる（押し付けられる？）ことになる。「教師の教える筋」と「子どもが学ぶ筋」は、このようにしてズレていくわけである。

「子どもが学ぶ筋」を尊重するコミュニケーション

もちろん、教師の教育的意図がなければ授業とは呼べない。「教師の教える筋」の想定は授業に不可欠である。しかし、だからといってそれを辿らせるだけでは、子どもの主体的な学びは決して実現しない。この点にこそ教師のジレンマが存在するわけである。まずは、この点を自覚することが第一歩なのだろう。その上でわれわれには「授業内コミュニケーション」という観点から授業を再検討することが求められているように思う。とりわけ、主体的な学びの実現という観点からは、「子どもが学ぶ筋」を尊重するコミュニケーションの成否が問われることになるだろう。

「子どもが学ぶ筋」を尊重するコミュニケーションとはいかなるものであろうか。まずその成立には前提条件がある。すなわち、子ども一人ひとりの内面が自然に表現され、それがクラス全体で共有されるようなクラスの日常が求められる。何か思ったり感じたとしても、それが書いたり話したりする活動を通して外化されなければそもそもコミュニケーションは生じない。また、その思いや考えが外化されたとしても、必ずしもその場の全員に伝わるとは限らない。声が他の子どもに聞こえない場合もあろうし、聞こえたとしても他者にその意味がわからないまま話題が転換してしまえば、その情報が共有されたとはいえない。つまり、コミュニケーションが成立するためには、意味の相互理解が保証される必要があるのである。しかもそのような一人ひとりの子どもを起点とした表現(内面の外化)が自然と生じるような日常的な場でなければ、授業は教師側からの「やらせ」に陥ってしまう。「子どもが学ぶ筋」を尊重するためには、子どもたちが常日頃から意味の相互理解に意義を感じる場、つまり、「言いがい」や「聴きがい」を体験する授業の日常が成立している必要があるのである。

その上で大切にしたいことは、「子どもが学ぶ筋」の基本単位としての「問う→気づく→表す」というプロセスである。まず、子どもの「問い」が尊重されていなければならない。問いとは、端的にいえば「?」で終わる疑問文のことを指す。学習課題に当面して「なぜだろう」「どうすればいいの」といった「?」が子どもたちの心や頭に生じることで彼らの主体的な学びが始まる。

また、「問い」から「気づき」が生じるのも自然な思考の流れであろう。悩んだり、考え込んだり、場合によっては調べたりすることを経て、「○○かな?」「○○に違いない」といった考えが生み出されてくる。

以上の問いや気づきは基本的に個人の内面世界で生じる現象であるのに対して、表すという活動は言葉などの媒体を使って内面を外化する営みである。問いや気づきといった学びの発露を相互に外化すること（相互コミュニケーション）を通して、個人内や個人間で「問う↓気づく↓表す」という連鎖が活発に生じることになる。ひいては協同的な理解や解釈が成立し、学びが深まっていくのであり、その点にこそ共に学ぶ場としての授業の教育的な意義が見いだせるわけである。以上のように考えてみると、上述した二人の男児のコミュニケーションは、まさに「問う↓気づく↓表す」という対話的なプロセスを経てより深い理解へと至る意義深いエピソードであったことに気づくのである。

「教師の教える筋」を超えて

なぜ「めあて」で始まり「まとめ」で終わらなければならないのか。「子どもが学ぶ筋」は一時間で完結するとは限らない。だからテレビの連続ドラマのように「前回までのあらすじ」の振り返りで始まり「つづく」で終わるといった発想があってもよい。「本時」に拘泥する必要はない。子どもの学びを見通す想像力を通して単元を開発する創造力こそが教師たちに求められているのではなかろうか。

18 「子どもが学ぶ筋」を想像する

ある算数の「研究授業」から

まったくのフィクション[1]なのだが、あなたが次のような「研究授業」を参観したとしよう。（文中にある「丸数字」はのちに考察するポイントなのだが、まずは気にせずに授業の流れをつかんでいただきたい）。

「一辺が1㎝の正方形を並べて階段をつくります」

授業の冒頭で教師がこう言って、子どもたちに4つの図を模造紙（……①）で提示した（図18－1）。そのとき、あなたには教室のどこかから「どういうこと？」という小さなつぶやきが聞

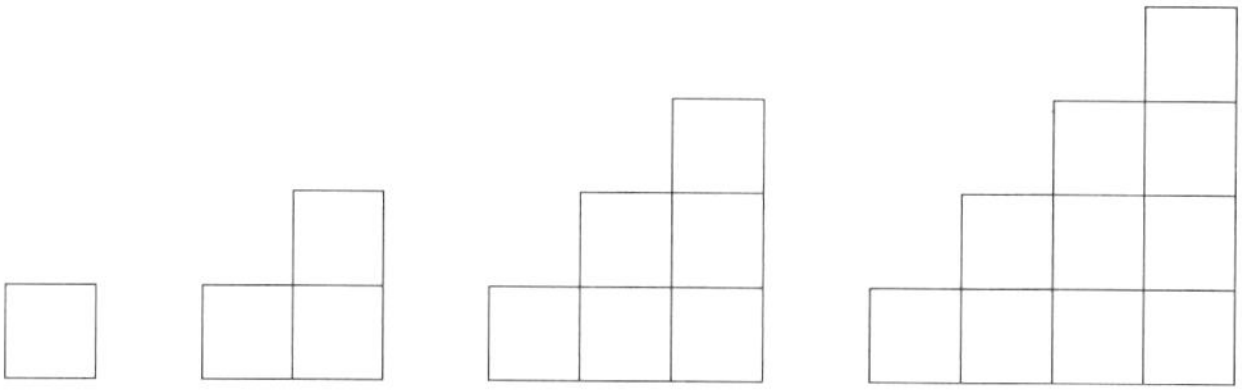

図 18－1

こえる。……②

いちばん左の図を指して「このまわりは何センチ？」と問う教師に、多くの子どもが「ハイ！」と勢いよく挙手をする。一人の女児が指名されて「4センチです」と答えると、子どもたちが元気よく「同じです！」と応えた。

続いて「これ（同じ図）は何という形ですか？」という発問（……③）に、別の女児が指名されて「正方形です」と答え、「同じです！」という子どもたちの声が続く。

そこで教師はその正方形の各辺を丁寧に指さしながら、まわりの長さを確認する。

「1段は、1、2、3、4。4㎝だね」

次に、左から二番目の図を指して、

「2段は？　いっしょに数えて！」……④

と、輪郭にあたる各辺を順に指さしながら子どもたちに数唱を促す。

「1、2、3、4、5、6、7、8！」

と、教師の指の動きに応じて、子どもたちは大声で2段のまわりの長さを確認していく。

「段が増えると周りの長さも増えるね」……⑤

少し間をとったあと、教師は「増え方に何かきまりはあるかな?」と投げかけ、あらかじめ準備してあった次の「めあて」を黒板に貼って、自ら音読し、子どもたちに唱和させる。

だんの数とまわりの長さの関係を調べましょう。

「どんな方法が使えそうですか?」……⑥

との発問に「〝表を書く〟です」と男児が答え、一斉に「同じです!」の声。……⑦

別の女児が続けて指名され、「〝まわりの数を数える〟です」と答えたところ、教師は「数えて表を書くんだね」と受け止める。……⑧

そこで教師はあらかじめ準備しておいた模造紙の表(……⑨)を提示した(表18－1)。

表18－1

だんの数	1	2	3	4
まわりの長さ	4	8		

その後、授業は以下のように進行していく。

教師:表はどうやって見るんだっけ?……⑩

A児:まず、横を見て横のきまりを見つけます。縦も見て縦のきまりを見つけます。

児童（多数）：同じです！……⑪
B児：〝式をつくる〟です。
児童（多数）：同じです！……⑫
教師：じゃあ、ノートにやってみましょう。

教師が子どもたち一人ひとりに上記4つの「階段」が描かれた小さなプリントを配付し、個人での学習活動（ノートに板書の表を写して、たてのきまり、よこのきまりを考えて式を書く）が開始された。

あなたは、たまたま目の前にいたハヤト君の活動を見守った。彼は板書された表をノートに写すと、「階段」のプリントには見向きもせずに、表の下欄（まわりの長さ）の4と8の数字を結んで＋4と書いて、空欄にそれぞれ12、16とさっと記入した。……⑬

そして、「きまり」を以下のように書いた。……⑭

よこのきまり　だんの数が4つずつ増えるとまわりの長さが4つずつ減る
たてのきまり　だんの数とまわりの長さをかけると4倍される

その後、グループで各自の考えを紹介しあったあと、授業は全体発表の場面へと移っていった。

複数の子どもが表の「きまり」を説明したあとで、教師が問う。

教師：式で書けますか？

C児：○かける4は△です。……⑮

児童（一部）：同じです！……⑯

教師は「○×4＝△」と板書したあと、子どもたちに発問しつつ、○が「だんの数」△が「まわりの長さ」であることを確認した。

そこで教師は「解いてほしい問題があります」と言って、教師が「10段の階段」を描いた大きな模造紙を提示して（……⑰）、まわりの長さを求めるように指示する。それに対して子どもたちに特段の反応はなく、授業は淡々と進行していく。

ハヤト君のノートを見ていると、すかさず彼は「10×4＝40」と書いていた。

教師：いくつでしたか？……⑱

D児：40です。

児童（多数）：同じです！……⑲

教師はさらに「じゃあ、20段のときは？」と尋ねる。

子どもたちの多くはすぐに計算に取りかかり、クラス全体でその式と答えを「20×4＝80」と

確認したとき、

「ちがうっ。まっいいか」……⑳

という男児のつぶやきをあなたは耳にする。そのとき、チャイムが鳴って授業が終了した。

「子どもが学ぶ筋」を想像する

以上が授業の概要である。教師の指示通りに子どもの活動が進行し、授業の展開もきわめてスムーズだ。しかし、あなたは参観者としてこの授業に何か「違和感」を覚えなかっただろうか。もしそれを感じたとしたら、なぜ、感じたのだろうか。

私は、その違和感の根源（の少なくとも一つ）を以下の点に見いだせるのではないかと思う。すなわち、この授業では、教師の意図通りの進行（「教師の教える筋」）が過度に目立つ一方で、一人ひとりの子どもが気づいたり、考えたり、表現したりしながら、認識を深めたり技能を向上させたりするプロセス（「子どもが学ぶ筋」）が軽視されているという印象を持つからではなかろうか。

以下では、この「子どもが学ぶ筋」という観点から上記の授業を吟味することを通して、授業を展開する上で教師に求められる「基本」について考えを深めていきたい。

■何を学ぶか〜学習内容を想像する〜

いくら教師が教えたつもりになっていても、子どもが学んでいなければ授業が成立したとはいえない。これは授業を検討する際の大原則であろう。だから、教師は授業を構想する際、自分の独り善がりに陥らないために、一人ひとりの子どもがその授業で何をどのように学ぶかについてさまざまな角度から予測して、可能な限り明確化された見通しを持つことが必要になる。

ちなみに学習指導要領を参照すると、上記の授業で想定されている学習活動は「身の回りから、伴って変わる二つの数量を見つけ、数量の関係を表やグラフを用いて表し、調べる活動」にあたる。この授業では、「伴って変わる二つの数」のある「身の回り」の題材ということで「階段」の「段の数」と「周りの長さ」が選ばれたわけである。

しかし、よく考えてみてほしい。そもそも1cmの階段など、子どもの身の回りにあるのだろうか。しかも、正方形を並べた階段など物理的にありえないはずである。さらに、階段の「周りの長さ」とは何を意味しているのだろうか。先の図のように表記すれば、確かにその輪郭が周りの長さに見えるかもしれないが、それはたまたま「側面図」として描かれているからであって、日常生活の中でわれわれは階段を決してそのようには見ていない。つまり、子どもたちにとって身近であるとは到底いえず、それはこの内容を教えるために教師がしつらえた「まがい物」の階段なのである。だから、教師による「階段」の提示のあと、あなたに聞こえた「どういうこと？」

という誰かの声（②）は至極もっともなつぶやきなのだ。「階段とは何か」「これが階段に見えるか」といった丁寧な確認がないため、①をすべての子どもが「階段」と認識できたかも疑問なまま、授業は進行してしまった可能性がある。

皮肉なことに（というか当然の帰結として）、「階段」は急速に子どもたちの関心事ではなくなっていく。たとえば、⑭のノート記述[2]や⑱の教師の発問に見られるように、教室から「cm」という単位が消失していくことが象徴的である。数値の操作にのみ注意が向けられるため、いつの間にか「階段」の話であることが忘れ去られてしまうのだ[3]。

また、⑨に関して、なぜ教師によってここまで整理された表が提示されなければならないのだろうか。どの程度まで表を準備して提示するかは重要なポイントであるに違いない。それによって子どもが学ぶ内容が変わってくるからである。そもそも表を提示せずに、子どもたちに問題解決を丸ごと委ねるやり方もあろう。そこでは、どの情報に着目しそれらをどのように整理するかという出発点から子どもたちは頭を働かせなければならない。また、表を提示するにしても、数値をすべて空欄のままにするというやり方もあろう。その場合、子どもたちは情報の整理の仕方よりも、数の対応関係に思考を焦点化するであろう。この授業では⑨を提示したため、ハヤト君は図を確認することなく、⑬のように「4の段」のかけ算九九だけで表に数字（しかも正答）を書いてしまった。その結果、彼は上記のような思考をまったく体験していない。

また、何段の階段であっても二数の関係が一定だから、片方の数（例えば「段の数」）がわかれば、もう一方の数（「周りの長さ」）がわかるという点が、ここでの学習内容の「肝」であろう。もしそうなら、さまざまな段の階段を子どもたちが想像できるきっかけや足がかりがそもそも必要なのではないだろうか。

⑮の「○かける4は△です」という発言も気になる。このような抽象的な表現が小学生に難しいことはよく知られているだけに慎重な扱いが求められるはずだ。しかも、表から読み取れる数量関係はこれだけだろうか。「△÷○＝4」「△÷4＝○」に気づいた子どもはいなかっただろうか。より多くの時間を割いて、多様な意見を交流させることを通じて、段の数と周りの長さの関係が複数の式で表現でき、しかもいずれも正しいことをみんなで丁寧に確認する必要はないだろうか。さらには、「なぜいつもこのきまりになっているのか」は子どもたちにとって大きな謎であろう。探究がこのようにさらに深まっていく可能性を秘めた課題であるはずなのだが、このままだと「○×4＝△」だけが正解として子どもたちの脳裏にとどまることになる。

「〝表を書く〟です→同じです！」（⑦）、「まず、よこを見てよこのきまりを見つけます。たても見てたてのきまりを見つけます→同じです！」（⑪）、「〝式をつくる〟です→同じです！」（⑫）という定型的な子どもたちの受け答えも気がかりだ。前時までに「表から立式する」という学習体験があったこと、そして子どもたちがそれをこのような一般的な手続きとして覚えていることはわかる[4]（しかもB児のように段取りを先読みする子どもがいることまでわかる）のだが、彼らは単に「段取り」を復唱しているだけなのかもしれない。表を書く、きまりを見つける、式をつくるという学習プロセスとその背後にある思考を彼らの発言（「〝表を書く〟です→同じです！」など）がどれだけ含意しているだろうか。むしろ、前時までの学習体験を具体的に振り返り、「○○を考えて表を書いたよね」「その結果、○○っていう式だっていうことがわかったね」など、学習した事柄をじっくりと思い出して、「今からもう一度それをするんだ」という意識を子どもに整えさせることこそが、この局面で教師に求められているのではなかろうか。

■どのように学ぶか～学習方法を想像する～

「教師が問い、子どもが答える」「教師が指示し、子どもが従う」という授業風景が一般的である。もちろん、授業にそのような局面は必要不可欠であろう。ただ、子どもの学習方法という観点から考えると、それだけでは不十分である。子どもが自ら思考や情緒を活性化し、オリジナルな思いや考えを表現したり、独自な判断や評価を下したり、ユニークに振る舞ったりするような主体的で創造的な学びを実現するには、むしろ「子ども自身が問うこと」「子ども自らの判断に基づいて振る舞うこと」が自然と生じる場を、教師が子どもといっしょに柔軟に創り出していくという発想が求められる。

例えば、「これは何という形ですか?」(③)という教師の発問に対して女児が「正方形です」と答えているが、一般にこのような一問一答式の発問、つまり答えが一つに定まる「閉じられた発問(closed question)」は思考をそれほど活性化しない。単に「正方形」という答えを言葉として知っているか否かを問うクイズと同じだからである。[5]

⑩も同様である。本来なら「表はどうやって見るんだっけ?」は本時の重要な発問であるはずだが、(結果的にではあるが)ここでも決まり文句(「よこを見てよこのきまりを見つけます…」)を答えるクイズになっているように見える。これらは既習事項の確認を意図した発問だとは思うが、正方形の性質や表の見方に関する意味の理解を確認する意図が教師にないため、この発問が子どもたちの思考を刺激することはない。

また、⑥で「どんな方法が使えそうですか?」と発問しているが、「どんな方法」が「使えそうか」と限定的に尋ねているため、「表を使う」という言葉自体が答えとなり、結果的に「閉じられた発問」になっている。この発問の真の意図は「表というやり方」の確認だと思われるし、本時の「めあて」は「だんの数とまわりの長さの関係を調べましょう」なのだから、例えば「どうしたら調べられる?」というように複数の答えがありうるような「開かれた発問」(open question)を投げかけたほうが、子どもの思考は活性化するに違いない。

以上、発問について考えてみたが、指示についてはどうだろう。例えば「2段は? いっしょに数えて！」（④）とあるが、これは子どもたちを教師のやり方（数え方）に従わせようとする指示である。むしろ、例えば「2段はどう数えるか自分でやってみて」という指示であれば、子どもは自分で考えながらアクションし始めるはずだ。

教師が何をどの程度解説するかという案配も重要である。⑤の「だんが増えるとまわりの長さも増えるね」という説明によって、子どもたち自らがそのことに気づく機会を教師自身が奪ってしまっている。授業のどこかで子どもたちが表をじっと見つめる時間を確保し、話しあいによってきまりを発見していくような場を設定することもできたかもしれない。

なぜ、教師が「10段の階段が描かれた大きな模造紙」を提示した際（⑰）の子どもたちの反応が薄かったのかも気になる。本来なら、子どもたちから歓声がわいて課題に食らいついてくると期待してもよさそうだが、実際には子どもたちは淡泊に受け止めるのである。それもそのはずだ。教師の期待する子どものチャレンジ感やワクワク感など生じる隙のない授業の流れだからである。つまり、「教師の教える筋」から授業を構成し、一問一答式の閉じられた発問を多用する「たたみかけるような展開」に終始しているため、その流れを自明のものと受け止めている子どもたちは「10段の階段」に出あってもただ淡々と式に数値を当てはめて計算するだけのことである。「段取りの確認」を中心とした教師の発問に誠実に答え、「同じです！」というお約束を連呼する子どもたちが、きちんと考えて着実に学んでいると、はたしていえるだろうか。

■誰が学ぶか〜子ども一人ひとりの体験に思いを馳せる〜

一人ひとりの子どもは別人格である。だから同じ授業であってもその体験は子どもによって異なっており、クラスの人数分だけの学びがそこで生じていると考えるべきだ。授業では子どもたちを決して十把一絡げに扱ってはならないのである。

例えば、ハヤト君は「めあて」にある「だんの数とまわりの長さの関係」を調べてはいない。せっかく配られた階段のプリントには目もくれずに、さっと「正解」を表に書き込んでいる⑬。表だけ見れば「4の段」のかけ算で答えは出てしまうのである。ただ、⑭からわかるように、彼はその表の「きまり」をきちんと説明できていない。

われわれはハヤト君がこの授業をどのように体験したかを真剣に想像してみるべきだろう。彼が「伴って変わる二つの数量を見つけ、数量の関係を表やグラフを用いて表し、調べた」とはたしていえるだろうか。確かに教師の指示にきちんと従っているし、きっと本人も真面目にがんばって勉強したと思っているかもしれない。おそらく教師も彼が書いたノートの記述を丹念に確認しない限り、「彼は本時の目標を達成した」という誤解のままだろう。

一斉形態での授業の展開中にも、一人ひとりの子どもの思いや考えを想像することが不可欠になる局面がある。例えば、「どんな方法が使えそうですか?」という教師の発問⑥に対して、女児が「〝まわりの数を数える〟です」と答えているが、教師は「数えて表を書くんだね」と彼女の発言の意味を捻じ曲げてクラス全体に返している（⑧）。彼女は「まわりの数を数える」という別の方法を提案したはずで、「数を表に書き込む」などとは一言も言っていないのである。もちろんそこでの教師に悪意があるはずはない。多くの授業で見られることではあるが、「教師の教える筋」に都合がよいように子どもの発言を解釈しただけである。少なくともそのとき、その子が何をどう考えたのかということを理解し尊重しようとする心構えが教師に欠如していることは確かである。

また、C児の「○かける4は△です」（⑮）のあとの「同じです！」（⑯）は、一部の子どもたちからのもので全体的に声が小さい。この種の声の大きさは子どもたちの気持ちのバロメーターである。自信がなかったり、わからなかったりする気持ちは声のボリュームに顕れるのだ[6]。それほど子どもたちは素直に自らを表現してくれている。このような子どもの内面をとっさに想像することを通してこそ、例えば「今、Cさんが言ってくれたことわかった？」といった一言を教師が発することをきっかけに、子どもの学びをさらに確かなものにすることができるのである。

授業の最後であなたに聞こえた「ちがうっ。まっいいか」（⑳）というつぶやきが持つインパクトは強烈である。短い発話ではあるものの、彼の気持ちを推測することは容易だろう。自らの考えを思わず表出しようとしたとたんに、それがその場でいかに無力であるかを予見して瞬時に断念するという彼の微妙な心の動きを察することができるのである。この彼の発言こそ「教師の教える筋」によって展開する授業の帰結を象徴しているように私には感じられる。「子どもが学ぶ筋」を尊重しない授業のあり方に対するきわめて謙虚な「異議申し立て」のように聞こえるからである。

■何のために学ぶか～教育目的を思索する～

そもそもなぜ小学校四年生の算数で「伴って変わる二つの数量」を学ばなければならないのか。「学習指導要領」に書いてあるから、あるいは「教科書」にあるからという理由で授業をしているのであれば、その教師によって活き活きした授業が創り出されることは決してないだろう。

何のためにこれを学ぶのか、すなわち「○○という課題（学習材）に向かいあい、○○という活動をすることを通じて、子どもたちは○○を学ぶだろう、さらには子どもたちに○○が育まれるだろう」といった教育目的をめぐる思索を深めようとする習慣や態度が身に付いているか否かが、その教師の授業の質を左右するように思う。

「伴って変わる二つの数量」の例でいえば、それは中学以降の「数学」で本格的に学ぶことになる「関数」の基礎的な内容であると同時に、世の中の現象を理解したり、予測したりする考え方の基本でもある。二つの量の関係を式ですっきりと表す体験を通して数学的な考え方のよさを感じたり、たとえ「一万段」といった巨大な階段であっても正確に数値を予測できる便利さを感じたりすることも可能になる。

教育内容は子どもたちの学びと成長のためのいわば「栄養」である。この教材、この課題、この単元が目の前の子どもたち一人ひとりにとってどのような「糧」になるのか、そのような「栄養分析」こそが教師に求められている（序章、8章参照）。

検討を深めていくための観点は多様であろう。「ワクワクした気持ちで学ぶだろうか（興味や関心）」「大切さを感じ取るだろうか（意義）」「もっとやってみたいと思うだろうか（持続性）」といった観点から教材を選択、構成したり、学習方法を工夫したりすることが可能だろう。あるいは、子どもたちの成長というより長期的なスパンに立って、例えば「一人ひとりのよさを伸ばすという観点から価値があるか（個性化）」「文化、科学、社会を創り出す担い手を育むという観点から価値があるか（社会化）」といった観点から教材を吟味したり、単元を開発したりすることもできるだろう。

*****

授業に「教師の教える筋」は不可欠だろう。それを否定するつもりは毛頭ない。しかし、上記の授業例からわれわれが学ぶべきことは、「子どもが学ぶ筋」を見通すこと、すなわち、誰が何のために何をどのように学ぶのかという点を十全に想像することが教師に求められているという点であろう。しかも、それは子ども一人ひとりへの共感的な態度なしには成しえない。教師の共感的な想像力こそが問われているのである。

［注］

（1）ただ、この授業風景の全部が空想というわけではない。私が参観した授業を思い出してデフォルメしつつ、研究授業で散見される典型的な展開例として描き出した。

（2）ハヤト君には悪いが、意味不明である。

（3）この種の文脈の消失は算数の授業でよく観察される現象である。例えば、クッキーを使った文章題が授業の冒頭で提示されて学習活動が始まるのだが、話題が立式や計算の仕方に焦点が向けられる展開を通して、いつの間にかクッキーの話は授業から消えてしまう（唯一、答えに「単位」を付ける局面で「○個」と取って付けたように思い出されるのが関の山である）。このような文脈の消失は、教師の関心事が算数的な教育内容にあり、本音ではクッキーの話はどうでもよいと思っているために生じるのだが、皮肉なことに、子どもたちが課題に真剣に取り組んでいればいるほど、彼らはクッキーの文脈で考えを深めていくものである。

（4）ただ、このように答えられたからといって、その手続きがきちんと実行できるかどうかは不明である。「式をつくる」と言葉で答えられることと、実際に式がつくれることは別問題だからである。

（5）この種の発問だけでは本当の意味で子どもたちが理解しているかどうかが確認できない。例えば「正方形ってどんな形だったっけ？」と追加の発問をすることで、子どもたちが正方形についてどのように理解しているかがより具体的に確認できよう。

（6）逆に⑲の大きな声には、単に10×4という容易なかけ算の答えが合っていたという気持ちがくっきりと顕れている。

Ⅲ

授業を省察する
——リフレクション論

19 教師として学び、成長していくために

子どもたちと共に成長する教師

学校の先生方と「飲み会」に出かけると、「この子が素晴らしい姿を見せてくれた」とか、「あの子がこんなに成長した」といった子どもたちの話題で盛り上がる。「何も酒の席で仕事の延長上の子どもの話までしなくても」とふと思ったりするのだが、常に目の前の子どもたちのことを気にかけ、その姿に一喜一憂するこのような心持ちが、教師が持っている基本的な姿勢、さらには教師という仕事の本質なのかもしれないと感じる。

教育実践には確実に教育効果が上がるハウツーがあるわけでなく、それは百点満点で採点できるものでもない。教育実践はいわば「青天井」の営みであって、自分なりにベストを尽くしたつ

もりでも、「あのとき子どもに、こういう声をかけておけばよかった」「こうすればもっとよかったのに」と後悔することばかりで、やればやるほど課題が見えてくるものである。

そうした試行錯誤の実践を繰り返すうちに、子どもたちがよい表情をしてくれるようになったり、成長の姿を見せてくれるようになったりする。それが教育に携わる者の醍醐味であり、その点にこそよりよい実践の実現に向けてチャレンジする価値を見出することができるわけである。

子どもと教師のやる気は表裏一体なのだといえよう。教師は子どもたちの活き活きとした姿にエネルギーをもらって、「今度はこんなアプローチで実践をしてみよう」というアイデアが浮かんだりする。教師があの手この手で授業を改善しようと努めていると、子どもたちも意欲的な姿でそれに応えてくれる。このような意欲の相乗効果によって、子どもと教師は共に学びを深め、成長していく。

このように、子どもたちと共に学び続け、成長するというのが教師のあるべき姿であろう。そのような努力をやめたとたんに、教師は実践者ではなく、ただ機械的に授業をこなす人に堕してしまう。

では、教師として学び、成長していくためのポイントはどこにあるのであろうか。

●「教育的瞬間」を感知する

学びのプロセスには他者からの適切な働きかけが必要となる「教育的瞬間」[1]がある。

小学校生活科のある授業を参観していたときの出来事である。これからグループ活動ですべきことを確認していたときに、ある班の代表の子どもが「町を探検しに行きます」といったのを、教師は「その班はインタビューに行くのよね」と言い換えた。教師はその班が町の人にインタビューすることを知っていたので、教師は自分自身の認識によって、子どもの発言をまとめてしまったのである。

私は、子どもが「インタビュー」ではなく「探検」という言葉を使ったときが教育的瞬間だったと思う。「インタビュー」と「探検」では随分意味が違う。それを的確にキャッチし「えっ！どんな探検に行くの？」と切り返せば、それをきっかけに、「インタビュー活動」を超えたより意味深い学習体験が生み出されたかもしれない。

教師によるこのような教育的瞬間の判断と対応は一般に「教師の出」と呼ばれる。このような教師ならではの高度な技は、教師の学びや成長が目指すべき目標の一例であろう。

「授業」を共に振り返る

実践の場はいわば教育的瞬間の連続であるが、先の例でもわかるように、授業中に教師が教育的瞬間に気づくことは容易でない。教育的瞬間を的確に捉えて、即興的に対応できるようになるには、相当の修練を積まなければならないと覚悟すべきだろう。多くの体験をくぐり抜けてこそ教師が体得しうる至高の技だからである。少なくとも、自らの実践を丁寧に振り返り、気づきを得ること（リフレクション）を地道に積み重ねることが欠かせない。自らの実践だけではない。よりよい授業のあり方を探究するために、より多くの授業を参観し、その場の雰囲気を体感し、子どもの学びや授業のあり方について具体的なイメージをつかみ取ることも大切である。

幸い日本には勤務校の同僚に授業を公開する「日本型授業研究」による校内研修が一般的である。「レッスンスタディ」と呼ばれる日本型授業研究は、優れた授業研修のモデルとして世界の教育界に知られるようになった。同僚がみんなで一つの授業を観て検討するというシンプルな方法なのだが、それを通して教師間に具体的な授業を話題とした対話が自然に生まれることになる。また、公開した授業者としてはもちろん、参観者としても、自分の授業を振り返る好機となり、多くの気づきが生まれる。こうした授業研究を通じてプロフェッショナルとしてお互いを高めあうことを通して、教師として学び、成長していく。教育実践は孤独な作業ではなく、教師同士で学びあうものだということも実感できるはずである。

以上は理想論で現実には実現困難だという指摘もあろう。確かに、学校現場は多忙を極め、授業研究にまで手が回らないというのが本音かもしれない。しかし、授業は学校教育の中核であり、教師の仕事の本質である。教師にとっても、子どもにとっても、学校生活の多くを授業に費やしている。この授業を常によりよいものへと高めていこうと心を砕くことこそが、教師の責務なのではなかろうか。ただ、その責務を一人で果たすには限界がある。だからこそ授業をよりよいものへと高めていくという「こころざし」を共有する仲間と共に取り組むことが、迂遠なようにみえて実は近道なのである。

よりよい実践を求め続ける

そもそも「実践」とは何だろう。私はこの点に関して、われわれの営為が「作業」と「実践」の二つに大別できるのではないかと考えている[2]。

「作業」とは「マニュアル化」が可能な「百点満点が想定できる営為」のことを指す。例えば、「客観テストの採点」という仕事は、模範解答のリストに従って各答案の正誤をチェックしていくことの繰り返しであり、その正誤判断とそれに続く一連の手続き（合計点の計算と記録など）が正確であれば採点に「成功した」と見なされる。このように「作業」とは、一定の水準で一連の行為をこなせば成功と見なされ、それ以上の優れたパフォーマンスが求められるわけではない場合を指す。

これに対して、「実践」とは「よりよいレベルを常に追求する行為」を意味する。「マニュアル化」が困難で「百点満点」を想定すること自体が不可能な営みが「実践」である。例えば、「究極の味」を追求し続ける料理人や常に技を磨き上げようとするスポーツ選手のように、プロフェッショナルといわれる人の仕事のほとんどは「実践」であろう。教師の仕事も、もちろん「実践」である。

ただ、私が気がかりなことは、「マニュアル化」という言葉に典型的に現れているように、本来は「実践」であるはずの人間の営為を「作業」に貶めてしまうような現代の風潮である。確かに、効率的に何らかのパフォーマンスが生じるだろうが、よりよいものを実現しようとして追究を深めるプロセスで体感する充実感や喜びを実践家から奪い取ってしまうことになりかねない。残念ながら、教育界もその風潮と無縁ではない。

実践を内側から理解する

教育実践はそれぞれがユニークで、一つとして同じものがない。固有名詞を背負った教師と子どもたちが、一瞬一瞬を創り上げていく営みだからである。だから、実践に外在する理屈や一般論に基づいてその実践を解釈したり、その実践に対してアドバイスしたりすることには自ずと限界がある。重要なスタンスは、その実践を「内側から理解しようとする姿勢」なのではないだろうか。

教育をめぐる言説は一般論ばかりである。そのため、「当事者性」が軽視される一方で「建前の言葉」や「借り物の用語」によって実践が意味づけられてしまうことが散見される。そうではなく、実践の当事者として、実践の内側から、切実な自分の言葉で実践を語りあい、聴きあう必要があるのではないだろうか。

いわゆる「マニュアル」とは異なり、実践には唯一絶対の「正解」があらかじめ存在しているわけではない。むしろ、実践者自身の「問い」を創発し、彼らの気づきを促したり、意味理解を深めたりする場が重要な意味を持つ。

日本型授業研究とは、教師にとってまさにそのような機会となりうるシステムである。そしてそれが実践を内側から理解する場になりえたとき、真の意味で教師の学びや成長を促すプロセスが実現するのである。

［注］

（1）「教育的瞬間」（pedagogical moment）とは、子ども（たち）のために何らかの教育的な働きかけをすることが求められる一瞬のこと。ヴァンマネンによる用語。24章参照。
（2）「作業」と「実践」の区別については以下の文献に詳しい。鹿毛雅治「授業研究再考」田中克佳（編著）『「教育」を問う教育学——教育への視角とアプローチ』慶應義塾大学出版会、二〇〇六年

20 授業研究を深める

●教師にとって「授業研究」とは何か

■教師は授業で勝負する

「教師は授業で勝負する」という言葉がある。教師にとっても、子どもたちにとっても、授業は学校生活の中核を成す活動である。その授業をよりよいものとして実現することにプロフェッショナルとして最大限の労力を注ごうとする「心意気」が、この言葉から伝わってくる。

「授業で勝負する」といっても、やみくもに気力や体力を投入してがんばるということではもちろんないだろう。私は、教師がベストを尽くすべきポイントは「よりよく考えられた授業を実践する」という点にあるのではないかと思っている。つまり、事前によりよく考えて授業に臨み、よりよく考えながら授業を展開し、授業後にも終了したその授業についてよりよく考えてみるということではないかと思っているのである。

肝心なのは「よりよく」という点である。いくらベストの授業だと教師が思って実践しても、すべての子どもに完璧な学びを成立させることなど、到底できない。もし、完璧な授業をしていると信じている教師がいたとすれば、それは単なる自己満足・自己過信にすぎないか、あるいは子どもたちが上手につきあってくれているだけという可能性が高い。「百点満点の授業」とは教師が目指すべき「目標」ではありえても、実際には存在しないのである。

また、子どもが違えば、あるいは教育内容が違えば、授業のあり方も当然異なってくるはずだ。オールマイティに通用するような「魔法のハウツー」があると考えるのも幻想である。

われわれ教師ができることは、ベストと考える授業の実現に一歩でも近づこうと努力すること、すなわち「よりよい授業を創ることなのだ」と謙虚に考えて、そのような授業の実現に向けて、心と頭と体をフルに働かせてよりよく考えるということにほかならない。

「授業する」という実践には、授業の構想（事前の計画）、授業の展開（事中の思考と行為）、授業の省察（事後の振り返り）という三つの営為が含まれ、それらが一連のサイクルを成していると考えられる（序章参照）。よりよい授業とは、よりよい構想、展開、省察によって支えられているのである。そして、それぞれの「よりよさ」を考えることは、自分の実践を対象化する

（多様な視点からあらためて意味づける）ことであり、その対象化こそが教師にとっての授業研究なのだと私は考えている。

「授業の導入のこの発問は子どもたちの気持ちを揺さぶるだろうか？」「発表の途中であの子が首をかしげたのはなぜかな？」「あの場で隣に座っている子同士で話しあわせたら、もっといろんな意見が拾い上げられたかもしれない」。教師たちはこのようなデリケートな思考を通して、具体的な手立てやエピソードを大切に扱い、丁寧な授業づくりに取り組んでいる。「私の（さらには私たちの）授業が、子どもたちの豊かな学びを生み出すために本当によりよいものになっているだろうか」――このことを問うことが授業研究なのである。

■教育改革としての授業研究

いつの時代も「教育改革」という上からのかけ声は喧しいが、むしろ、もっと草の根的で地道な実践の積み重ねこそが、真の意味で教育改革の名にふさわしいのではないかと私は常々思っている。その具体的な営為の一つが、教師たちがよりよい実践を追究するために日常的に取り組んでいる「授業研究」なのではなかろうか。

同じ学校に勤務する同僚たちが授業を互いに参観することで、教師同士の学びあいを促す「日本型授業研究」（Lesson Study）は、海外から高く評価されている。しかし、そのシステムがすべての日本の学校で有効に機能しているかといえば、残念ながら「NO」と言わざるをえない。授業研究が日頃の教育実践と必ずしも結びつかずに「形骸化」し、むしろ教師にとって余計な負担として感じられているケースも少なくないからだ。このような不幸な事態を戦略的に転換し、教師たちの「よりよい授業をしたい」という潜在的な意欲を刺激することを通して、教師としてのこころざしを新たにするような校内研究の場を地道に創っていく努力こそ、遠回りのようでいて実は自然で無理のない「教育改革」なのである。

「語りあい」「聴きあい」を通して

「形骸化」を乗り越えて、授業者も参観者も「やってよかった」と思えるような校内研究を実現するためのポイントは教師間における「豊かなコミュニケーションの成立」にあると私は考えている。徒労感ばかりが残る実りのない校内研究の主たる原因は「貧しいコミュニケーション」に見いだせるからだ。

例えば、事後検討会では、まず授業者の自評があって、次に討議が行われ、最後に指導助言者が講評するというパターンが一般的だが、討議においては個人的な印象や意見が単発的に出されるだけで、時間の制限もあって議論が深まっていかない。また、指導助言者が一般論や原則論を述べることも多く、腑に落ちないという印象を残して終わりがちである。要するに、各人が一方的に「話す」ことはあっても、その場に「協議」が成立していないのである。このような現状を転換し、教師間に授業をめぐる豊かなコミュニケーションを成立させるためには、「話す」のではなく、むしろ「語る」「聴く」という行為を基本に据え、「語りあい」「聴きあい」による校内研究を目指す必要があるだろう。

■伝える、語る、聴く

そもそもコミュニケーションの基本単位である「伝える」という行為は、話者の伝えたいことが相手に伝わってはじめて成立する。話者が一方的に話したとしても、相手が理解できなければ伝えたことにならない。伝えるためには、伝え手の伝え方、さらにはその背後にある姿勢自体が問われる。その姿勢を理解するために、まず「語る」「聴く」という行為自体に着目してみたい。

「語る」は単なる「話す」とは異なる。「話す」が「情報を声に出す」という一般的でニュートラルな言葉であるのに対し、「語る」とは自分の考えや思いを相手にきちんと話すことであり、語り手の内面（思い、考え、こだわりなど）を外に向けて表現することだといえるだろう。

「聴く」も「聞く」とはニュアンスの異なる言葉である。「聞く」は「聴覚を通して情報を受け取る」という身体的な働き一般を指す言葉であるのに対して、「聴く」は「身を入れて聞く」「心で心を聞く」というように、相手を意識しつつ、より主体的に耳を傾ける聞く側の能動的な姿勢を表現する言葉であろう。「聴く」という場合、単に「聞く」ことを超えて、相手を誠実に理解しようとする心構えが前提となっているのである。

■語りあう、聴きあう場としての授業研究

授業という営みはそれ自体が授業者としての教師による一種の表現であるといえる。したがって、授業研究をする際には、授業者が実践した特定の授業について授業者自身が説明する機会を設けることが必須になる。授業デザイン（序章参照）に関しては、あらかじめ指導案が準備されて、配付されている場合がほとんどであろうが、事後検討会では、あらためて授業者が本時授業の背景や本時それ自体について「自評」という形で話すことが多い。

問題はその場に「語りあい」「聴きあい」というコミュニケーションが成立しているかという点である。表現者としての授業者の語りに対する応答として「聴く」という行為で向きあう姿勢が基本になろう。また、その聴くという姿勢を前提として、その授業について「語る」という姿勢が参観者には求められるであろう。なぜなら、授業とは意図的な営為であり、授業者のユニークな教育的意図を理解することなしに、授業で起こっていた事実を解釈することは不可能であり、そのような姿勢が欠如していると、一方的で的外れな決めつけに陥ってしまう危険性があるからである。一方、授業者にも、そのような姿勢を基盤とした参観者の語りに対して聴くという姿勢で向きあうことも大切であろう。

このように授業を協議する場では、単に「話す」「聞く」のではなく、互いに「語る」「聴く」ことによって、教師同士の「伝えあい」の質が高まっていくと考えられる。

●何を語りあい、聴きあうか

■具体的な子どもの姿を伝えあう

では、授業研究の場で何を語ればよいのだろうか。「語りあい」「聴きあい」が生じれば、その話題は何でもよいというわけではなかろう。

教育という営み自体、本来的に理想や夢に向かうという性質を帯びているが、一方でリアリズム（22章参照）に根ざしていることも必要である。授業研究の場では単に「子どもが活き活きしていた」などと漠然と語るのではなく、「○○の場面で○○さんが『○○』とつぶやき、その直後に『○○かな？』と隣の○○君に小声で話しかけていた」というように、具体的な子どもの姿で語りあうことができるかという点が問われている。このようなリアリズムに基づいたいわば解像度の高い発言は、その語りが事実に裏付けられた情報の提供であることを意味し、聴き手に納得感をもたらすとともに、根拠に基づいたその後の建設的な協議を促すからである。

■「ねがい」を語る・聴く

授業には授業者のオリジナリティが自ずと反映される。上述した通り、授業デザインの背景には教師が固有に抱く教育的意図がある。一方で、実際には教師の意図や計画通りに授業が展開しないことがほとんどであろう。常に、授業の構想と展開の間には何らかのズレが生じるものである。

このような複雑な授業という現象をじっくりと吟味するためには、まずはその前提として、授業デザインと授業展開を支える教師の意図、さらにはその中核を成す教師の「ねがい」（序章参照）を理解する必要があろう。「その教師がその子どもたちに期待している学びや成長に関する考え」が授業のデザインや展開を意識的、無意識的に規定し、授業のあり方を左右するからである。したがって、授業者は協議の中で「ねがい」を語り、参観者はそれを聴くということが、その授業の理解を深めていく上での大切なポイントになろう。

■子どもが学ぶ筋、学びの深まりを伝えあう

授業参観の際、偶然目の前に座っている子ども（たち）をじっくりと見ていると、必ず何らかの興味深い姿が目につく。

授業に集中できず、手いたずらを始める子どもの姿。隣の席の子どもとこそこそとおしゃべり

をしてクスクスと笑ったりする姿。真剣な顔で筆圧強くノートに自分の意見を書き込んでは、消しゴムで消すことを繰り返す姿。他の子どもの発言に首をかしげ、隣の子どもに「○○じゃない？」とつぶやく姿。グループでの話しあいで自分の考えをとつとつと話しだす姿。

このように授業中の子どもの様子をつぶさに見ていると、彼らは多種多様なユニークな姿をわれわれにみせてくれる。そして、ひとコマの授業を通して、このようなスタンスで特定の子ども（たち）を追っていくと、その子（たち）に体験されるその授業がみえてくる。とりわけ、課題に向きあうその子（たち）の一瞬一瞬の姿を追いかけていくと、その軌跡が「子どもが学ぶ筋」として浮き彫りになってくるのである。

例えば、授業中のある発言に触発されて勢いよく挙手するが、なかなか指名されずに落胆し、その次の瞬間から、教師の話には耳を閉ざし、自分のノートにものすごいスピードで意見を書き始め、授業終了後にノートを自ら見せにいく子どもがいた。このエピソードから、その子が確固としたユニークな考えを持ち、それを他者に伝えたいという強い思いを抱いていたことを知ることができるのである。しかも、その考えと思いに教師はまったく気づかず、授業中にそれが活かされなかったことも同時にわかるのである。

授業研究では、このような一人ひとりの子どもに体験された個別具体的で多様な授業エピソードについて、学びの姿や学ぶ筋という観点から、すなわち、個々の子どもが何をどのように学んでいったのか（学んでいかなかったのか）、そしてその学びがどのように深まっていったか（深めるまでに至らなかったのか）というストーリーとして伝えあうことに意義があるのではなかろうか。なぜなら、授業の真価は、授業の見栄えにあるのではなく、子ども一人ひとりの学びの質にこそ見いだせるはずであり、授業研究の際には、リアリズムに基づき「事実」を根拠として授業で起こっていたことを確かめるべきだからである。しかも、同じ授業であっても、一人ひとりに体験される授業は子どもによって異なる（17章参照）。多くの人の確かな目でそれらのストーリーを語りあい、聴きあいたい。

どのように臨むか

子どもの姿を楽しむ

授業中の子どものユニークな姿を見取り、子どもが学ぶ筋に気づくことは、それ自体が楽しい活動である。一人ひとりの子どもの関心や性格といった個性が授業中の姿に顕れ、たとえ初めて出あった場合でさえも彼らをより身近に感じることができる。また、目の前の子どもが学んでいくプロセスを予想して、それが当たる場合もあれば、予想外の展開を見せることもある。この想定外も快い驚きである。あるいは、この子はこのあとでどのような振る舞いをするのだろうと、半ば不安な気持ちで見守ることもある。その子どもになりかわって教師にメッセージを発したい気持ちを必死で抑える局面を体験することさえある。ひとコマの授業であっても、そこには子どもの人数分のドラマが展開されているということを、身をもって感じることができるのである。

このように共感的な態度で子どもたちを見守りつつ、彼らの多様な姿を楽しむような心持ちで授業に臨みながら、「子どもたちが体験する授業」を想像（イマジネーション）できるかどうかが授業研究に臨む際のポイントであるように思う。そのような姿勢を基盤にしているからこそ、個別具体的なエピソードをつかみ取ることができ、ひいては授業研究の場でそのストーリーを語ってそれをみんなでシェアしたくなるのである。そして、このような参観者の意欲こそが、授業研究を深めていくのではなかろうか。

■「評価する構え」を捨てる

授業研究の際、「この授業を評価しなければならない」、あるいは「個々の子どもの学習を評価しなければならない」というスタンスで臨むと視野狭窄に陥ってしまう。画一的なあるべき姿を教師や子どもに当てはめて授業をみようとする「評価者」のまなざしが参観者の身体を必然的に硬直化させてしまうからである。何よりも教室を息苦しいものにするし、誰も授業を楽しめない。

また、教師は「あの子がまた間違えた」など、自らが持っている優劣・善悪の基準で子どもたちを見てしまいがちだ。しかし、突拍子もない発言を受け止めたり、それをむしろ積極的に価値づけようとする姿勢も重要である。「あるがまま」を受容することで子どもの成長や学びの質が見えてくる。

そもそも授業を評価すること自体が目的ではないはずだ。授業研究の主な目的の一つは、むしろ「子どもの学びを把握し、解釈すること」（見取り）こそを評価（学習評価）と捉え、子どもの学びの姿を意味づけることができる確かな目を鍛えることではなかろうか。教師は授業研究の体験を重ねることによって、そのような鍛えられた目を通して、教育的妥当性に裏打ちされた自分の解釈（つまり、教育的に正しいプロとしての個人的な判断）を表現することが可能になるのである。つまり、授業研究とは教師としての教育的見識を学ぶ場なのである。

「良し悪し」について単純化して判定することを評価だと考えてはいけない。授業中に生起する学びのダイナミズムを理解するために、子ども一人ひとりの学びのエピソードやストーリーを丁寧に見取って、慎重でしかも謙虚な解釈をしていくような学習評価を基盤として、授業のあり方について立ち止まって振り返り、次の実践を見通していく営み自体が授業評価なのである。

教師が学びあう学校へ

授業研究こそが地道な教育改革にほかならないと上述した。子どもたち、そして教師たちにとって授業をいかに魅力的なものにするか。一見複雑に思える学校教育をめぐる諸問題の解決プロセスは、この問いに正面から向きあうところから始まると考えているからだ。

授業に魅力を感じる教師の熱意が、子どもたちの意欲を刺激する。そして活き活きと学ぶ子どもたちの姿が教師の喜びへとつながっていく。このような「授業の魅力の相乗効果」こそが学びの質を高めるのであり、「教育改革」の目標はこの点に焦点化されるべきである。教師の本来の仕事に対する意欲を刺激し、高めていくための「しかけ」が授業研究なのである。

問題は、授業づくりを子どもたちといっしょに楽しむ「ゆとり」が学校に失われているという現状である。確かに、「授業改善」といったスローガンは、これまでにも再三強調されてきた。しかし、そこでは魅力的であるかということよりも効果的であるかが問われがちだった。効果が問われると効率が問題視されるようになり、教師にとっては授業が、子どもたちにとっては学習が、いつの間にか「こなすべき作業」と見なされるようになる。効率も大切だが、それが行きすぎると学びが矮小化され、ともすると学校教育から「学ぶ意義」や「人としての成長」といった「大きな学び」（9章参照）がそぎ落とされてしまう。

「教師力」や「授業力」なる理念を振りかざし、それを研修などの場で連呼したとしても、実践は変わらない。教師たちを学校というライブの場から遠ざけて「研修漬け」にしたところで効果には限界がある。研修を強いれば強いるほど「ゆとり」が失われ、授業から魅力が奪われるという悪循環は、ぜひとも断たなければならない。

よい授業を成立させるためのマニュアルや研修パッケージは存在しない。一人ひとりの子どもたちの学びや成長を尊重しつつ授業を丁寧に実践し、そのプロセスを誠実に振り返ることを繰り返すしか道はないのである。授業に百点満点はない。だからこそ、チャレンジしがいがあるのだと考えたい。

授業という複雑な営みを肌で感じる体験を積み重ねることが何よりも重要である。幸い日本には多くの学校で素晴らしい授業が展開されている。校内はもとより他校の授業なども参観し、子どもたちの学びについて語りあう体験を研修の主軸として積極的に位置づけていくべきだろう。「よりよい授業をしたい」「授業のしがいがある」。教師一人ひとりのこうした思いをふくらませていくためにも、同僚とともに授業研究に取り組みたい。それは個々の教師にだけではなく、学校組織全体にこそ問われていることである。

教師が意欲的であれば子どもも意欲的になる。子どもが楽しければ教師も楽しくなる。授業において教師と子どもは表裏一体の関係にあり、そこには相乗効果が生じる。子どもたちが学びを深めるプロセスを楽しめる教師、教師集団、学校を目指してほしい。それこそが学力形成の実は近道なのである。

子どもの学びを生み出す授業のダイナミズムと魅力的な授業を実現する醍醐味について、教師たちが笑顔で学びあえる学校でありたい。

21 「授業の当事者」を大切にする校内研修

教師が授業を計画し、実施し、省察するプロセスに焦点を当てて、学校の同僚同士が協同的に学びあう「日本型授業研究」（レッスンスタディ：Lesson Study）が、教師教育の優れた方法として世界的に注目されている。[1] 指導案を作成し、研究授業を参観し、事後協議をするというわが国では当たり前の研修スタイルが国際的に高い評価を受けており、米国、シンガポールをはじめ多くの国がこのスタイルを導入しようとしているのである。

その対外的な評判の良さの一方で、日本の学校で実施されている授業研修のすべてが必ずしも成功しているとはいえないという現状がある。多忙のために取り組む時間を十分に確保できず、教材研究や授業の事後検討が不十分で、研究の継続性や発展性にも課題があることが明らかにされており、[2] 授業研修を実施はしているものの、充実した取り組みになっているとはいえず、ともすると形骸化している可能性さえも指摘されている[3]。

とりわけ、研究授業後の「事後協議会」（呼称はさまざまであろう）は、必ずしもよいイメージを持たれていないようだ。おそらく同僚である授業者への配慮や遠慮があるのに違いない。「あいまいな賛辞」と「遠慮がちに指摘される問題点」が脈絡なく続いて時間切れになることが多く、ただでさえも限られた時間の中で議論は低調になりがちである。

また、議論の内容も一般論に陥る傾向がある。漠然とした結論（例えば「発問を工夫しよう」）が得られて何となくわかったような気にさせられるが、それは必ずしも新鮮な発見ではなく、単なる「教師としての常識」の言い換えにすぎなかったりする。大切なことを同僚と確かめあうことも大事だが、せっかくライブの授業を共同参観したあとに、一般論を確認するだけではいかにももったいない。

自らの授業を公開した授業者の立場ではどうだろうか。事後協議会の場では「針のむしろ」に座らされている気分に違いない。それでも建設的な議論へと発展していけば救われるのだが、一般論でまとめられてしまっては釈然としないだろう。また、筋違いな批判もあるはずだ。それらの意見に対しては「反省モード」で応えるのがわが国では「礼儀」になっているふしもあり、参観者に対して理解してほしいことや主張したいことがあっても、そのための十分な機会や時間が授業者に保証されているとは言いがたい。

本章では、以上のような「残念な現状」を転換し、授業研修を校内のすべての教師にとって実り多い学びの機会にするための論点として、「授業の当事者を大切にする」という基本原理を提案してみたい(4)。

「授業の当事者」を大切にする

校内授業研修における「授業の当事者」とは、もちろん、参観の対象となった授業の教師（授業者）と子どもたち（学習者）を指す。「授業の当事者を大切にする」など当たり前ではないかと思われるかもしれない。確かに、校内研修に参加する者の気持ちや心構えとしては当然のことだろう。ただ、ここで考えてみたいことは、授業研修の具体的なアプローチの中に「授業の当事者」がきちんと位置づけられているかという点である。「授業の当事者を大切にする」という理念が重視されるとともに、参加者がその自覚を共有している授業研修が実際にどれほどあるだろうか。

まず、当事者としてわれわれが意識しなければならないのは「授業者」であろう。授業を同僚に公開する際には勇気が必要である。そもそも百点満点の存在しない授業実践において、完璧な授業を披露することなど本質的に不可能だからである。同僚と共に学びあうために覚悟を決めて授業を提案してくれる授業者に対して敬意と感謝の念を抱くのは当然のこととして、ここでは、授業者の思いや考えを理解することの重要性を強調したい。

一般に、当該の授業や単元に対する授業者の思いや考えを理解することは授業研究の基本であり必要条件だとさえいえるだろう。授業という営みは、事前に構想を練って、実際に授業を実施し、その授業について振り返るという一連のサイクル（構想→展開→省察）だと考えられる（序章参照）。われわれはそのサイクルのひとコマとしての授業（本時）を参観するわけだが、そこで忘れてはならないポイントは、授業という営みが授業者の意図に基づいてダイナミックに展開しているという事実である。情報提示のタイミング、発問の内容から、学習形態やメディアの決定に至るまで、授業の構想や展開の背後には授業者の意図が存在する。われわれがその授業を検討しようとするのであれば、まず、授業者の意図を理解することが大前提になるだろう。

したがって、授業者を当事者として大切にする授業研修では、授業者の思いや考えを重視する。すなわち、授業者が何を意図してこの授業や単元をデザインし、実際に何を考えながら本時を展開し、さらに授業後にその一連のプロセスについて授業者本人がどのように振り返るのかに着目する。とりわけ大切にしたいのは授業者の「ねがい」である。「ねがい」には、学習者に期待する学びや成長（「このことを学び取ってほしい」「このように育ってほしい」といった思い）と「教師としての私」がどのように成長していきたいかという期待（「このような教師になりたい」といった思い）の両側面が含まれている。[5] 「ねがい」は、一人ひとりの教師が持つ教育観、学習観、文化観の反映であり、具体的な授業のあり方を強く方向づけていく。授業者の「ねがい」を理解することによってこそ、その単元の構想や授業の展開の意図をより深く理解することができ、本時が立体的に見えてくるのである。

一方の当事者である「子どもたち」についてはどうだろうか。一人ひとりの子どもが独自の存在であることはいうまでもない。それにもかかわらず、事後協議会ではその「固有名詞性」がクローズアップされることは必ずしも多くない。もちろん、「抽出児」を決めて授業参観する方法も一般的で、特定の子どもの様子が事後協議会で語られることはあるだろう。ただ、ここで問題にしたいことは、一人ひとりの子どもがその授業をどのように体験したかという観点から、教師たちが授業をきちんと振り返っているかどうかという点である。

「今日の授業は○○さん（子どもの固有名）の目線から参観しました」と言って、その授業で○○さんが体験した現在進行形の学びについて語りはじめた先生がいる。このように「子ども一人ひとりに体験された授業」を丁寧に確認することをくぐり抜けてこそ、教師による勝手な思い込みや独り善がりが排除され、子どもの学びの成立を核に据えた授業改善への思考回路が保証されるのだ。一つの授業であっても、そこには子どもの人数分の学びがあるはずである。当事者としての子どもたちを大切にするとは、彼ら一人ひとりの学びを把握することにほかならず、そのようなリアリズムに立脚した「学習研究」を基盤にすることこそが、質の高い授業研究へと至る

「王道」だといえるだろう。

授業を参観する

「授業者を当事者として大切にする」という心構えからは、その授業で起こっていることを丁寧にみるという行為が導かれるはずだ。なぜなら、授業中の出来事を参観者が授業者に対してきちんと伝えるだけでも、授業者に新鮮な気づきが生じる可能性が生じるからである。

授業者にとって、現在進行形の授業の中で、子ども一人ひとりの学びのプロセスをすべて把握することはきわめて困難なはずだ。授業を展開しながら、教師一人ですべての子どもの様子をモニターすることなど、人間の認知能力の限界を超えている。だから、多くの教員が一つの授業を参観する研究授業という非日常的な機会は、授業者にとって自らの学びと成長につながるリフレクション（省察）のチャンスなのである。授業で起こっていたにもかかわらず気づくことができなかった情報が参観者によってフィードバックされることによって、授業者は個々の子どもに対する見方を修正したり、子どもへの働きかけの至らなさなどに自ずと気づいたりする。つまり、参観者が「その授業で起こっていることを丁寧にみる」ことは、授業者の自己評価をサポートすることへとつながっているのである。

では「その授業で起こっていることを丁寧にみる」とはどういう行為を指すのだろうか。そのポイントの一つは、授業中に起こっている事実の把握と自分自身の解釈とを区別しようとする態度にあるといえるのではなかろうか。われわれには、授業中の出来事について一足飛びに解釈しようとする傾向がある。「教室に活気があってよかった」とか、「学習に集中していない子が多かった」というような感想が事後協議会でよく飛び交うが、それらは具体的な事実に基づかない漠然とした印象に過ぎない。むしろ、子ども一人ひとりの行為や表情、つぶやきなどの表現とその内容に興味を抱き、まずそれらの事実をきちんと踏まえた上でそれらの意味を捉えようとしているかがわれわれに問われている。

例えば、①Aさんの発言を聞いたとき、B君が首をかしげてノートに「○○○」と書いたとか、②グループ活動中にC君が「これは○○なんじゃないかな」と言ったとたんにDさんが笑顔で「私もそう思った」と応え、そのやり取りを聞いていたE君が「えっ何？　わかるように説明して」と尋ねた、というように授業中の「エピソード」を具体的に把握することが参観の基本となるだろう。そして解釈は、このような具体的な事実を根拠としてなされるべきである。例えば、上記①の場合、「B君はA君の発言に疑問を持って『○○○』と考えたようだ」と解釈できるし、上記②の場合、「Dさんは C君と同意見でうれしそうだった。そしてE君はそのやり取りについていけずに戸惑ったようだけど、きちんと聞き返していた」と解釈できる。授業で起こっている複数の事実をこのようにつなぎあわせて、より整合的で統合的な解釈をすることがわれわれに求められているのである。

以上のように、ダイナミックな学びのプロセスに着目しつつ事実と解釈を区別することで、子どもの学ぶ姿そのものを起点とした授業の検討が可能になる（22章参照）。もちろん、授業中に参観する対象は子どもたちだけではない。教師の行為や発言、とりわけ、教師と子どもたちの具体的なかかわりあいについても事実に即した解釈が求められる。そもそも完全無欠の解釈などということはありえないが、少なくとも以上のような解釈プロセスによって、「事実」を無視した勝手な思い込みに基づく偏見や、観念先行型の抽象論などが排除される可能性が高まるわけである。

授業を語る

事後協議会の際、共同参観した授業の事実から離れて一般論、抽象論に陥ってしまったり、別の実践の話へと話題がシフトしてしまったりすることがしばしばある。授業の一般論について議論すること自体の意義を否定するつもりはないが、授業参観しなくても語ることができる内容であれば、別の機会に扱えばよいわけだし、せっかく同じ授業を共同参観したのであるから、その授業に固有の話題に焦点化して協議する方が自然である。ただでさえも、協議会の時間は限定されているのである。

事後協議会は、当事者である授業者はもちろん、授業に立ち会う参観者自身の学びの場でもあるはずだ。授業研修の場では、その授業の事実に根ざした「協同的解釈」が行われることになる。とりわけ、参加者間の非対称性を認識することは重要であろう。例えば、参観者にとっては授業者の意図が開示されない限り授業について妥当な解釈をすることが困難である一方、上述の通り、授業の当事者である授業者にとっては授業中に生起する事実を正確に把握することが困難だという事情がある。このような非対称性が存在するからこそ、授業の協同的解釈が深まっていくわけなので、このような非対称性を互いに自覚することも大切であろう。とりわけ、授業者の意図を中核的な情報として尊重して協議を深めていこうという態度を共有することが解釈を深める上で必須の条件であり、その意味からも授業者を当事者として大切にすることの意義が理解できるのである。

少なくとも以下の三点を具体的なポイントとして指摘することができるだろう。

第一に、授業者の語り、授業者との対話を大切にすることである。事後協議会の冒頭で授業者による「自評」があったとしても、授業者の思いや考えが共通理解されないままに協議が進行することも多い。まずは、参観者が授業者の声に耳を傾けることであろう。授業者の「ねがい」について共感的に理解しようと心がけつつ、単元構成や本時展開の背景にある教育的意図について、授業者が具体的に語る時間をきちんと確保したい。その際には必ずしも授業者が一方的に説明する必要はない。特定の授業場面を話題として取り上げつつ、授業者と参観者が互いに認識を深めあえるような自然な対話がそこに生じることが期待される。

第二に、その授業で起こっていた事実を手がかりに解釈を交流することである。前節で「その授業で起こっていることを丁寧にみる」という参観者の役割を強調したが、事後協議会では、参観者一人ひとりが丁寧につかみ取った授業の事実がその場のコミュニケーションを活性化することになる。参観者には、どの事実を取り上げ、それをどのように解釈し、どのように語るかが必然的に問われることになろう。参観者は自らが持つ学習観、授業観、教科観などを背景として発言することになるが、それらをむき出しのまま主張するわけではない。授業者による授業の意図を十分に踏まえ、授業の事実に即しながら、しかも、授業者との対話による教師集団としての学びを期待しつつ発言する役割を担っているのである。

第三に、自分自身の言葉で語ることである。例えば「思考力」「判断力」など、教育界には一見わかりやすいようでいて、実のところ正確に理解することが困難な用語が氾濫している。そのような言葉が飛び交う事後協議会だと、論点が典型化、抽象化され、共同参観した授業の実像から議論がますます遠ざかっていく。授業者も参観者も、その種の「匿名の言葉」を借り物として使うのではなく、むしろ自分が考えたこと、思ったこと、感じたことについて、自らの内面から言葉をつむぎだすようにして伝えることによってこそ、その意味が聴く人の心に響いていく。そのような誠実なコミュニケーションが成立する教師集団であるかが問われているのだ。

授業研修の当事者になる

まずは、授業者が「研究授業をしてよかった」と心から思えるような授業研修でありたい。そのためのアプローチの一つとして、本章では「授業の当事者を大切にする校内研修」のあり方について解説を試みた。

「授業の当事者を大切にする校内研修」とは、子ども一人ひとりのユニークさ、そして教師一人ひとりのユニークさに着目し、それらを最大限に尊重する授業研修だといえるかもしれない。そこでは、授業者である教師や、学習者である子どもの立場に立とうとする共感的な態度が参加者に求められると同時に、共同参観した授業についての検討を深めるために、授業で起こった事実に立脚しつつ、授業者と参観者が対話的に語りあえるような協議会の実現が期待されている。授業者のいわば「自己表現」である授業を同僚とともに誠実に検討するこのようなプロセスの体験を通してこそ、授業者は「授業を公開してよかった」という充実感を感じることができるのではないだろうか。

実は、授業者が「研究授業をしてよかった」と実感できるような授業研修は、参観者にとっても満足度の高い授業研修であるはずだ。授業改善の仕方についての一般論を一方的に聞かされたとしても、腑に落ちるものではない。むしろ、一つの授業を深く検討することによって、われわれは授業のやりがいや奥深さを共感的に感じ取ることができるのである。参観者にとって「授業の当事者」に寄り添うということは、その授業が「他人事」から「自分事」になるプロセス、すなわち、その学校の教師の一人として授業研究の当事者になっていくプロセスなのだといえよう。このように考えると「授業の当事者を大切にする校内研修」は「授業の当事者だけを大切にする校内研修」なのでは決してない。それは「私たちの学校の一人ひとりの教師、一人ひとりの子どもたち、その全員を当事者とした校内研修」への出発点なのである。

＊＊＊＊＊

「意欲は伝染する」ということが心理学で明らかにされている。楽しそうな人を見て周りの人たちもワクワクと心を弾ませる。他者の真摯な姿に出あうと、こちらも真剣な面持ちになる。このような人の意欲はその場の「空気」を媒介として他者の意欲に影響を及ぼすというのである。

校内研修とは、学校にこのような意欲的な「空気」を創り出す有力な「しかけ」なのである。教師たちの意欲的な姿が同僚の意欲に及ぼす相乗効果は計り知れない。校内研修を通して、授業創造の過程と成果に対する実感を同僚と分かちあう。その協働的な活動の繰り返しによって、教師ならではの「プロフェッショナルとしての喜び」を日常的に感じ取ることができるような意欲的な空気が職場に醸成されていくのである。

魅力ある授業が展開されている学校には、魅力的な教師たちの姿がある。子どもの学びや成長、授業の難しさや醍醐味について語りあう彼らの表情には、教育専門家としての「ひたむきさ」と同時に「喜び」が満ちあふれている。このような魅力的な学校にこそ、意欲的な子どもたちが育まれるのである。

[注]

(1) 例えば、以下の文献を参照されたい。
Stigler, J., & Hiebert, J.1999 The teaching gap: Best ideas from the world's teachers for improving education in the classroom. New York, NY: Summit Books.
Lewis, C.C.2002 Lesson study: A handbook of teacher-led instructional change. Philadelphia, PA: Research for Better Schools.
(2) 国立教育政策研究所「校内研究の現状と課題に関する分析——全国の小中高等学校に対する調査の結果を踏まえて・上」『週刊教育資料』、二〇一〇年、一一三六号、三五-四四頁
(3) 千々布敏弥『日本の教師再生戦略』教育出版、二〇〇五年
(4)「当事者を大切にした授業研修」については、下記の文献に詳しい。鹿毛雅治・藤本和久(編著)『「授業研究」を創る—教師が学びあう学校を実現するために』教育出版、二〇一七年。鹿毛雅治・藤本和久・大島崇「「当事者型授業研究」の実践と評価」『教育心理学研究』、二〇一六年、六四巻、五八三-五九七頁
(5) 藤岡完治『看護教員のための授業設計ワークブック』医学書院、一九九四年

22 授業のリフレクション―事実の解釈を通して―

授業評価から授業リフレクションへ

授業研究には自ずと「授業評価」が含まれる。一般に、授業公開の後には協議会という「授業評価」の場が設けられ、指導・講評するという役割の人が招かれていたりする。そこでは研究授業それ自体だけではなく、それを実践した授業者自身も評価対象として俎上に載せられることになり、一方的に授業の良し悪しについてコメントされ、結果的に教師としての力量が晒されることになる。

しかし、ここであらためて考えてみたいことは、「何のための授業研究か」という点である。特定の授業や教師の優劣を評価すること自体が目的ではないはずだ。むしろ、公開された授業を参観し、協議することを通して学びあうためにこそ、その場に参加しているはずであろう。

おそらく評価という語が誤解のもとなのだろう。評価というと点数を付けたり、良し悪しを判断したりするというイメージが根強いからである。「評価」という語に引きずられ、良かった点、悪かった点を各人の印象に基づいて単純に整理するだけの浅薄な議論に陥りがちな授業協議会も散見される。むしろ、授業研究の主たる目的は省察（リフレクション）だと考えたほうがよい。

授業の省察は一般に「授業リフレクション」と呼ばれる[1]。すなわち、それは授業で起こっていた事実を丁寧に確認することを土台として、実践者としての気づきを得て、自らのその後の実践に活かすという働きを指す。自らの実践について問い、気づきを得ること、すなわち立ち止まって振り返り、今後の見通しを持つという思考プロセスがリフレクションなのである。したがって、授業研究の場合、授業者にとっては、自らの授業実践について振り返り、その後の実践に活かすような気づきを得るための機会であるべきだし、参観者にとっては、その公開授業を通して、むしろ自分自身の実践を問い直し、新たな気づきを得て、その後の自らの実践に何らかの刺激を得ることこそが大切なのである。

授業リフレクションの背景

なぜ「授業リフレクション」なのか。その背景として授業や授業研究に関する考え方の変化が指摘できよう[2]。一つは、授業の「ダイナミズム」という原理である。授業とは事前に準備されたプログラムの単なる実行ではない。そもそも複雑でダイナミックな性質を本質としている。もう一つは授業研究に対する「リアリズム」という視座である。あいまいな印象や個人的な意見に基づくだけでは「研究」とは呼べないし、リフレクションも成立しない。授業の事実にその根拠を求める必要があるのである。

学習は特定の場（例えば、授業）における知情意のダイナミズム（エンゲージメント）に基づく営為（1章参照）であり、そのダイナミズムについて事実に基づいて（リアリズムに立脚して）解釈することこそが授業研究の課題だと考える。また、授業について検討する場合、少なくとも「授業の背景としての教育的意図」「実現した学習の文脈（単元、本時、各展開場面レベルでの創発的ストーリー）」「ミクロなコミュニケーションプロセス」に着目する必要があり、それらを相互に重ねあわせて解釈することが不可欠となる。

とりわけ、授業参観の基本的観点として重要視すべき点は「同じ授業を受けていたとしても、一人ひとりの学習者の授業中の体験は、既有知識、動機づけなどの個人差を反映して多様であり、それらの体験を媒介として個々の学びが規定される」という見方である。したがって、授業プロセスで生起している「学び」をめぐる一人ひとりの姿に注意を向けて、それを「事実」（授業プロセスのダイナミズムに組み込まれた個々の学習者の行為［動作、発言、表情など］やその教育環境との関連性）として把握することを大切にしたい。

授業研究はその授業に立ち会う者たち（授業者と参観者全員）の学習過程でもあるはずだ。しかも、授業研究の場が複数の人たちによる開かれた学びあいの場であることによってこそ、彼らの学びの過程は活性化するに違いない。

授業研究を運営する上では、限られた時間内で質の高いコミュニケーションを成立させる「方略」として、授業で何が起きていたか（教師や学習者の姿）、また、教師がどのような意図で授業をデザインし展開していたか（教師の思いやねがい）へと焦点化するような「当事者主体の授業研究」[3]が求められているように思う（21章参照）。教師と学校による自律的な研究（授業研究のエンパワーメント）こそが、教師の学びを最も保障すると考えられるからである。その実現のためには、参観者全員が、授業者である教師や学習者である子どもの立場に立とうとする共感的な態度を共有しつつ対話することが不可欠だと私は考えている。

授業の「事実」を捉える

協議会では「子どもたちが活発に発言していた」とか、「先生が発言を丁寧に板書していた」といった類の発言がよく見られるが、これらには「授業のどの場面の誰によるどのような発言か」という肝心な情報が抜け落ちていて、単なる漠然とした印象にとどまっている。そのような情報をもとに効果的なリフレクションは成しえない。まずは具体的な「事実」を的確に把握することが大切である。そうでないと、「子どもたちが活発に発言していたので良い授業だった」というように、印象だけを根拠に浅薄な判断をすることに終始し、実りがない。

そのような事態を避けるためには、まず事実の「把握」と「解釈」とを区別し、価値づけ（良し悪しなどの判断）としての解釈に飛びつく前に、丁寧に授業中に起こっていた事実を確認する必要がある。

したがって、「授業リフレクション」で大切な点は、授業で何が起こっていたかを広く把握して、みんなでその情報を共有することであり、そのために授業での出来事をできる限り可視化することであろう。公開授業の場は、同じ授業を参観する人数が多く、一つの授業から多くの事実を可視化できる絶好の機会となるのである。

授業の事実を解釈する

事実を解釈するという営為、すなわち、われわれがある授業に立ち会い、その授業についてどのように理解するかという思考プロセスとその心理的メカニズムについて原理的に考えてみよう。まず、われわれは授業で起こっている複数の事実をつなぎあわせて、それらの「事実群」に対して統合的な解釈を行おうとする。さらに、複数の「事実群」に対する「解釈群」を統合してその授業についての全体的な解釈をしているといえるのではないだろうか。しかも、それらの一連の解釈は、「教育に関するその人なりの知識や信念」「当該実践に関する情報」「解釈者当人の意図」に基づいて、意識的、無意識的になされる（図22－1）。

例えば、小グループでの学習活動場面で、あるグループの様子を参観者として観察していたとしよう。司会役のAさんがB君、C君の調べてきたことを上手に聴きだし、各グループに一枚ずつ配られた発表用の画用紙にそれらを丁寧な字で書き込んでいる。その傍らでDさんはそのプロセスにいっさい関与せずに、ただ黙って見ているだけで、他の三人のメンバーもDさんがあたかも存在しないかのように無視している。以上の「事実群」から、例えば、グループメンバー各人の話しあいへの参加度や役割分担の違い、あるいはその不均衡について解釈することが可能であろう。

上記の状況に対して、机間指導でこのグループにやってきた授業者が、Aさんの書いた画用紙を眺めて「この班は書けてるね」とコメントしてすぐに去って行ったとしよう。これらの「事実群」からは、授業者がグループの協同的な学習プロセスに着目せず、画用紙の記述の有無にのみ関心が向けられていたと解釈できるかもしれない。

以上の「グループ学習プロセス」及び「教師による机間指導」に対するそれぞれの「解釈群」を合わせると、授業者が協同的な学習プロセスをモニターせず、Dさんがグループ学習に参加す

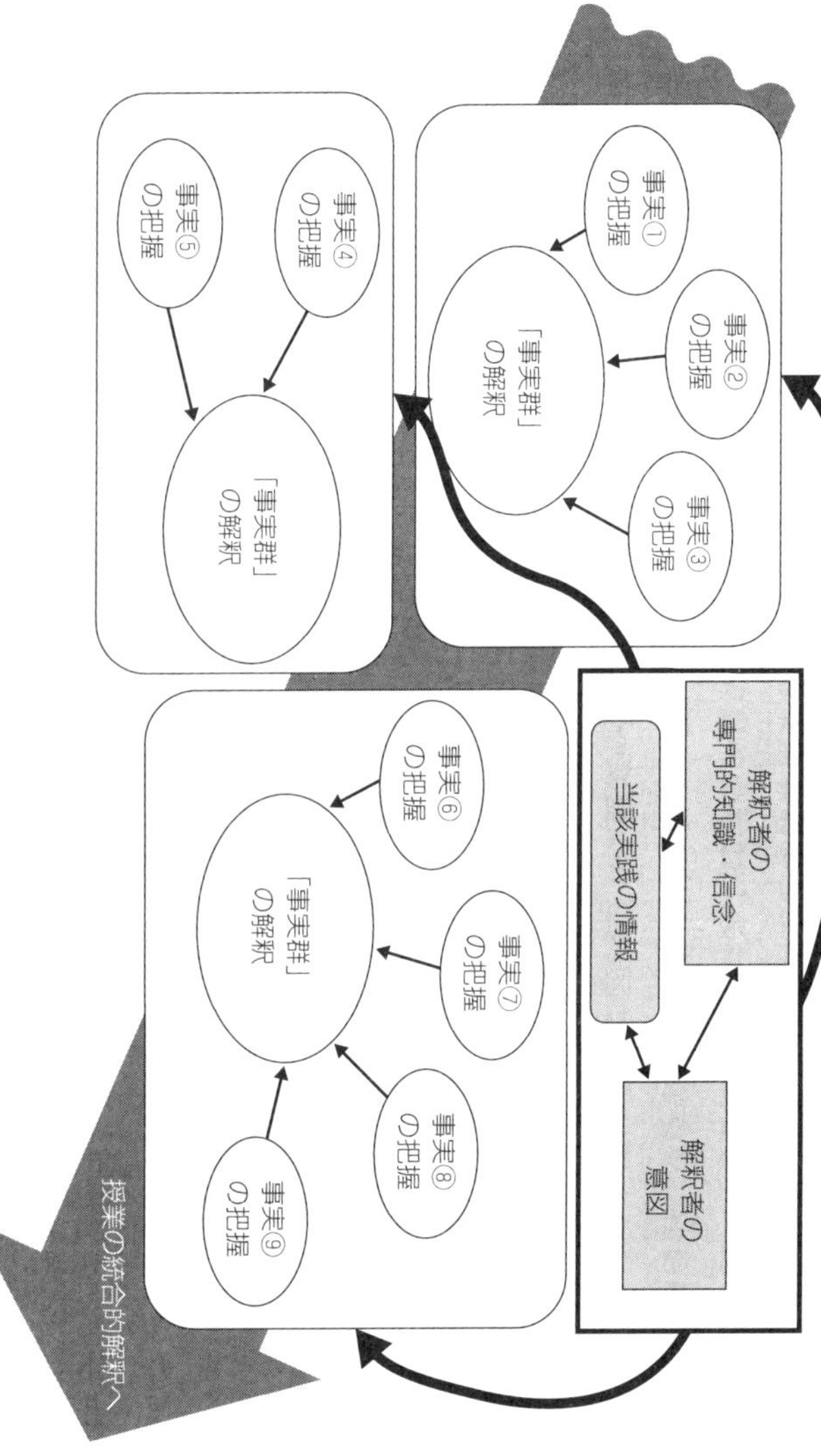

図22－1　授業の事実と解釈

る機会をつくることができなかったといった統合的解釈へと至る。

以上はきわめて単純化された例ではあるが、われわれはこのように事実と事実をつなぎあわせて特定の解釈をつくりだし、他の複数の事実群の解釈とすりあわせながら、特定の授業について統合的な解釈、さらには価値判断も含めた評価をしていることがわかる。

ただ、このように単純化された例であっても、解釈の主体によって多様な見解が示されるに違いない。上の例のように協同学習に着目した解釈ではなく、例えば、学習内容を重視する人は、Aさんが画用紙に書き込んだ内容にこだわったり、授業者が「書けてるね」と言うだけで学習内容という観点からのコメントをしなかった点を問題視するかもしれないし、学習環境という観点から参観した人は、画用紙がグループに一枚しか配られなかったことに着目し、そのことがグループメンバーの役割と学習を規定したと解釈するかもしれない。このように同じ授業を参観していても、そこで何を観ているかは人によって異なる。授業を観るという営為には個人差（授業観などの信念、教材や学習者に関する知識や興味など）が必然的に反映されるものなのである。

また、授業者の意図に関する情報も授業の解釈を左右するに違いない。例えば、学級担任としてDさんをどう理解しているか、そして彼女とAさん、B君、C君との関係をどう捉えているのか、机間指導の際にどのような意図で「この班は書けてるね」という言葉がけをしたのか、そもそもこの授業、この単元をどのような意図に基づいて構想したのかなど、授業者側の要因を授業づくりに関する背景情報として踏まえることで、上記の場で起こっていたことの解釈は変動する。

さらに、解釈者がどのような役割に基づいて、また、どのような意図を持って参観しているかという点も解釈に影響を及ぼす。同僚であれば、なるべく授業者の意図に寄り添って解釈しようとして、Dさんの学習への不参加をよくある教師の見落としとして共感的に理解しようとするかもしれないし、いわゆる「指導助言者」という役割であれば、すべての子どもに対する学習の保障という観点から、教育方法、教材研究、子ども理解などに関する不十分な点をリストアップするかもしれない。

以上のように、授業の事実を解釈するということは、解釈者の認識や信念、当該実践に関する理解、解釈者の意図といった要因に影響され、同じ「事実」を観察していたとしても結果としての解釈は必然的に多様なものになる。

「科学的」「価値中立的」な唯一絶対の授業の解釈など原理的にありえないということをわれわれはまず確認すべきであろう。それと同時に、以上のような事実に基づいた解釈プロセスによって、「事実」を無視した勝手な思い込みに基づく偏見や、観念先行型の抽象論などが排除される可能性が高まるということもわかるのである。完全無欠の解釈が得られるなどということはありえないが、事実あるいは事実群の関連づけによって相対的に妥当な解釈を協同的に探究することは可能である。授業で起こっている事実をもとにした議論であるからこそ、授業に立ち会うわれわれは、このような解釈の探求によって授業の奥行きや複雑さについて学び直すことになるのである。

［注］

（1）授業リフレクションについては、以下の文献に詳しい。目黒悟『看護教育を拓く授業リフレクション』メヂカルフレンド社、二〇一〇年

（2）鹿毛雅治「教育心理学と授業実践——授業の「基本形」としての生活科、総合的な学習の時間」『せいかつか&そうごう（日本生活科・総合的学習教育学会誌）』二〇一一年、一八巻、二四-三一頁

（3）鹿毛雅治・藤本和久『授業研究を創る——教師が学びあう学校を実現するために』教育出版、二〇〇七年、鹿毛雅治・藤本和久・大島崇「「当事者型授業研究」の実践と評価」『教育心理学研究』、二〇一六年、六四巻、五八三-五九七頁

23

「思考」としての教育評価―「評価システム」を越えて―

現代は「評価の時代」なのだという。教育界においても評価プレッシャーがますます強まるご時勢であるが、その一方で「評価の話はうんざり」という人もかなり多いはずである。「評価システム」(評価情報を収集、利用するための仕組み)をいくら整備しても、手間のかかるわりには実りが少ない。しかも、「システム」を導入することで教師や子どもが「思考停止」に陥って評価が形骸化したり、「評価のための評価」「評価のための授業」といった本末転倒の事態を招いたりする危険性さえあるからだ。

本章では、このような不幸な状況を打破する手がかりを得るために、評価を「システム」ではなく「思考」として捉え直すことを提案してみたい。

「評価システム」の弊害：形骸化と自己目的化

例えば、最近私は以下のような二つの授業を参観した。一つは、授業の終わりに「振り返りカード」を子どもに書かせる小学校での実践である。子どもたちは「熱心に取り組みました」「新たな発見がありました」といった質問項目にマルを付け、感想を記入することになっていた。おそらく「自己評価」が目指されているのだろう。また、カードに書かれた内容を次の授業に生かしていくような「指導と評価の一体化」も意図されていたのかもしれない。

ただ私が気になったのは、子どもたちに「振り返りカード」を書かせているときの教師の姿である。「机間巡視」をしている彼女の関心は、カードに何が書かれているかではなく、記入する作業をしっかりやっているかに向けられていた。多くの子どもが「いい加減」に記入している様子を見ているのもつらかったが、まるで作業の管理者のような授業者の振る舞いには落胆した。いったい何のための「振り返りカード」なのだろうか。

「評価システム」（例えば「振り返りカード」）の実行が「評価活動」であるという誤解が蔓延している。この種の誤解が、「何か書きさえすればよい」というような「評価の形骸化」に拍車をかけるのである。教育や学習において大切なことは、そのようなかたちではなく意味であるはずだ。

もう一つは、グループのメンバーが次々と教室の前に出てきて学習成果を発表していくような中学校の授業だった。私が不自然だと感じたのは、誤ったことを発表したグループもあったし、声の聞き取れない発表者も多かったにもかかわらず、各グループの発表内容や発表の仕方に関して教師がいっさいコメントしなかった点である。彼は司会役をこなしながら、時折メモを取るという「評価活動」に集中していたのである。

授業後の話によれば、公平に評価するためにあえてそうしたのだという。つまり、発表の順番によって「不利」なグループが出ないように、全部のグループ発表が終わるまで指導やコメントを差し控えたというのだ。

なぜ、指導やコメントを犠牲にしてまで「評価システム」（グループ発表の評定）を優先させる必要があるのだろうか。これではまさに本末転倒であり、「評価のための授業」に陥ってしまっている。点数や評定を付ける必要に迫られて評価が自己目的化し、授業と学びの質が犠牲になるという愚だけは何としても避けなければならない。

「評価システム」の落とし穴：手続き主義と客観主義

以上にみたように、「評価システム」は評価の形骸化や自己目的化をひき起こす危険性を常に秘めている。それでも「評価システム」についい飛びついてしまうのは、「手続き主義」や「客観主義」という考え方がわれわれに根強いからではないだろうか。

「手続き主義」とは、評価活動を誰でもが利用可能な一連の手続きのパッケージだと捉え、「評価システムを実行すること自体が評価だ」とみなす考え方である。その弊害として、評価活動全体を「システム」に丸投げし、本来の評価者が思考停止に陥ってしまう点が挙げられよう。例えば、五段階相対評価システムの実行が評価活動であると考えることによって、教師が1から5までの段階評定をそのまま鵜呑みにし、その教育的な意味に向きあわなくなるのだとすれば、それは「思考停止」である。

この「手続き主義」は「評価は客観的でなければならない」というわれわれの信念（客観主義）と密接に結びついている。確かに、独断と偏見に満ちた評価は論外だ。しかし、だからといって「客観性」を金科玉条のごとく振りかざし、評価から主観を排除することばかりを追求すると、評価情報が極端に希薄化してしまうことになる。

例えば、意欲の評価について考えてみよう。客観性を重視するあまり、挙手や提出物の回数といった目に見えやすい指標で「意欲」を評定するような「評価システム」を導入したとしよう。しかし、このシステムが根本的に誤っていることは明らかだ。

意欲のような心理現象はそれほど単純ではない。確かに、学習意欲があるほど、挙手や提出物の回数が増えるかもしれないが、回数が多いからといって必ずしも意欲があるとも限らない。挙手しなくても静かで冷静な意欲を持っている場合もあれば、意欲がなくても（特に、成績がリンクしている場合には）挙手する場合さえあるのである。つまり、挙手や提出物の回数は、本当に知りたい事柄（ここでは「意欲」）を正確に反映した指標ではない。「手続き主義」「客観主義」に基づくこのシステムによって得られるデータは、われわれが知りたい情報ではない可能性があるのだ。

むしろ意欲とは自ずと感じ取られるものなのかもしれない。「評価システム」に頼らなくても、われわれは意欲に満ちた授業を一瞬にして体感できるという事実にもっと注目してよい。例えば、意見が活発に交わされるような活気あふれる授業、しんと静まり返っていても集中力がひしひしと伝わってくるような授業など、われわれは意欲について五感を通じて「評価」することができるのである。

「手続き主義」と「客観主義」といった信念によって、われわれに備わるこのような評価能力が「主観的」として排除される一方で、一定の手続きに従えば誰でもが（ロボットでさえも？）実行できる「評価システム」の開発が推進され、利用されてきたのである。

●意味解釈としての評価：問われる「教育的妥当性」

「手続き主義」の考え方には根本的な誤解がある。すなわち、「評価システム」は単にデータを提供するだけであり、評価者当人がその意味を解釈しない限り「評価」は成立しないのだという理解が抜け落ちているのである。その意味で「評価システムの実行＝評価活動」ではないのだ。

そもそも挙手の回数という情報だけでは子どもの意欲などわからない。その子どもが何回挙手したかという情報も大切かもしれないが、何の問いに対してどのような表情で挙手したのか、また、指名したときの様子や発言の内容はどのようなものだったのか、さらにはこれまで積極的に挙手するタイプの子であったのかなど、あらゆる情報をすりあわせながら意味解釈することを通じてこそ、挙手を切り口とした意欲の評価が可能になるのである。「評価システム」によって得られた客観的データは、それを裏づけたり、確認したりするための資料にすぎない。

このような意味解釈は確かに主観的である。いやむしろ、評価とは本質的に主観的なものなのだと割り切った方がよい。そして、そこでは「客観性」よりも、教育理念、発達・学習のあり方、授業目標といった観点に照らして適切な解釈であるかという「教育的妥当性」がむしろ問われることになる。

さらに教育評価の場合、意味解釈の段階にとどまらない。評価者によって意味解釈された情報は、よりよい教育や学習を実現する方向で実践的に活用されていく。これは一般に「指導と評価の一体化」と呼ばれるが、その実態は意味解釈と実践的活用をつなぐ思考そのものであるといえるだろう。

教育評価とは意味を解釈しつつ活動を生み出していく教育実践に埋め込まれた「思考」なのである。

評価的思考とは

評価的思考は二つの段階（フェイズ）に区別できる（図23－1）。すなわち、評価対象を捉えて意味づける「解釈フェイズ」と、解釈された情報を基準との関連で捉え直しながら、次の活動の構想へとつなげる「活用フェイズ」である[1]（いわゆるテストなどの「評価システム」は「把握」の手段の一つにすぎない）。

図の意味するところをわかりやすく単純化した次の例で考えてみよう。グループ活動を取り入れた授業後のA君に対する教師の評価的思考を以下のように表現できるかもしれない。A君がいつもより授業に消極的だったと感じ（把握）、グループ活動に彼が慣れていないためではないかと考える（判断）。彼の人柄にあった仕方でグループ活動に参加することで意欲的に取り組んでもらえるのではないかと考え（調整）、彼にグループ活動の記録役を次時から任せてみたらどうかと思いついた（構想）。

ここで注目したい点は、教育の目的や目標を基準としてこのような評価的思考が生み出されているということである。上の例の場合、教師はA君に対して意欲的にグループ活動に参加してほ

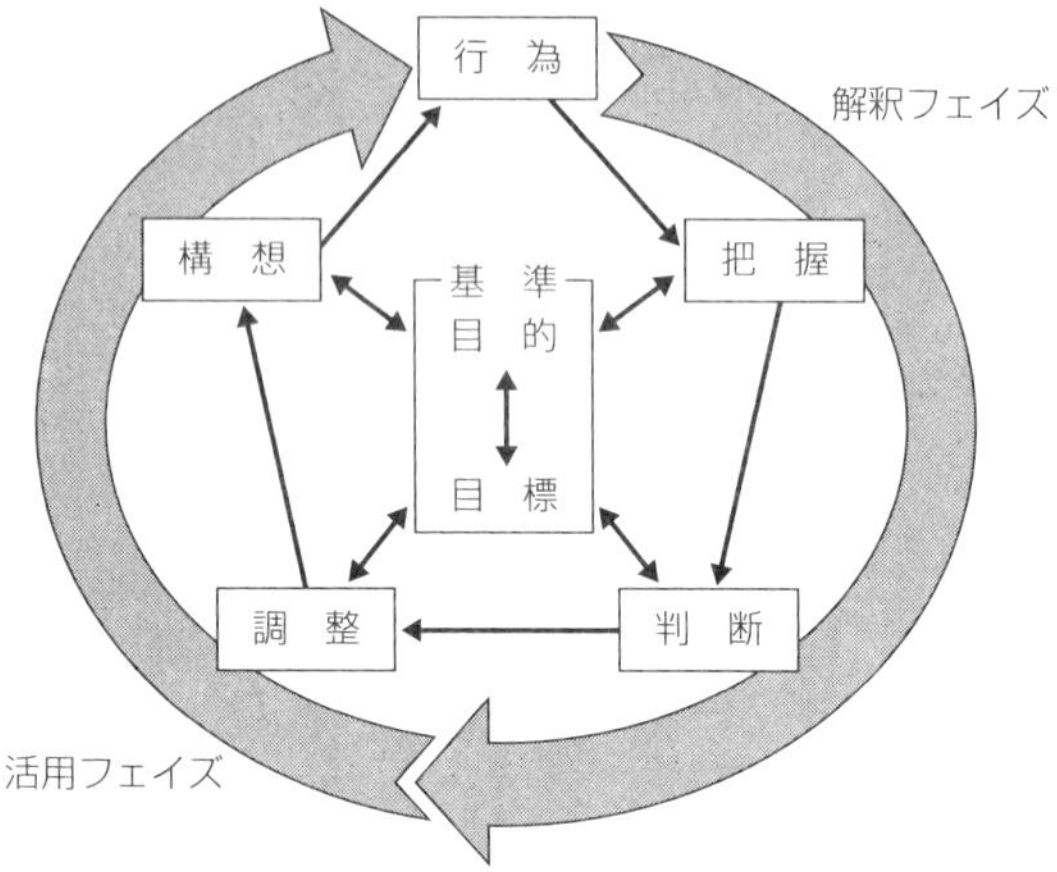

図23－1　評価的思考

しいという「ねがい」を抱き、具体的には、記録役を任せるという「ねらい」を創出している。このように教育実践における評価的思考は、目的や目標を基準として、評価情報の解釈や活用がなされるのである。しかも、その過程で逆に目的や目標が修正されたり、新たな目的や目標が設定されたりする可能性もある。

また、評価的思考は評価者当人の主観に依存するプロセスであり、たとえ評価対象が同じであったとしても、人によって異なった思考サイクルが展開する。ある教師はA君の態度について気にも留めないかもしれないし、別の教師はグループ活動自体が失敗だったとして学習方法を転換するかもしれない。そもそも、意欲的であることを重要視しない教師もいるだろう。どのような「ねがい」を抱き、それをどのように「ねらい」として具体化するかは、教師によって千差万別なのである。評価は主観的でしかありえないが、「教育的妥当性」が問われるわけはここにある。評価的思考は教師にとっていわば「プロのセンスが問われる技」というべきものであり、そこに個々の力量が如実に反映されてしまうのだ。

見る目、聴く耳、語る口

このプロの技は「見る目」「聴く耳」「語る口」に支えられている。複数の教師が同じ授業を参観していても、何をどのように見て、聞いて、解釈するかはおのずと異なってくる。例えば、ある子どもの「つぶやき」をその内容だけでなく、言い方や表情、ジェスチャーをも含めてその教育的意味をくみ取り、授業の文脈に照らしながら解釈していく教師がいる一方で、その「つぶやき」を聞き漏らしたりする教師や、さほど重視せずに聞き流す教師もいるだろう。授業の事実を捉えてそれを意味づける力量には個人差があるのである。教育評価を実践として豊かなものにしていくためには、ひいては教育の質を高めていくためには、何よりもまず、教師たちが「見る目」を磨き、「聴く耳」を鍛えることが必要なのではないだろうか。

優れた授業研究の場では、「見る目」と「聴く耳」が厳しく問われるだけでなく、授業中に起こった教育的に重要な出来事を「語る口」(子どもの姿を通じて教育実践を活き活きと語る力量)も問われることになる。授業研究にかかわる教師たちが、「見る目」「聴く耳」によって解釈したことを「語る口」を通して交流しあうような協同的な授業研究の場に参加することで、プロの技としての評価的思考を学びあうことができるのである。

教育の質を高めていくためには、子どもの姿から教育的な意味を解釈する力が欠かせない。「評価システム」は、ややもすると、教師が潜在的に持っている評価的思考の能力を軽視し、思考停止を蔓延させ、人が人を教えるというダイナミクスを学校教育から奪い去ってしまう。

教育評価をどのように捉え、この問題をめぐっていかに振る舞うのか。われわれ教育関係者の見識が問われている。

[注]

（1）鹿毛雅治「教育評価再考――実践的視座からの展望」『心理学評論』、二〇〇四年、四七号、三〇〇―三一七頁

24 実践をサポートするシステム

人の仕事は給料などの報酬によってのみ動機づけられているわけではない。もちろん、生活していくためには給料も重要だし、できれば多いに越したことはないだろう。しかし、多くの人が自分の仕事に満足できるのは、よい仕事ができたと自分で思えた瞬間なのではないだろうか。とりわけ、「プロ」と呼ばれる人はそうなのだと思う。

もちろん、教師も例外ではない。「よい授業ができた」と少しでも思えたとき、「子どもが成長した姿」を感じ取れたとき、教師は自分の仕事に対する意義を再認識し、充実感を味わう。そして、明日の実践に対する意欲がわいてくるのである。このような心理の中に、教師の成長を支える研修や授業研究のあり方を構想するためのヒントが隠されている。

「藤沢市教育文化センター教育実践臨床研究部会」（以下、主に「部会」と記す）(1)は、よりよい授業の実現に向けてメンバーが互いにサポートしあう研究グループとして発展を遂げてきた。一つひとつの授業で起こっていたことを丹念に振り返り、そこから見えてきたことを基盤として新たな授業を構想する。このような地道な営みの繰り返しそのものを授業研究として位置づけ、「よりよい授業とは何か」について教科や校種の壁を越えて問い続けてきたのである。

部会は、よりよい授業を実現させようとする教師たちの「こだわり」と「こころざし」を共有するコミュニティ（共同体）だといってよいだろう。そのようなコミュニティであるからこそ、教師たちのさらなる意欲と成長を保証し、授業研究が自生的に発展していくのである。

本章では、このようなコミュニティを「実践をサポートするシステム」として位置づけ、その特質を明らかにしていきたい。研修のあり方が問われている現在、授業研究や校内研修の今後のあり方を考えるためのヒントを少しでも示せればと思う。

実践を支える教師の「センス」

「作業」と「実践」の違い

人の営みには「作業」と「実践」の二種類があるように思う[2]。

「作業」とは、とりあえずOKという合格点（基準）が定められていて、それをクリアすれば完了するような営為を指す。例えば、客観テストの採点などは「作業」であろう。正答のリストを見ながら丸をつけて、点数を集計する一連の手続きは、採点ミスがない限り「合格」である。このように考えてみると、「朝の歯磨き」から「夜の入浴」に至るまでわれわれの行為の多くは「作業」であり、それらのルーティンワークによって効率的に生活が営まれていることがわかる。

一方、「実践」とは常に「よりよいレベル」が求め続けられるような営みを指す。[3] 例えば、「合唱の練習」について考えてみよう。何回も歌い込み、かなり満足度の高い段階にまで上達していたとしても、なお課題を見いだすことができるはずである。このように「実践」とは目指すべきさらに高い水準が常に残されていて、「百点満点」を想定することが不可能な営みを指す。

このように考えてみると、「実践家」とは常によりよいものを目指してその営みを追求し続ける人だということになる。「プロ根性」という言葉があるが、それはまさにこのような実践家ならではの「頑固なこだわり」を意味しているのである。

以上のように概念的には人の営みを二つに分けることはできるものの、実際問題として「作業」と「実践」の区別はかなり微妙である。ある人にとって「作業」であっても、他の人にとっては「実践」でありうる。「歯磨き」や「入浴」にこだわる人にとっては、これらの行為が飽くなき追求の対象なのであり、彼らにとってそれらは「実践」となる。

一方、「合唱の練習」の場合、外的な基準が示されてそのレベルに到達することが目標になってしまったとたんに「作業」へと転化してしまう。特定レベルへの到達自体が目標になってしまい、それを達成したとたんにそれで満足してしまうことになりかねないからだ。

このように同じ営みであっても、それが「実践」であるいは「作業」であるかは個人によって異なるし、同一人物の中でもその人の置かれた状況によって「実践」が「作業」に（あるいは逆に「作業」が「実践」に）変わってしまったりすることさえあるのである。

■授業の作業化を問い直す

あらためて言うまでもないことだが、授業は「実践」である。授業とは再現不可能な一回きりの出来事で、この地域のこの学校のこの子どもたちと共に創り上げるこの「教師である私」によるものである。授業とは、このような独自性、個別性、一回性を本質とする「実践」なのである。だからこそ、常によりよいものを目指した授業研究が成立するのであって、授業に「百点満点」はありえないし、誰がやっても成功するマニュアルなど存在しないのである。

ところが、いわゆる研究授業などでは、ともすると「よい授業」に関する固定的な基準が設定されてそれをクリアすることが目指されてしまうことがある。その場合、授業が「実践」になるどころか、授業をつくる営み自体が「作業化」してしまうという皮肉なことが起こってくる。

また、授業が本質的にオリジナリティあふれる営みだという認識なしに、どの地域のどの学校のどの教師やどの子どもたちに対しても通用するパターン化した授業を開発することが研究だという誤解が蔓延しているだけでなく、授業の「作業化」自体を推し進めようとする動向さえもある。その行き着く先をあえて極端にいうならば「教師のロボット化」であり、この種の研究の広がりによって人が人を教えるというダイナミズムを学校から奪ってしまうことになりかねない。

■教師の「センス」とは何か

「作業」をさせるのであれば人間はロボットにかなわない。しかし、常によりよいものを追求しつつ、複雑な場において五感を働かせながら、最善と思われる対応を即座に行うことが求められる授業を（少なくとも現時点の科学水準では）ロボットに任せるわけにはいかない。ロボットによい授業が実践できない理由は、それが人間特有の「センス」に依存した実践だからである。つまり、きわめて高度な感覚的能力である「センス」こそが授業の良し悪しを決める重要なファクターであるため、ロボットは人間に歯が立たないのである。

そこで問題となるのが「センス」という言葉である。確かに、よい授業を展開する力量を持つ教師について「センスがある」と評されることが多い。そして、どのようにすればセンスを身に付けることができるのだろうかという議論にしばしば発展するわけであるが、その答えを見いだすのは容易ではなく、「結局はセンスなんだよね」としぶしぶ認めなければならない羽目に陥る。

このように「センス」という用語は極めてあいまいであることに加え、その有無ばかりが問題にされて、教師の一人ひとりを価値判断する基準（センスのある人／ない人）として捉えられがちである。そもそも教師のセンスとは一体どのようなことを指しているのだろうか。「センス」という言葉の持つ意味あいについて少し検討してみよう。

「教育的タクト」という考えがある。ヘルバルトは「すばやい判断と決定」を意味する「タクト」という言葉に注目し、「教育的タクト」（教師がそれぞれの場面で常に敏感に感じ取り、それに対応して直ちに何をすべきかを決断し、即座に実行する力）を「教育技術の最高の宝」と表現した。[4] この「教育的タクト」という概念は、われわれが考える「センス」の意味に近いかもしれない。

また、「教育的瞬間」（pedagogical moment）という概念は、実際の授業の場面における教師の判断に潜む「センス」について理解する手がかりを提供している。ヴァンマネンによれば、教育的瞬間とは、子ども（たち）のために何らかの教育的な働きかけをすることが求められる一瞬のことであり、[5] 授業のみならず教育的な状況のすべてにこのような瞬間が満ちていることになる。問題は、教師がどの瞬間を教育的瞬間だと判断するかであろう。その「とっさの判断」に基づいて「とっさの振る舞い」をするという即興的な技が実践の質として問われており、そこに「センス」が顕れるのである。[6]

同じ授業をみていても、どこが教育的瞬間だったのかという判断は異なるかもしれない。しかし、多くの場合、一致する。少なくとも、同意する。これがプロの判断というものであろう。

このような「とっさの判断」だけではない。教師が教育的な評価を行う際には「教育的鑑識」と呼ばれる力量が問われることになる。それはアイスナーが強調しているもので、対象、状況、出来事を構成する要素の性質を的確に察知すること、行為や対象を構成している重要だが微妙な特質への気づき、それらを文脈や先行条件と関連づけられることを指す。(7) 教師の「センス」は、教室で起こっていることを「見る目」、子どもの言葉を「聴く耳」の問題でもあるのだ（23章参照）。

「サポートシステム」という発想

■「訓話」を超えて

さて、そこで問題になるのが、どのようにすれば以上のような「センス」が磨かれていくのかである。

まず明らかなのは、「教育的タクト」や「教育的鑑識」が大事だと、他者が口をすっぱくするほど説いたとしても、そのような力がつくとは到底思えないということである。心構えや努力だけの問題ではないのだ。

教育実践で何が大事かについて講師がとうとうと語って聞かせるといった研修がよくあるが、

「よい授業」に関するキーワードを知識として授けたり、特定の心構えを強調して努力せよと鼓舞したりするだけでは、根本的な解決には程遠い。「精神主義」や「知識主義」の研修では不十分であり、時間の無駄であるばかりでなく、授業研究自体に対して懐疑的、あるいはネガティブな態度を持ってしまうといった逆効果さえ生じかねない。

必要なのは「訓話」(あるいはそのバリエーション)なのではなく、実践から学ぶことをサポートするシステム(例えば、研修や授業研究のあり方)とはどのようなものなのかをきちんと考えることであろう。教師のセンスには、自らの体験(つまり実践)の蓄積によってこそ磨かれていくという性質があり、そのような経験を保証する場を構築することが喫緊の課題だと考えられるからである。

まず手始めに、人の営みを支援するシステム(サポートシステム)とはそもそもどのようなものなのかについて考えてみよう。「作業」と「実践」という上述の区別に対応して、サポートシステムも二種類あるように思う。すなわち、「作業サポートシステム」と「実践サポートシステム」である。

■「作業サポートシステム」を問う

作業サポートシステムというのは、作業を効率的にこなすことに役立つ仕組みである。「電車の切符の自動販売機」などはそのわかりやすい例であろう。路線図で料金を確認して相応の料金を投入して機械のボタンさえ押せば、切符が出てくる。電車に乗って目的地に行くという「作業」をサポートしているのである。近年では、ハイテクなカードなどによってさらにこのシステムは進化している。人は運賃を調べなくても、カードを挿入したりタッチしたりするだけで済むようになった。

作業サポートシステムは、このような物理的な仕組み（モノとして実在するシステム）ばかりではない。いわゆる「マニュアル」というのは、作業サポートシステムの典型だろう。作業をきちんとこなすための細かい決まりが丁寧に解説してあり、その通りにやれば及第点に至ることができるわけである。

教育界では長い間、「相対評価システム」が幅を利かせてきた。これなども通信簿に評定を付けるという「作業」に対して非常に便利なサポートシステムである。テストなどの合計点で子どもをソートして特定の割合で彼らを区切って段階評定をしていけばよいのである。

このような作業サポートシステムは確かに便利だ。作業を効率化して人の負担を軽減してくれるからである。ただし、ここで留意しておきたい点は、人の負担のうちに含まれる「考える」という活動までもいっしょに効率化してくれてしまうという事実である。電車運賃支払システムが進歩するほど、運賃のからくりについて吟味する必要はなくなるだろうし、相対評価システムのおかげで評定値である5と4の違いについて真剣に悩むことは少なくなる。つまり、作業サポートシステムによって、人は意味を問わなくなる（問わなくて済むようになる）のである。意味を問う価値のない営みについてはそれでまったく問題ないと思うのだが、意味を問うべき営みに対して作業サポートシステムが完備されている場合はどうであろうか。「何に対する作業サポートシステムなのか」という点に、われわれはもっと注意を払うべきだろう。

　授業が実践であることについてはすでに上で確認済みだが、実際には驚くべきことに、「授業研修」の名のもとに、教師の力量形成の仕組みが作業サポートシステムとして構想されていることが少なくない。授業づくりをマニュアル化してそれを訓練するような「研修」は、まさに作業サポートシステムであり、実は暗黙に授業を「作業」だとみなしていることになるのである。このようなシステムのもとでは、授業の意味を考えるよりも、段取りや手続き、効率と成果のみによって授業を語ることになってしまいかねない。

■実践をサポートするということ

　これまで「実践」に関しては、「経験の積み重ねによって自ずと感じ取って修養すること」、つまり自己研鑽の重要性が強調されることが多く、そのような心構えばかり唱えられてきたきらいがある。しかし、上述した通り、そのような精神主義では問題は解決しない。むしろ、そのような精神が重要であることはこれまで何度も耳にたこができるくらい聞かされて、多くの人はうんざりしているのである。むしろ、よりよい実践を可能にするシステムが整備されていないことこそ問うべきであろう。

そこで、「実践をサポートする」とはどういうことかについて、あらためて考えてみよう。「実践家」としての教師の「センス」を磨き、よりよい実践ができることを支えることだということには異論がなかろう。問題は「よりよい実践」の中身である。

教師には、アクター（行為者）、デザイナー（設計者）、イヴァリュエイター（評価者）の三つの姿がある。(8) これらの姿はそれぞれプロとしての教師に固有な仕事内容を背景としているわけだが、同時にこれらは個々の教師の中で相互に密接に関連しあいながら実践が生み出されていく。実践をサポートするとは、これら三つの姿の背後にある教師固有の仕事とそれらの十全な連携をサポートすることなのだといえるだろう。

考えてみれば、「マニュアル」に代表されるように、この世に存在するサポートシステムのほとんどは「作業サポートシステム」である。教育界においてもその例に漏れず「作業サポートシステム」を構築しようとする動きが絶えない。しかも、その当事者はそのことに対して無自覚か、それを「実践サポートシステム」だと勘違いしている場合さえありうる。

このような現状に対して、上述してきたように教師をあらためて「実践家」として捉え直してみると、実践家本人が自分の実践に意欲的に取り組むことによって自ずと力量形成がなされていくような環境や条件を整備することこそが目下の課題であり、われわれが今求めるべきなのは、「作業サポートシステム」とは発想を異にした教師一人ひとりの実践を支える「実践サポートシステム」なのだということがわかってくる。

「実践サポートシステム」の構築に向けて

授業がきわめて固有名詞的な意味あいを帯びた「個別性」や二度と再現不可能な「一回性」という性質を持っていることを前提にすれば、実際の授業の中で起きていることを一つひとつ丹念に検討していくような研究アプローチが最も適していることは明らかだろう。教師が自らの実践を振り返ることによって、次の実践を再構成していくことができるようなシステムがまさに求められている。このようなシステムが十全に機能することで、教師は自らの仕事の意義が実感でき、意欲的な実践の創造者になっていくからである。

以下では、実践サポートシステムの特徴について、上述した「藤沢市教育文化センター教育実践臨床研究部会」（部会）をその例として取り上げながら、三点挙げていくことにする。

■「協働的アクションリサーチ」である

「アクションリサーチ」がにわかに脚光を浴びている。「アクションリサーチ」とは必ずしも新しい言葉ではない。それは「社会的な課題や問題に応じて実施され、その成果がその状況を改善するために利用されるような、社会的に有益でかつ理論的にも意義のある研究の総称[9]」である。つまり、それは実践を改善し、実践に関する理解を深め、その実践が生じる状況をよりよいものへと変革していくことを目的とする現場重視の研究方法なのである。部会で取り組んでいる授業研究は、教育現場の問題解決を目指して実践家が主体となって行う研究であり、まさに「アクションリサーチ」なのだといえるだろう。

例えば、中学校理科の教師である広瀬孝先生[10]は、「自ら考えようとしない生徒たちを何とかしたい」と思って「話しあい」を取り入れた授業づくりに取り組んだ。[11]「質問だけに答える授業」が生徒たちを戸惑わせてしまったり、「ブレーンストーミングを取り入れた授業」が構想倒れに終わったりといった紆余曲折を経て、「小グループでの話しあいを取り入れた授業」「オープンエンドの話しあい（答えが一つに定まらない課題を用いた話しあい）の授業」へと実践は発展していく。広瀬先生にとって、それは「与える授業」という教師主導のスタイルを問い直していく探究プロセスそのものであった。教師として生徒たちに何を願っていたかがより明確化したり、話しあいの授業の中で現れた生徒の思考の素晴らしさに気づいたりすることで、授業観や子ども観が揺さぶられ、実践に対する理解が深まっていったのである。また、このような教師の学びのプロセスにつきあい、実践を支えていたのが部会のメンバーであった。授業案や実際の授業をもとにした活発なコミュニケーションを通して、広瀬先生に常に良質の刺激を与え続けてきたのである。

まさにこの例などは、教師によるアクションリサーチの典型であるように思う。「自ら考えようとしない生徒たちを何とかしたい」という実践現場に立つ教師の切実な思いから研究が出発し、ときには困難にぶち当たって停滞したり、回り道に迷い込んだりしながらも、目の前にいる子どもたちの姿を常に見据えて、よりより授業を問い続けることによって実践が創り出されていく。しかも、それは決して孤独な営みではない。研究プロセスを支える研究仲間や研究の場が確かなものとしてそこに存在しているからである。

以上のように授業研究をアクションリサーチとして捉えることには二つの利点がある。一つは、「改善」、すなわち「よりよい授業を追求するために研究をする」という何のための研究かという目的が明確になることである。日本の現状を見渡すと、このような本来的な目的を見失い、あたかも報告書をまとめることを目指しているかのような「研究のための研究」も散見される。このような研究は実際の実践に活かされるというよりも、「研究をした」というアリバイづくりに利用されているのである。

もう一つの利点は、「目の前にいる子どもたち」と「教師集団である自分たち」のための研究であるということ、つまり誰のための研究かが明確になる点である。アクションリサーチには、何よりも研究はそれを行う場（学校・学級）に生活する現場の人たち（当事者）のためにあるべきだという理念があるからである。

以上のことから、授業研究としてのアクションリサーチには「自律性」と「協働性」という特長が備わっていることを確認することができる。まず、「自律性」とは、研究が誰かに言われていやいやながらこなしていくものではなく、自ら進んで取り組み、時には苦しみながらも充実感を感じ取る過程だという側面である。つまり、研究に取り組む動機が他律的なもの（「やらされている」という動機）ではなく、自律的なもの（「教師としての私」の内側から発する動機）であるということである。

一方、「協働性」とは、よりよい授業を創りたいというねがいを共有する仲間同士で共に研究を進めていくという側面である。一人でもアクションリサーチを行うことは不可能ではないが、研究のプロセスに他者の視点が織り込まれていくことで研究の質が高まっていくことは明らかであろう。単独で研究する限界を乗り越えるキーワードが「協働性」なのである。その意味でアクションリサーチは、研究する動機を「私」の動機から、「私たち」の動機へと高めていく「システム」でもあるのだ。

■「リフレクション」を中核に据えている

近年、教師の力量を高めていくためのキーワードとして「リフレクション」が注目を集めている。一般にリフレクションとは、省察、反省、振り返りといった思考のことを指す。端的に言い換えるなら、自らの行為を振り返り、次の実践を見通していくような思考のことだといえるだろう。

とりわけ、ドナルド・ショーンは、「行為の中でのリフレクション（reflection in action）を実践知（実践に生かされる知）の特徴として挙げ、それを実践の文脈でダイナミックに立ち現れる知のあり方だと主張している。[12] 彼はまず「行為における知」（knowing in action）、すなわち「行為のプロセスにおいて暗黙知[13]に基づいて全体像を瞬間的に知ること」を、いわゆる「知識」（knowledge：客観的に説明可能な事実、手続き、ルールなど）と区別した。その上で「行為の中でのリフレクション」とは、実践のプロセスで立ち現れるこのような「行為における知」によって駆動され、それを吟味の俎上にのせて気づきを得ることによって問題状況の解決へと導くような認識や思考のあり方[14]だとした。

そもそも実践者は一般的な理論や知識を実践の状況に適用しているのではなく、「行為における知」に基づいて「行為の中でのリフレクション」をしてその場に対処しているというこのショーンの考え方のインパクトは大きい。もちろん、教師も実践者であり、その例外ではなく、このような「実践者像」は、教師教育や授業研究のあり方にも抜本的な見直しを迫っている。個々の教師の具体的な教育実践と離れた文脈で一般的な理論や知識を身に付けるよりも、むしろ、一人ひとりの教師による実践の具体的な経験を振り返ることができる場を整備することを通して教師の力量形成をサポートするという視点が大切になってくるからである。

授業研究の課題は、次から次へと体験するにもかかわらず気づかないうちに忘れ去られてしまう「行為の中でのリフレクション」を重視してそれを大切に扱うような場に参加することによって、教師たちが授業の本質について共に認識を深めていくことだといえるのではないだろうか。

実践サポートシステムにはこのような「リフレクション」を中核に据えているという特質がある。この点について、和田武彦先生[15]の論考[16]で確認してみよう。

小学校六年国語科の『やまなし』を扱った単元のある授業が終わって、部会担当者の目黒悟さん[17]から「リフレクションシート[18]を書いてみれば？」と提案されたとき、和田先生にとっては、その授業が「わりと自分の思い通りに進み、あっさりと終わった」という印象だったため、「特に書くことはない」と感じていたという。しかし、そのような授業であっても、あえてリフレクションシートに取り組んでみると、「授業前には意図していなかったことを、意外にいろいろしているもんだな」と気づいたり、「次時のはじめには、やはりもう一度自分の印象を大事にすることを伝えてから、活動に入らせた方がいい」という見通しが立つなど、予期せぬ収穫があったのである。

また、その一年後に、目黒さん、同じく部会担当者の磯上恵さん[19]、部会研究員OBの江原敬先生[20]といっしょに同じ授業を再び見直してリフレクションシートに取り組んでみると、子どもたちの様子を感じ取りながら授業の流れをつくり出していたり、子どもたちを授業の流れの中で自然にほめていたりといった「教師としての私」の姿をあらためて確認できたのだという。

さらに、「日記調」形式[21]と呼ぶ実践報告を、和田先生が紀要論文として執筆すること自体が、リフレクションについてリフレクションする（振り返ったことを再度振り返る）という機会になっているという点も特筆すべきであろう。このような授業の振り返りをあえて綴ることによって、「教師としての私」の姿をよりはっきりと自覚化できるからである[22]。

以上のように実践サポートシステムは「リフレクション」をその中核に据えている。しかも、そのシステムはリフレクションを促す複数の「ツール」を備えており、メンバーはそれらを柔軟に活用しているということがわかる。部会で開発されたカード構造化法、リフレクションシート、「日記調」による実践報告などは、このような「ツール」として機能しているのである。

■「対話するコミュニティ」である

授業研究（とりわけ「研究授業」）は「（参観者が）評価する―（授業者が）評価される」とい

う非対称的な関係の中で展開されることが多い。このような「授業評価を中心とした授業研究」では、授業後の検討会で授業者が「まな板の鯉」になって、一般的に存在すると信じられている「よい授業」の評価基準によってあれこれと裁断されることになる。仮に授業が上述した「作業」であるならば、それでもよいのかもしれない。「よい授業」の基準をクリアすることが授業研究だと考えられており、そのための評価ならば授業者にとっては望むところだからである。

ただ、「授業評価を中心とした授業研究」はうまくいっていないのが実情なのではないだろうか。なぜなら授業者にとって「授業評価」は筋違いである場合も多く、「勝手な意見」として耳に響いてしまう。評価を下す側の枠組みが固定化されていて、授業の事実をもとに、授業者（評価が下される側）の思いやねがい、その授業の必然性などを共有しようとするプロセスを経ないままに、評価を下す側が一方的に一般論をまくしたてるだけでは、授業者を含めた参加者の心がその発言によって揺さぶられることはないだろう。「話す―聞く」という場が、「評価を下す―下される」ことを通して、「しゃべる―聞き流す」という事態に陥り、時間が無駄に過ぎていくことになりかねないのである。

実践サポートシステムは、「評価を下す―下される」というような非対称的な関係ではなく、実践家同士の「語る―聴く」という相互的で対等な関係（20章参照）を基盤とした「対話するコミュニティ」を特徴とする。

「対話」とは、他者が自分とはまったく異質な存在であるということ（他者の他者性）を前提としたコミュニケーションの営みである。対話を通して異質なものに出あうことで、自分には自明なこと、無意識に前提としていることなどが揺さぶられ、その体験自体が学びの契機となるのである。その意味で、単なる「会話」や「談話」とはニュアンスが異なっている。

対話をしようとする人には、この「他者の他者性」を前提として、相手と誠実に向かいあいながらその人を内側から理解しようとする態度が求められる。それは、他者が思ったり、感じたり、考えている「世界」に入り込んで、それをまるで自分の「世界」であるかのように引き受けながら理解しようとする心構えだといってもよい。

また、その自己の中に異質性を取り込む理解の過程は、個人内対話の過程でもある。他者の世界を自己の世界と重ねあわせて、自分の過去の経験を意味づけ直す営みだからである。

以上のように考えてみると、対話とは、単に相手に対して同調し、同化してしまうことではないことがわかる。また、他者をいったん自分の視座から対象化して価値づけるような批評や批判とも異なっている。互いに認めあって無条件に受容しあうことでも、議論や討論を徹底的にやりあうことでもないのである。

一般に、われわれは会話を「話す―聞く」という関係として表現することがあるが、対話は「話す―聞く」ことではない。むしろ、対話する者に求められるのは「語りあう―聴きあう」という関係なのではないだろうか。

この「語りあう―聴きあう」という関係について検討を進めていくために、まず、「語る」「聴く」の意味についてそれぞれ考えてみよう。

「語る」というのは、単に「話す」のではなく、「筋のある話をする」「すっかり話す」ということであるが、「打ち解けてつきあう」という意味もあるらしい。また、「語るに足る」という言い回しがあるが、これは「語る相手としての価値がある」という意味である。このように考えてみると、「語る」というのは「話す」に比べて、自分の内側を表現することの「切実さ」と、語る相手との「関係性」を反映する振る舞いであるように私には思われてくる（20章参照）。

「対話するコミュニティ」では、教師がいかに語るかということ、すなわち教師の「語る口」が問われることになるに違いない（23章参照）。授業の一場面、子どもの姿、教師の思いなどが意味のあるストーリーとして伝えられるのは教師の「語る口」を通してだからである。どこの学校にも、子どもの日常的な様子を活き活きと描き出すように語ることができるために、聞き手が思わずその話に惹き込まれてしまうといった先生がいるのではないだろうか。このような教師の「ストーリーを語る力」に関連して、アイスナーは「教育的批評」（educational criticism）という教師の力量を強調している。彼によれば、それは「発表（disclosure）のアート」なのだという。

上述した「教育的鑑識」がどちらかといえば個人的な性質を持つものであるのに対して、「教育的批評」は教育的鑑識に公共的な性質を与える力として位置づけられている。[23]

教育的批評には以下の四つの次元[24]があるという。

①描写（description）：情報の受け手の理解を助けるために活き活きと記述する
②解釈（interpretation）：意味づけする
③評価（evaluation）：そこで語られている対象の特有性について的確に判断する
④テーマ化（thematics）：より一般化された大きなストーリーに位置づける

一方、「聴く」とはどういう意味であろうか。「聴く」も「聞く」とはニュアンスが異なっている。「聴く」とは、「身を入れて聞くこと」であり、「耳を傾ける」という言葉があるように、「聞く」に比べて聞き手の聞こうとする意志や心が反映した振る舞いであるように思う。相手の心を自分の心で聞くこととでもいえようか。

「教師は話すことばかり得意であるが、多くの場合、押し付けがましい話を一方的にするばかりで、聞くことが苦手だ」などと揶揄されることがある。「対話するコミュニティ」では聴くことが重要視される。自ら実践家として実践家である相手を彼（彼女）の内側から理解しようとする態度が大切にされる。「聞く」ことは、このような心構えによって「聴く」になるのである。それは相手にインタビューするような構えといえるかもしれない。「語り」を引き出すことが

「聴く」側に求められているからである。

部会ではリフレクションにつきあう仲間を「プロンプター」と呼んできた。授業者にとって「プロンプター」とはまさに対話する相手であり、授業者の「語り」に耳を傾ける「よき聴き役」である。「プロンプター」は授業者の外部にある評価基準をその授業にあてはめて評価してアドバイスするような「指導助言者」ではない。むしろ、その授業を内側から理解しようと努めることで、「プロンプター」自らが常に学ぼうとするのである。

「対話するコミュニティ」を支える「語りあう—聴きあう」関係とは、「語ろう」「聴こう」という意欲を持った者同士の間に、かかわりとして成立する営みである。そして、そのような関係で結ばれた人的ネットワークが「対話するコミュニティ」なのである。

「対話するコミュニティ」では、実践者が互いに実践について「教育的批評」に基づいて表現しあうことになろう。授業実践について語りあい、十全な想像力を働かせつつ、実践の意味を聴きあいながら「教育的妥当性」(何が教育的に望ましいのか)について協働的に探究を深めていくことになるのである。

そこでは授業についてその内側から理解しようとするプロセスが大切にされる。教師のねがいや意図、授業中の振る舞い、子どもたちの表情や発言、教師と子どもたちのかかわりあいなど、具体的な授業に即して、参加者の気づきが協働的に促されていくのである。

同じものを見ていてもそこから感じ取れることは人によって異なる。例えば、同じ授業を参観したとしても、教師によって着目する出来事は違う。「見る目」や「聴く耳」（23章参照）が一人ひとり異なっているからである。ここに対話による授業研究の意義がある。自分とは異質な解釈や視点に出あうことによって、ハッとし、それが自らの学びの契機になるのである。これらの対話を積み重ねることで、互いの目が磨かれ、耳が鍛えられるのである。

「実践サポートシステム」の構築に向けた「実践」へ

本章では、実践家としての教師による授業研究を支える仕組みとして「実践サポートシステム」を提案した。それは「対話するコミュニティ」によって営まれる「リフレクション」を中核に据えた「協働的アクションリサーチ」が実践される場であった。そのような「実践サポートシステム」を経験することを通して、教師は実践家として自らの日々の仕事を意義づけることが可能になる。「授業をよりよいものにしよう」という教師の「こだわり」と「こころざし」は、「学びながら教える」「教えながら学ぶ」という教育専門職固有の営みを、このようなシステムを通して確認するところから生まれてくるのである。

「実践サポートシステム」の例として教育実践臨床研究部会を取り上げてきたわけだが、「実践サポートシステム」を特定の機関や場所、特別な人たちによって構成されているものだと誤解してはならない。実は、実践家としての「こだわり」と「こころざし」が共有される場がありさえすれば、自ずとそこに立ち現れてくるシステムが「実践サポートシステム」なのである。例えば、米国をはじめとした海外で近年注目を集めている日本型授業研究（レッスンスタディ）は、「実践サポートシステム」として機能する可能性を大いに秘めている。むしろ、身近なところにある「実践サポートシステム」の芽を発見し、それを育てていくという心構えがすべての関係者に問われているのではないだろうか。

「実践サポートシステム」はあくまでも自律的なシステムであり、外部の誰かから与えられる実体として成立するものではない。だからこそ、これを創り上げ維持するのが容易ではないのだ。教師の研修のあり方をめぐってさまざまな問題が露呈している現在、「実践サポートシステム」の構築に向けた「実践」を地道に推進していく覚悟と実行力がわれわれ一人ひとりに問われているのである。

【注】

（1）藤沢市教育文化センター教育実践臨床研究部会について、詳しくは5章注8参照。

（2）「作業」と「実践」の違いについて、詳しくは以下の文献を参照されたい。鹿毛雅治「授業研究再考」田中克佳（編著）『「教育」を問う教育学——教育への視角とアプローチ』慶應義塾大学出版会、二〇〇六年

（3）この「実践」の考え方に至る過程で、以下の論文から刺激を受けた。松下良平「自生する学び——動機づけ

を必要としないカリキュラム」、グループ・ディダクティカ（編）『学びのためのカリキュラム論』勁草書房、二〇〇〇年

（4）徳永正直『教育的タクト論――実践的教育学の鍵概念』ナカニシヤ出版、二〇〇四年、五三-五五頁

（5）VanManen, M. 1991"Reflectivity and the Pedagogical Moment: The Normativity of Pedagogical Thinking and Acting", Journal of Curriculum Studies、23 (6), pp.507-536.

（6）鹿毛雅治「『切実なことば』による授業研究―教師の『見える力』をめぐって」『教育実践臨床研究・自分のことばで実践を語る――教育実践家の共同』藤沢市教育文化センター、二〇〇四年

（7）Eisner, E. W. 1998 The Enlightened Eye. Merrill pp.63-66.

（8）吉崎静夫『デザイナーとしての教師・アクターとしての教師』金子書房、一九九七年、五-六頁

（9）鹿毛雅治「フィールドに関わる「研究者／私」：実践心理学の可能性」、下山晴彦・子安増生（編著）『心理学の新しいかたち――方法への意識』誠信書房、二〇〇二年、一六〇-一六四頁

（10）藤沢市立村岡中学校教諭（当時：二〇〇〇年度）

（11）広瀬孝「「話し合い」を取り入れた理科の授業」『教育メディア研究・情報教育実践ガイドⅣ――他者としての子どもと出会う』藤沢市教育文化センター、二〇〇〇年、十七-四三頁

（12）ドナルド・ショーン（佐藤学・秋田喜代美訳）『専門家の知恵――反省的実践家は行為しながら考える』ゆみる出版、二〇〇一年。解説として、岡村美由規「D. A. ショーンの reflection-in-action 概念の再検討――実践についての認識論に注目して」『日本教師教育学会年報』、二〇一七年、六四-七四頁。佐伯胖「リフレクション（実践の振り返り）を考える――ショーンの『リフレクション』論を手がかりに」、佐伯胖・刑部育子・苅宿俊文（著）『ビデオによるリフレクション入門――実践の多義創発性を拓く』東京大学出版会、二〇一八年、一-三七頁

（13）人の振る舞いを暗黙のうちに規定する働きを持っているにもかかわらず、言葉によって明示的に説明することが難しい知のこと。M・ポラニーによって提唱された。マイケル・ポラニー（佐藤敬三訳）『暗黙知の次元～

言語から非言語へ』紀伊國屋書店、一九八〇年

(14) 佐伯胖によれば、実践者は「とっさの判断で、つまり考えているという意識がほとんどなく、なんとか切り抜けている」のであり、それを「なんとか切り抜ける知」と呼んでいる(前掲書注12『ビデオによるリフレクション入門』、六-七頁)が、「行為の中でのリフレクション」とは、そのような即興的で無自覚な思考や判断だといえよう。

(15) 藤沢市立新林小学校教諭(当時:二〇〇六年度)

(16) 和田武彦「答え探しから自由な読みへ——小学校6年国語科」『教育実践臨床研究・授業の振り返りを支援する——プロンプターのかかわり』藤沢市教育文化センター、二〇〇六年、二三-五五頁

(17) 藤沢市教育文化センター主任研究員・教育実践臨床研究部会担当者。

(18) リフレクションシートとは、授業の事実に基づいて授業者自らが実践を振り返ることを可能にするために、筆者(鹿毛)と江原敬先生(藤沢市立大道小学校教諭、当時:二〇〇三年度)、目黒悟氏(藤沢市教育文化センター)、磯上恵氏(元・藤沢市教育文化センター)が共同で開発した授業中の教師の思考を可視化するためのツール。リフレクションシートの特徴は、授業者が、授業前に考えていたこと(①本時の目標・ねがい、②当初Plan)、授業の中で見取ったこと(③See)、見取ったことをもとに考え直したこと(④修正Plan)、実際やったこと(⑤Do)の各欄に書き分けることで、授業者によって記入された言葉を手がかりに、簡単にしかも複数の仲間とともに授業を振り返りやすく工夫されている点である。まず、授業者は授業を行う前に「①本時の目標・ねがい」「②当初Plan」を簡単に記入し、プロンプター(リフレクションをサポートする共同研究者)の参観またはVTR収録を伴って授業を行う。授業終了後には、授業者一人で、授業の事実や自分の思考、即興的な対応などを思い出しながら、「③See」「④修正Plan」「⑤Do」の欄を具体的に記入する。その後、授業者はプロンプターとともに授業を振り返り、新たな発見や気づきを③④⑤の欄に追加記入し、最後に、追加記入の済んだシートを見返して、授業前後の印象の違いなどを振り返り、次時のPlanなどを確かめる。詳しくは、以下の文献を参照のこと。江原敬・目黒悟・磯上恵「リフレクションシートの使用法」『教育実践臨床研究・授業の中

で起きていることを確かめる』藤沢市教育文化センター、二〇〇三年、九七－一〇五頁、および、鹿毛雅治『子どもの姿に学ぶ教師――「学ぶ意欲」と「教育的瞬間」』教育出版、二〇〇七年、二二章
(19) 元・藤沢市教育文化センター教育実践臨床研究部会担当者。
(20) 藤沢市立石川小学校教頭（当時：二〇〇六年度）
(21) 長期間にわたる実践について、日付を見出しに付け、時系列に沿って詳細な「経緯の記述」としてまとめられる授業実践報告。詳しくは以下の文献参照。中村浩・広瀬孝・江原敬・目黒悟「教育の個人理論を創出する――『実践報告』の執筆が実践者にもたらすもの」『教育実践臨床研究・学びに立ち会う――授業研究の新しいパラダイム』藤沢市教育文化センター、二〇〇二年、一二五－一四九頁
(22) そもそも「綴る」という行為自体にリフレクションの働きが内在していると思われる。「綴る」とは単なる「書く」こととは異なる。「書く」とは文字や文章によって表現することを一般的に意味する言葉だが、「綴る」とは、ねばり強く継続的に、言葉を尽くして文章表現するということを指す。
(23) 前掲書注7、八五－八六頁
(24) アイスナーはこれら四つが手続き的流れではないことを強調している。

〈初出一覧〉

本書の初出は以下の通りである。本書収録にあたり、加除・修正を加えた。転載を快諾いただいた関係者の皆様に感謝申し上げる。

序章 「授業ができる」とはどのようなことなのか

『教育実践臨床研究・子どもの学びを支える知恵と技』一四三―一四九頁、二〇一四年三月、藤沢市教育文化センター
『教育実践臨床研究・自分の実現したい授業を創り出す』六九―七八頁、二〇〇八年三月、藤沢市教育文化センター

1 学習意欲の心理学

鹿毛雅治・木原俊行・大阪教育大学附属平野小学校『学びを創り続ける子どもを育む主体的・協働的・創造的な授業づくり』六―九頁、二〇一六年三月、明治図書
『教育創造』通巻一七二号、六―一三頁、二〇一二年一二月 上越教育大学附属小学校内・高田教育研究会
鹿毛雅治・滋賀大学教育学部附属小学校『ともに学び自ら伸びゆく子どもが育つ授業デザイン』二―五頁、二〇一一年一一月、教育出版
『教育と医学』通巻六六〇号、五〇〇―五〇六頁、二〇〇八年六月、慶應義塾大学出版会

2 「学習者中心」の教育環境をデザインする

『学習研究』通巻四七五巻、三〇―三五頁、二〇一五年六月、奈良女子大学附属小学校学習研究会
『初等教育資料』通巻八三九号、八―一三頁、二〇〇八年一〇月、東洋館出版社

鹿毛雅治・滋賀大学教育学部附属小学校『ともに学び自ら伸びゆく子どもが育つ授業デザイン』二一五頁、二〇一一年一一月、教育出版

3 「感性」を大切にした教育
『教育創造』通巻一八二号、四一一一頁、二〇一六年三月、上越教育大学附属小学校内・高田教育研究会

4 言葉の学びを通した学び
『ことばと学びをひらく会研究大会紀要（第一二回）』一二一一九頁、二〇一八年一〇月、ことばと学びをひらく会

5 「魅力的な授業」を実現するために
『教育実践臨床研究・教えることをとおして自分も育つ』一三三一一三九頁、二〇一二年三月、藤沢市教育文化センター
鹿毛雅治・滋賀大学教育学部附属小学校『ともに学び自ら伸びゆく子どもが育つ授業デザイン』二一五頁、二〇一一年一一月、教育出版

6 魅力的な指導案
『教育実践臨床研究・授業づくりの基本となるもの』一〇一一一〇八頁、二〇一三年三月、藤沢市教育文化センター

7 授業における「しかけ」とは何か
『教育実践臨床研究・仲間と共に授業から学ぶ』一〇七一一一八頁、二〇〇七年三月、藤沢市教育文化センター

8 「教材研究」とは何か
『教育実践臨床研究・授業研究と教師の成長を結ぶ』九九一一〇八頁、二〇〇九年三月、藤沢市教育文化センター

9 学びが躍動する授業
『教育実践臨床研究・子どもが育つ教師が育つ』一三一一一三六頁、二〇一〇年三月、藤沢市教育文化センター

10 子どもの「体験」を大切にする
鹿毛雅治・清水一豊（編著）『平成20年版小学校新学習指導要領・ポイントと授業づくり・生活』四一九頁、二〇〇九年三月、東洋館出版社

11　「問いをつなぐ学び」へ

鹿毛雅治・静岡大学教育学部附属静岡小学校『問いをつなぐ学び』七－一〇頁、二〇一五年六月、明治図書

『教育創造』通巻一七二号、六－一三頁、二〇一二年一二月　上越教育大学附属小学校内・高田教育研究会

12　子ども一人ひとりの思考に気づく

『教育研究』通巻一三八三号、一八－二二頁、二〇一七年五月、一般社団法人・初等教育研究会

13　論理をつむぎだす授業

内田伸子・鹿毛雅治・河野順子・熊本大学教育学部附属小学校『「対話」で広がる子どもの学び・授業で論理力を育てる試み』一〇五－一〇八頁、二〇一二年三月、明治図書

14　子どもに体験される授業

『教育実践臨床研究・子どもの事実に学ぶ――授業における経験の意味――』一〇三－一一〇頁、二〇一八年三月、藤沢市教育文化センター

15　「単元づくり」に挑む

『教育実践臨床研究・目の前の子どもと向き合う――教師として欠かせないもの――』一二一－一二六頁、二〇一七年三月、藤沢市教育文化センター

16　「学びあい」を問う

中谷素之・伊藤崇達（編著）『ピア・ラーニング――学びあいの心理学』五六－五七頁、二〇一三年九月、金子書房

『研究紀要（平成18年度）』六－七頁、二〇〇六年一二月、相模原市立夢の丘小学校

『日本教育心理学会創立五〇周年記念シンポジウムⅡ・「伝えあう力」を育てる授業づくり――新教育課程における学習活動の創造・資料集』九－一五頁、二〇〇九年八月、日本教育心理学会

17　「子どもが学ぶ筋」を大切にする

『国語教育』通巻八〇五号、二八－三一頁、二〇一七年一月、明治図書

18　「子どもが学ぶ筋」を想像する

『教育実践臨床研究・授業の本質を問う――教師として受け継ぐもの』五五 - 六二頁、二〇一六年三月、藤沢市教育文化センター

19　教師として学び、成長していくために

『はくほう児童教育通信』通巻三号、四 - 五頁、二〇〇九年七月、財団法人・博報児童教育振興会

『ふじさわ教育』通巻一五〇号、六 - 七頁、二〇〇九年七月、藤沢市教育文化センター

20　授業研究を深める

静岡大学教育学部附属浜松小学校『共に学びを創る　学びの質が授業を変える』一二 - 一三頁、二〇一一年四月、教育出版

『研究紀要』二〇〇八年一一月、横須賀市立馬堀小学校

21　「授業の当事者」を大切にする校内研修

『教育展望臨時増刊』通巻四五号、五八 - 六三頁、二〇一三年七月、教育調査研究所

村川雅弘（編）『ワークショップ型校内研修　充実化・活性化のための戦略&プラン43』五一 - 五五頁、二〇一二年五月、教育開発研究所

22　授業のリフレクション

『日本教育方法学会第15回研究集会報告書』四 - 一三頁、二〇一一年一〇月、日本教育方法学会

23　「思考」としての教育評価

『教育展望臨時増刊』通巻三七号、七二 - 七七頁、二〇〇五年七月、教育調査研究所

24　実践をサポートするシステム

『教育実践臨床研究・授業者の振り返りを支援する――プロンプターのかかわり』七 - 一九頁、二〇〇六年三月、藤沢市教育文化センター

鹿毛雅治（かげ　まさはる）

慶應義塾大学教職課程センター教授・同大学院社会学研究科（教育学専攻）委員・博士（教育学）

〈略歴〉 1964年，横浜市生まれ。横浜国立大学教育学部卒業。慶應義塾大学大学院社会学研究科教育学専攻修士課程修了，同博士課程単位取得退学。日本学術振興会特別研究員，慶應義塾大学教職課程センター助手，同専任講師，同助教授を経て現職。

〈専門分野〉 教育心理学，教育方法論，教師教育

〈主な著書〉 『子どもの姿に学ぶ教師――「学ぶ意欲」と「教育的瞬間」』（教育出版，2007），『「授業研究」を創る――教師が学びあう学校を実現するために』（共編著，教育出版，2017），『発達と学習（未来の教育を創る教職教養指針３）』（編著，学文社，2018），『パフォーマンスがわかる12の理論』（編著，金剛出版，2017），『学習意欲の理論――動機づけの教育心理学』（金子書房，2013），『教育心理学――教育の科学的解明をめざして』（共編著，慶應義塾大学出版会，2013），『モティベーションをまなぶ12の理論』（編著，金剛出版，2012），『教育心理学（朝倉心理学講座第8巻）』（編著，朝倉書店，2006），『教育心理学の新しいかたち』（編著，誠信書房，2005），『学ぶこと・教えること――学校教育の心理学』（共編著，金子書房，1997），『内発的動機づけと教育評価』（風間書房，1996）

授業という営み

――子どもとともに「主体的に学ぶ場」を創る――

2019年８月５日　第１刷発行
2024年11月14日　第２刷発行

著　者　鹿　毛　雅　治
発行者　伊　東　千　尋
発行所　教　育　出　版　株　式　会　社
〒135-0063 東京都江東区有明3-4-10 TFTビル西館
電話 03-5579-6725　振替 00190-1-107340

印刷　モリモト印刷
製本　上島製本

ISBN 978-4-316-80459-0 C3037